Hans Roth

OKZITANISCHE KIRSCHEN

Auf Nebenwegen durch Frankreichs Süden

Ein Reisebuch

anabas

Für Ana Šabatova und Petr Uhl

CIP-Kurztitelaufnahme der Deutschen Bibliothek

Roth, Hans:
Okzitanische Kirschen: auf Nebenwegen durch
Frankreichs Süden; e. Reisebuch / Hans Roth.
– 1. Aufl. – Giessen: Anabas, 1987.
ISBN 3-87038-132-9

1. Auflage 1987
anabas Verlag Günter Kämpf KG, 6300 Gießen
Alle Rechte vorbehalten
Satz: VA Peter Großhaus, Wetzlar
Gestaltung: Anabas Verlag
Druck: Joh. Aug. Koch, Marburg/Lahn

INHALT

Legende für die Departement-Karten an den Kapitelanfängen

✝●✝○	Kathedrale	▲	befestigter Ort
✝●	Kirche, Kapelle	▨	altes Haus
✝■	Abtei, Kartause	▲	Aussichtspunkt
✞	Tempel	△	Sehenswürdigkeit
🚗	Schloß	▼	Fest/Markt
⌂	Schloßruine	🏺	Handwerk/Kunst
▙▟	Festung	🗼	Leuchtturm
▢	Bastide	✛	Thermalbad
◖◗	Gallo-römische Anlage	●	Weingebiet
		✳	Skigebiet
○	Prähistorische Funde	∵∵∵	Wald

Zu diesem Buch

Okzitanien – das ist keineswegs nur der Teil Frankreichs südlich der Cevennen und des Massif Central bis zur Mittelmeerküste, den der germanische Tourist gemeinhin als ›Le Midi‹ kennt. Es nimmt vielmehr ein gutes Drittel Frankreichs ein und erstreckt sich von der Rhone bis zur Atlantikküste, schließt die alten Provinzen Languedoc und Limousin, Gascogne und Guyenne, Auvergne und Poitou ein.

Okzitanien – das sind Küsten ganz verschiedener Prägung, fruchtbare Täler, große Gebirge, Schluchten, Hochebenen, Canyons, Grotten, Wein- und Olivenkulturen, Bergdörfer, Städte…

Hans Roth hat diese unterschiedlichen, oft recht ausgedehnten Landschaften nicht im touristischen Schnellgang durchstreift. Nach einer ersten eindrücklichen Berührung mit den Spuren Okzitaniens vor sieben Jahren, lebt er seit 1981 ausschließlich in Frankreich als Erntearbeiter und Helfer in der Landwirtschaft. Als Spurensucher war er zwischen seinen Arbeitsstationen wochenlang mit dem Fahrrad unterwegs oder zu Fuß auf größeren Wanderungen, seltener mit dem Auto oder der Bahn. Unterwegs auf Nebenstraßen, sehr alten, geschichtsträchtigen Wegen, wie sich mitunter erst nach einiger Zeit, beim zweiten oder dritten Besuch, herausgestellt hat. Und nah an der Landschaft, ihrer Vegetation, ihren Früchten und Gerüchen, ihren Eigenheiten; nah allmählich auch den Menschen, mit denen er viele Wochen gearbeitet, gegessen, getrunken, gefeiert und auch Freundschaft geschlossen hat. Er begegnete vor allem bäuerlichen Lebenszusammenhängen in diesem für uns unerwartet großen Agrarland, in dem es noch weite, fast unbesiedelte Flächen gibt und Straßen, auf denen man sich auf ein Gegenüber freut. Er lebte und arbeitete bei

Ziegenzüchtern in den Cevennen und den Corbières, Weinbauern an der Gironde und der Sèvre oder einem Winzer und Meister der Destillation im alten Cognac-Land. Sie alle sind auf eine subtile Weise mit ihrer Landschaft, ihren Produktionsweisen, ihrer Kultur verbunden. So wie die Schäfer aus den östlichen Pyrenäen schon vor vielen hundert Jahren auf der ›Transhumanz‹, den langen Wanderungen zu den Sommer- und Winterweiden, den sozialen Austausch zwischen weit entfernten Siedlungen (beispielsweise in Katalonien) ermöglichten und zugleich eine erstaunliche Unabhängigkeit vorlebten, entziffert Hans Roth noch heute in der ländlichen Kultur Okzitaniens kulturelle und soziale Traditionen, die unser gängiges Repertoire von Stadt und ›Provinz‹ ebenso durcheinanderbringen wie die Vorstellungen vom ›unterentwickelten‹ Süden.

Okzitanien – das ist auch das Land der höfischen Minnekultur. Viele der großen Liebesgedichte des Mittelalters sind in okzitanischer Sprache verfaßt. Das ist das Land der ›Ketzer‹, der Katharer oder Albigenser, die im toleranten Süden leben konnten, bis sie von der Inquisition und den Kreuzzügen unter christlicher Flagge buchstäblich vernichtet wurden. Ihre Spuren, ihre lang verteidigten Rückzugsorte sind heute noch zu entdecken. Der Autor bringt sie dem Leser so nah wie die Orte, an denen Jahrhunderte später neue Verfolgung und neuer Widerstand sich mit den Hugenotten und den Sozialrebellen verknüpfen. Wenn beispielsweise das Rezept eines Hugenotten-Eintopfes mit Rotkohl, Wein, Speck und Kastanien aus den Cevennen überliefert wird, kommt auch ein Stück Geschichte von unten zutage. Hans Roth, der im eigenen Land starken politischen Pressionen ausgesetzt war, hat einen scharfen Blick für historische wie aktuelle Arten von Unterdrückung und ein warmes Herz für menschliche Formen von Gegenwehr. In der okzitanischen Kultur sieht er ein Stück praktischer Liberalität, das an der Kunst so gut ablesbar ist wie in den scheinbar nebensächlichen Details des Alltags.

Okzitanien war und ist kein eigenständiges politisches Gebilde, es steht nicht einmal in jedem Lexikon und

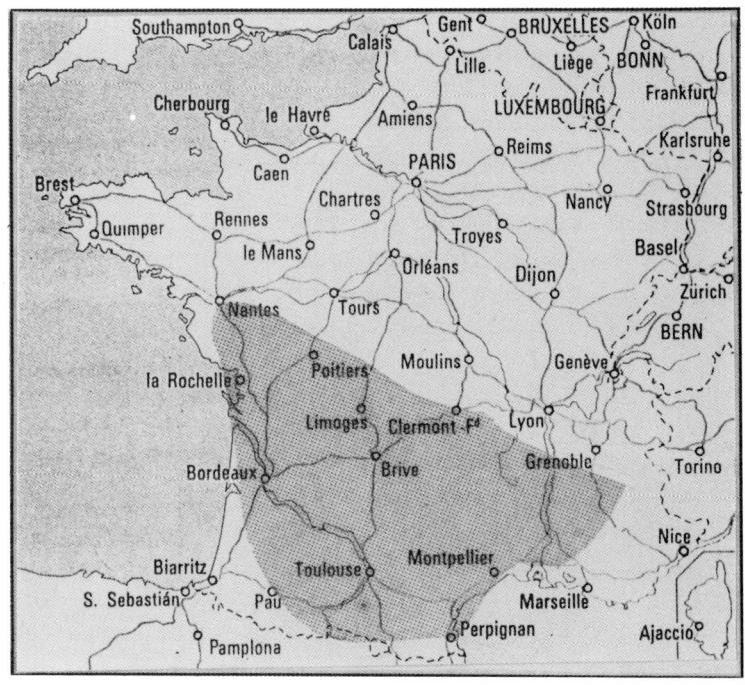

Der okzitanische ›Croissant‹ nimmt ein gutes Drittel von Frankreich ein

auch nicht auf den Landkarten. Treffender als manche Beschreibung von außen ist vielleicht die folgende Charakterisierung eines Résistance-Kämpfers von 1962:

»Unser Okzitanien hat eine unvergleichliche Eigenart, eine Jahrhunderte alte Originalität: es war immer widerspenstig, rebellisch, andersgläubig und eigensinnig. In Okzitanien blühte die erste bedeutende Zivilisation auf dem Boden des heutigen Frankreich, lange bevor es der monarchische und zentralistische Norden überfiel und militärisch besiegte. In Okzitanien war es, wo ein mächtiger Geist urbaner Liberalität sich entwickelt hatte, mit seinem ausgeprägten Sinn für Freiheitsrechte und juristische Beredsamkeit, die lateinischen Ursprungs war. Land der Katharer und Hugenotten, später der Radikalen und Sozialisten – Sozialisten vom Rang und von der Reichweite eines Jaurès: es war klar, daß die Résistance, die Widerstandsbewegung gegen die deutschen Besatzer, hier ihre stärksten Wurzeln schlug, ihre tiefsten Gründe fand. Alle diese Gründe, Gefühls- und Vernunfts-Gründe, lassen sich in ein paar einfachen Grundsätzen

zusammenfassen: dem eines ausgeprägten Humanismus, d.h. eines stolz verteidigten Empfindens für Menschenwürde; dem eines konzessionslosen Sich-Schlagens für persönliche und politische Freiheitsrechte; dem einer frisch-fromm-fröhlichen, aber auch bedingungslosen Demokratie-Leidenschaft. Dies alles hat unser Okzitanien ins heutige Frankreich eingebracht.«

Folgt man unserem Autor, so ist Okzitanien ein Stück Frankreich mit ganz eigenem ›goût‹: französisch, aber mit uralter Skepsis gegenüber der Zentrale im Norden, ländlich, aber so reich an Kultur, daß sich darin z.B. ein Département findet, das über mehr als 700 romanische Kirchen verfügt. Viele Intellektuelle und ›Hommes de lettre‹ verweisen auch dann noch stolz auf ihre okzitanische Herkunft, wenn sie in der Machtzentrale Paris ›etwas geworden‹ sind: Staatspräsidenten wie Giscard, Pompidou oder Mitterand etwa, von Dichtern, Denkern und Sängern – wie Rabelais, Montaigne, Molière, Montesquieu oder Brassens, Marti, Rounet – ganz zu schweigen.

Als Hans Roth das Manuskript begann, hat er nicht an ein Buch gedacht. Er wollte seine Erlebnisse dem in der CSSR wegen Unterzeichnung der ›Charta 77‹ zu 5 Jahren Gefängnis verurteilten und heute isoliert unter Hausarrest lebenden Freund Petr Uhl vermitteln: die Erlebnisse, vor allem aber die Irritation, die ihm das allmähliche Eindringen in ein Land bescherte, in dem er mit dem alten Erfahrungsapparat, den in Deutschland eingeübten Wahrnehmungs- und Verhaltensweisen nicht mehr zurechtkam; wo er eine andere Struktur unter der Oberfläche entdeckte, die ihn als Person herausforderte und veränderte.

Der Kontakt mit uns Verlegern ergab sich eher zufällig. Und als wir schließlich zusammen dieses Buch zu planen begannen, hat Hans die Texte erweitert, noch andere Départements, Städte und Menschen besucht, die ihm die jeweilige Region öffnen konnten. Sie oder doch ihr Wissen, ihre Erfahrungen kommen also mit zu Wort, einige von ihnen werden auch genannt, weil sie interessierte Besucher gerne treffen und mit den Besonderheiten ihres Landes vertraut machen.

Dieses Buch gibt keinen systematischen touristischen Überblick der behandelten Départements, ganz abgesehen davon, daß auch Teile der Gascogne, der Auvergne und der Provence nachzutragen wären, wollte man Vollständigkeit in Sachen Okzitanien beanspruchen. Es hat vielmehr eine gehörige Portion an subjektivem Überschuß, politischen Reflexionen, ganz persönlichen ›Obsessionen‹. Aber es gibt eine Fülle von Hinweisen, Seh- und Wahrnehmungshilfen, die Reisebücher sonst nicht gerade auszeichnen. Die Nebenwege, auf die man sich dabei einlassen muß, werden bei ausreichender Neugier zu Hauptwegen der Erfahrung.

Von der ganz großen Okzitanien-Tour, womöglich noch im Hochsommer und im Auto, können wir aus eigener Erfahrung nur abraten. Auch vergleichsweise kleine Entfernungen, für die unsereiner mit Autobahn-Maßstäben zwei Stunden veranschlagt, dehnen sich manchmal auf kurvenreichen, gebirgigen Strecken zu einer Halbtagesreise. Viel sinnvoller ist es, sich auf eine oder zwei Regionen zu beschränken, dort Ausflüge, Radtouren oder auch eine der im letzten Teil des Buches vorgeschlagenen ökologischen Wanderungen zu machen. Jeder größere Ort mit einem ›Syndicat d'Initiative‹ hält zudem Informationen, Karten und Pläne bereit, die Natur, Geschichte und Kultur der Umgebung erschließen helfen.

Günter Kämpf und Vilma Link

HANS ROTH, geboren 1943 in Gladbeck, lebt z. Zt. in St. Hilaire de Riez (Vendée). Als einziger Offizier der Bundeswehr sagte er Nein zu den Notstandsgesetzen und wurde daraufhin als Kriegsdienstverweigerer anerkannt, ohne den Offiziers-Dienstgrad zu verlieren. Studium der Gesellschaftswissenschaften und der Theologie u. a. bei Heinz Langerhans, Marie Veit und Dorothee Sölle. Erstes Lehramtsexamen 1974. Er gehört zu den ersten Berufsverbotsfällen. Seit 1974, dem Jahr seiner ersten geheimen Anhörung, kämpft er (seit 1981 von Frankreich aus) um seine politische Rehabilitierung. Die ist ihm 1986 in Wiesbaden endlich zuteil geworden, freilich nur formal. Er ist bisher weder entschädigt noch in seine alten Rechte eingesetzt worden.

Die Arbeit an diesem Buch ist von jenem Hintergrund nicht zu trennen. Die Hommage an eine vielschichtige und tolerante okzitanische Kultur, die sich im täglichen Umgang ebenso entdeckt wie im Kapitellschmuck alter romanischer Kirchen, ist auch aus diesen politischen Erfahrungen gespeist.

ARDÈCHE

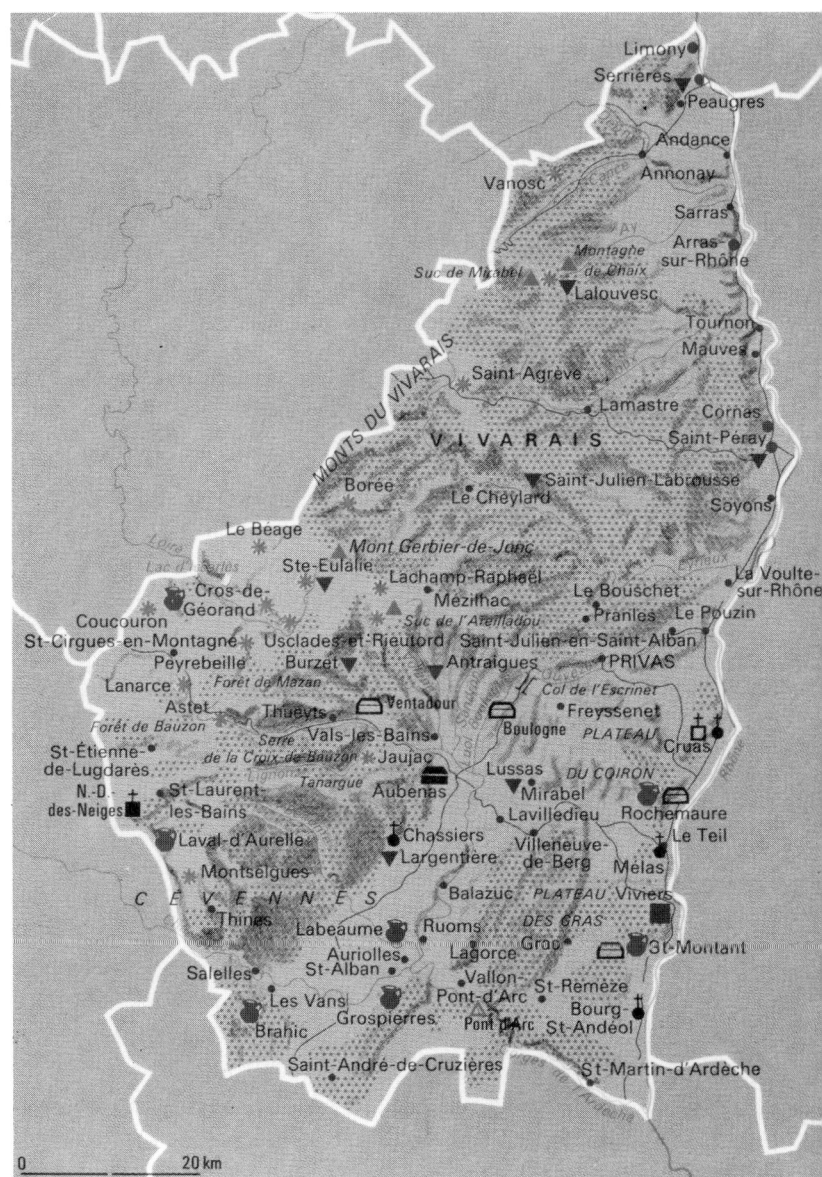

Limony
Serrières
Peaugres
Andance
Vanosc
Annonay
Sarras
Montagne
de Chaix
Arras-
sur-Rhône
Suc de Mirabel
Lalouvesc
Tournon
Mauves
Saint-Agrève
Lamastre
Cornas
VIVARAIS
Saint-Péray
MONTS DU VIVARAIS
Borée
Saint-Julien-Labrousse
Le Cheylard
Soyons
Le Béage
Mont Gerbier-de-Jonc
La Voulte-
sur-Rhône
Ste-Eulalie
Lachamp-Raphaël
Le Bouschet
Cros-de-
Géorand
Mézilhac
Pranles
Le Pouzin
Suc de l'Areilladou
Coucouron
St-Cirgues-en-Montagne
Usclades-et-Rieutord
Saint-Julien-en-Saint-Alban
Peyrebeille
Burzet
Antraigues
PRIVAS
Lanarce
Astet
Forêt de Mazan
Col de l'Escrinet
Thueyts
Ventadour
Freyssenet
Forêt de Bauzon
Serre
Vals-les-Bains
Boulogne
PLATEAU
St-Étienne-
de-Lugdarès
de la Croix-de-Bauzon
Jaujac
Cruas
Lussas
DU COIRON
N.-D.-
des-Neiges
St-Laurent-
les-Bains
Tanargue
Aubenas
Mirabel
Lavilledieu
Rochemaure
Laval-d'Aurelle
Chassiers
Villeneuve-
de-Berg
Le Teil
Montselgues
Largentière
Mélas
CÉVENNES
Balazuc
PLATEAU
Viviers
Thines
Labeaume
Ruoms
DES GRAS
Auriolles
Lagorce
Gras
St-Montant
Salelles
St-Alban
Vallon-
St-Rémèze
Les Vans
Pont-d'Arc
Bourg-
Grospierres
Pont d'Arc
St-Andéol
Brahic
Saint-André-de-Cruzières
St-Martin-d'Ardèche

0   20 km

Eine merkwürdige Revolte

Du nimmst Kastanien und Rotkohl, Olivenöl und Thymian, Schinkenspeck und Rotwein, Petersilie und Lorbeer, Pfeffer und Salz, einen feuerfesten Kochtopf und eine kleine Flamme, viel Zeit und – der Rest geht von selber – langsam den Mund voll, ganz langsam den Mund ganz voll…

Du nimmst ein Bad im *Chassezac*, den Sattel unter den Hintern und den Lenker in beide Hände, ab der Römer-Brücke den kleinsten Gang und kein Blatt vor den Mund: verdammt, ist das steil hier! Du nimmst, wenn du kannst, die anderen Hände zum Schweißabwischen, die anderen Augen für das Nacktgebade in den Schieferwannen, die anderen Gedanken für das Nest oben: *Thines*, Traum von einem Cevennen-Nest.

Du kommst an bei den Resten der alten Mauern hinter dem letzten Felsenvorsprung, liest das Wort ›Résistance‹: eine Erinnerungstafel an Widerstand gegen deutsche Besatzer – du steigst ab, schnupperst dich durch: im Mauerturm links ein Ausstellungsraum von Imkern und Webern, Kerzenmachern und Holzschnitzern, dahinter steil hoch die romanische Kirche, geradeaus ein fröhliches Chaos von schiefergedeckten Schiefergebirgshäusern, mittendrin eine ›Auberge‹ mit Geklöppeltem an den Fenstern und Lampen und Feldblumensträuße auf den Tischen und Kastanien und Rotkohl im Magen…

In der Küche liegt die Würze: Liebe geht durch den Magen, und der Weg nach Thines geht durchs *Thines-Tal* und nicht über die Berge. Kommst du von Norden nach Süden durchs *Département Ardèche*, dann kommt erst ›l'Ardèche au beurre‹, wo die Butter das Brutzeln begleitet, ehe Kastanien und Rotkohl in Öl baden, in der ›l'Ardèche à l'huile‹. Wo die Grenze liegt? Da, wo das Brot nicht mehr ›pain‹ heißt, sondern so, wie's im Französisch-Unterricht ausdrücklich verboten wird, weil es so nach Wildem Westen klingt: ›päng‹ … Kommst du von *Vals* nach *Aubenas*, dann kommst du über die Grenze.

Aber soweit sind wir noch nicht. Kastanien und Rotkohl liegen noch nicht im Magen, und Okzitanien, das nie einen Paß oder ein Eintrittsgeld verlangt, hat noch nicht reingewunken. Nein, wir sind noch in Frankreich, im Regen, im Haus in Valence, das keinen Schlüssel hat – worüber man nicht meckern kann im Dauerregen.

Aber dann kommt auf einmal die Sonne durch, reißt die Wolkendecke auf und beiseite, der angestaute Sonnenhunger will Futter: raus aus dem Haus in Valence, um die Ecke das Licht, die Rhone, die Berge. Im Wiegetritt hoch, an der Burg *Crussols* vorbei, durch die fremden Gerüche hindurch ins *Vivarais*, Richtung *Vernoux*, in der Tasche die Adresse in den Bergen. Unterwegs Pause für ›menthe à l'eau‹, Minzwasser: der Körper klatschnaß geschwitzt mit knallroter Birne, will saufen. Will bezahlen und Trinkgeld geben: keine Chance, ein Trinkgeld loszuwerden. Richtig verlegen, die Bedienung – die Bezahlung anschließend auch. Aus lauter Verlegenheit das

Die Badewannen des Chassezac (Vivarais)

13

Landschaft im Vivarais

Rad gleich unter den Hintern geklemmt, aber nicht für lange: Kirschbäume stellen sich in den Weg, zwingen zum Absitzen. Rauf den erstbesten Baum, rein in die grünrote Krone, alles, was rot ist, raus aus der Krone und rein in den Mund, bis es aus den Ohren quillt. Runterfallen vom Baum wie ein satter Sack…

Allmählich weiter Richtung *Vernoux*, bequeme kleine Hochebene, Ankunft im Ort ohne rote Birne. Wieder Einkehr für ›menthe à l'eau‹, diesmal mit Erdnußgericht und Fernsehen: Tages-Etappe der Tour de France, Ankunft und Interviews; Interview mit dem Fahrer Bazzo, der heult wie ein Alpen-Sturzbach, und die Kamera hält drauf: beinahe hätte er es gehabt, das ›Gelbe Trikot‹ des Spitzenreiters, und am Morgen hatte er es seinen Kindern versprochen, und jetzt diese Schande… Eine Schande ist die Kamera, die von einem ganzen Menschen nichts anderes zeigt als eine ergreifend verrutschte Idiotie, Tränen als komischen Rest.

Weg vom harten Geschäft, rauf auf den Drahtesel, weiter im Wiegetritt; nicht vorbei an Kirschbäumen – nein, wieder rein ins Gedicht, das die Erde an den Himmel schreibt, rein in den Mund alles, was rot ist… Dann noch zwei, drei Serpentinen hoch bis *St. Jean-Chambre*, einen Steinwurf weit weg von *Chaudeyron*, der Adresse in den Bergen.

Ich bin in den Bergen bei fremden Menschen in einem unbekannten Haus: Wo bin ich? »Wie es scheint, irgendwo in der ›französischen Wüste‹«, lese ich in einer älteren Zeitschrift im Haus – »da, wo es wenig natürliche Ressourcen gibt und viel Landflucht in Richtung Lyon und Paris. Von 380 000 Einwohnern Mitte des letzten Jahrhunderts ist die Bevölkerungszahl auf 260 000 abgesunken; . die größte Stadt des Departements, Annonay, hat keine 20 000 Einwohner.« Weiter im Text geht die Klage; die Landwirtschaft hier wirft nicht genug ab, und die Kleinindustrie (Textil, Leder, Papier) ist nicht wettbewerbsfähig; die Jugend versucht ihr Glück in den großen Betrieben von Lyon und Paris und findet es in der kleinen Arbeitslosenunterstützung; ein Teufelskreis, aus dem mit Hilfe eines langfristigen Entwicklungsplans aus dem Sozialfonds der Europäischen Gemeinschaft ein Ausbrechen gesucht, ein Ausweg gefunden worden ist: Kredite und Ausbildungsförderungen für Bauern und Handwerker, Kaufleute und Industrielle, Frauen und Männer, Zugereiste und Alteingesessene, Bürgermeister und Tierärzte, Junge und Alte haben – zumindest vorläufig – die Landflucht gestoppt, das Ausbluten verhindert, die allgemeine Tendenz umgekehrt. »Die Phantasie an die Macht« ist der Artikel der alten Zeitschrift überschrieben.

»Als ich ankam«, wissen die alten Notizen, »kannte ich keinen – jetzt rühren wir Speis und legen den Boden. Das Haus soll Kinder für eine alternative Schule aufnehmen – seit Jahren haben sie diese Rosine im Kopf. Sie, das sind sechs Pärchen, ein paar Pariser Kinder, darunter ›notre mongo‹, unser Mongölchen: eine Kommune. Sie, das sind Arzt und Ärztin, Lehrer und Lehrerin, Geologe und Sozialarbeiterin, Tischler und Studentin, Hochschullehrer und Geologin, die sich mir vorstellen bei der ›veillée‹, dem gemeinsamen Essen, Reden, Kartenspielen und Singen am offenen Feuer.«

Sie stellen mir auch ›Chaudeyron‹, das Haus, vor: da wird nachts, wenn's Spaß macht, im Freien gepennt; und gewaschen wird sich sowieso im Freien, als Klos

stehen neben der Latrine hinterm Haus sämtliche unge-
fliesten Räume der näheren und weiteren Umgebung
zur Verfügung. Die erklären sie mir am übernächsten
Tag, als sie den Radwanderer aufs Dach des Lieferwagens
legen – was nicht so ganz erlaubt ist – zwischen Olivier,
den Geologen, und Nicolas, den Tischler, und mit Sack
und Pack und Kind und Kegel noch höher hinauf fahren,
auf die Höhenstraße zwischen *Le Cheylard* und *Mézilhac*:
da hinten – Olivier weist auf den zuckerhutähnlichen
Gerbier de Jonc – entspringt die Loire, da treffen wir uns
jedes Jahr mit allen Freunden, jedes Jahr am 10. August;
das da sind Basaltkegel und Granitmassive, weiter südlich
gibt's dann Kalksteinplateaus und Schiefergebirge, die
Cevennen; dieses vielgestaltige, bunte Land, das seit der
Revolution ›Dèpartement Ardèche‹ heißt und heute zur
Region ›Rhône-Alpes‹ gehört, ist eine der ältesten Provinzen Frankreichs, das *Vivarais*, »mon pays de Vivarais«,
mein Land, meine Heimat. Von den ehemaligen Ressourcen, fährt Olivier fort, während Nicolas schweigend
Kiefern- und Ginsterduft einsaugt, der Ziegenzucht und
der Seidenweberei, ist nicht viel geblieben; die Kastanien-
wälder, die viel Pflege brauchen, verrotten allmählich,
und die Kirschen verfaulen in den Bäumen; viele Häuser
verfallen und stürzen ein oder werden von Ausländern,
die das nötige Kleingeld haben, aufgekauft, in dieser
Gegend hauptsächlich von Holländern. Hier hakt Nicolas
ein: kürzlich sei in einem Nachbardorf das letzte Haus
in holländische Hände übergegangen, und dann sei die
holländische Fahne gehißt worden – die sei aber nicht
lange oben geblieben, weiß er dann sehr genau, und ein
Blickwechsel sagt alles. Weiter mit Olivier: jeder hat
hier seine Familien-Geschichten, alte Hugenotten-Ge-
schichten; einer seiner Vorfahren war Camisards-Pfar-
rer gewesen, und auch wenn er demnächst unten im
Rhone-Tal wohne, werde er immer hier in den Bergen
zuhause sein, bei jenen merkwürdigen Sozialrebellen,
die sich mit der Waffe in der Hand für Freiheitsrechte
schlugen, die heute als selbstverständlich gelten, bei jenen damals bizarren Gewissenstätern, deren Widerstand
aus den Bergen zermalmt worden ist und doch seine

geschichtliche Spur hinterlassen hat in der Menschenrechts-Erklärung der französischen Revolution.

Absitzen unterhalb *Mézilhac*, Picknick-Idylle mit Kindern, denen die Hände durchgehen nach den Himbeeren.
Ausgepackt werden Weißbrot, Rotwein, luftgetrocknete
Hartwurst und Bayonne-Schinken; ausgepackt werden
Fragen. Ob man Kinder haben soll, wenn man plant, was
man plant: eine alternative Schule; man habe einen politischen Anspruch und kulturelle Ziele, und ob ich da
Erfahrungen hätte, ob das gut zusammengeht. – Pause,
tief Luftholen. Erste Antwort: so eine Truppe, in der
jeder jeden mag, hätte ich noch nicht erlebt; vor allem
habe es mich beeindruckt, wie Philippe, ›unser Mongölchen‹, dazugehört wie jeder andere. Dann ein Versuch
zu sagen, daß Gruppen mit politischem Anspruch immer
Gefahr laufen, sich zu verlieren in den Ideen, die sie
tragen – von daher Verteidigung der konkreten Mutter,
die beim Bodenlegen, Fugen und Speismischen gefehlt
hatte, gegen abstrakte Ansprüche. Schließlich eine verle-
gene Einladung, Kinder der Liebe und Kinder der Leidenschaft zusammenzudenken.

Camisards

»Diesen Namen gab man den Protestanten in den Cevennen während der Erhebung in den Jahren 1702 bis 1705 unter Louis XIV.«, weiß ein Lexikon, »was die Folge der Aufhebung des Edikts von Nantes war.« Wie die meisten Lexika weiß es nicht, wer wem diesen Namen gab.

Schlagen wir eine ›Universal-Geschichte‹ auf. Über die Jahre 1702 bis 1705 heißt es da mit einem einzigen Satz: »Die überwältigende Mehrheit der Franzosen stand in Opposition sowohl zu den Hugenotten als auch zu den ›ultramontains‹ (das sind die von jenseits der Berge), also zu jenen beiden extremen Gruppierungen, die für die Gewalttätigkeiten und Grausamkeiten von Religions- und Bürgerkrieg im Jahrhundert zuvor verantwortlich waren.« Das steht so in einer dreibändigen ›Histoire Universelle Illustrée‹ (Zürich-Paris-Brüssel-Frankfurt/M.-Innsbruck 1958, 3. Band, S. 50), und an diesem Satz stimmt nichts, nicht einmal das Wort ›Hugenotten‹: die Rebellen hießen nicht ›Hugenotten‹ – als sie, militärisch besiegt, in Scharen das Land verließen in Richtung Genf und die Schweiz, um von da aus auszuwandern in verschiedene europäische Asyl-Länder, wurden die französisch sprechenden Einwanderer, die aus der Schweiz kamen, in Anlehnung an das Wort ›Eid-genossen‹ ›Hu-genotten‹ genannt. Von ›camisards‹ ist natürlich überhaupt nicht die Rede: wie sollten auch die, die nach dem Wort von Michelet »keine Geschichte haben«, in einer ›Universal-Geschichte‹ vorkommen?

Die faktologisch genaue und materiell reich unterfütterte Monographie ›Les Camisards‹ von Philippe Joutard entschlüsselt die Geschichte derer, die »keine Geschichte haben«, aus den nachprüfbaren Dokumenten ihrer Gegner, erzählt die Geschichte einer merkwürdigen Revolte (»une étrange révolte«) anhand von Archiv-Materialien aus Cevennen-Dörfern wie aus Paris, macht den Umschlag von Resignation zu Widerstand im Jahr 1702 verständlich. Wenn von 200 000 Nicht-Katholiken im Languedoc um die Jahrhundertwende auch viele vor den Bataillonen aus Paris flohen und manche sich der dort herrschenden Staats-Religion zuwandten, blieb doch eine überaus zahlreiche ›Résistance‹ in den Bergen, die sich überraschend schnell militärisch organisierte, mit einem Bäckergesellen (Cavalier), einem Schafkastrierer (Laporte) und einem Wollkämmer (Mazel) als Generälen. Kam es irgendwo zur offenen Schlacht, erkannte man sich an seinem offenen weißen Hemd: die ›maquisards‹ erkannten sich an ihrer ›chemise‹, nannten sich ›camisards‹.

Abb. rechte Seite: Die Wälder und Schluchten des Vivarais – ideales Flucht- und Schutzgebiet der ›Camisards‹ und Sozialrebellen. Hier: Thines-Tal in Richtung Süden.

Wir hatten an den Tagen zuvor beim ›faire la dalle‹, beim Bodenlegen (hauptsächlich die Männer – die Frauen waren mit den Schubkarren zugange) den Mai 68 hoch- und die dauernden Niederlagen der politischen Linken niederleben lassen (der Mai '81 war erst ein Jahr später); wir waren auf unseren enormen Widerspruch gekommen, der nicht wegzulügen war: den zwischen einem politisch abstrakten begriffsverstiegenen Hypertheoretisieren und einem praktischen Spontaneismus, der jedem Nach-Denken spottete; von daher Verantwortlichkeitsfragen: Theorie und Praxis, unser A und O, – noch so weit voneinander entfernt? Wir ahnten: da war wohl Kindheit im Spiele, da waren im Grunde völlig irrationale Seiten wiederzugewinnen – die Frage nach unserem Erwachsenwerden stellte sich. Von daher wohl die Schärfe und Bestimmtheit, mit der das einzige leibliche Kind der Gruppe weniger aufgenommen war als ›unser Mongölchen‹. Von daher wohl auch die Frage, ob man Kinder haben soll, wenn man plant, was man plant...

(Drei Jahre später ein völlig verändertes Bild: jedes Paar – bis auf eins – hat ›eigene‹ Kinder; sie sind Dreh- und Angelpunkt aller Planungen; an die Stelle der Männer, die wissen, wo's langgeht mit dem Hausbau, sind die Frauen getreten, die wissen, wann die Kinder essen und schlafen und gebadet werden müssen.

Dazwischen jubelt die Presse: unsere Truppe hat ein Theaterstück auf die Beine gestellt, das den ›Camisards-Krieg‹ zum Thema hat; sie haben ihr eigenes ›Bärenhaut-Theater‹ gegründet, mit selbstgenähten Kostümen und selbstgeschriebenem Text. »Es handelt sich«, schreibt begeistert z.B. ›Reforme‹ vom 25.4.81, »um ein großes historisches Fresko nicht ohne persönliche Note, voller Bewegung, Humor, Poesie, hier und da erschüttert von Gewaltsamkeit und überhöht von Prophetismen... Die Sprache des Stücks hat Rythmen und Klänge und eine literarische Schönheit, die jedes Publikum, welchen Alters und welcher Herkunft auch immer, mitreißt zum Nachdenken über Ungealtertes: Mißbrauch von Macht und Kampf um Gewissens- und Meinungsfreiheit, mithin Bestreiten verfaßter Ordnung, »contestation de l'ordre établi…«; hier und da wird aus der berühmten Widerstandskämpfer-Rede von Malraux zitiert: »Dieses Nein des unbekannten Untergrundkämpfers, der an seinem Stückchen Erde hängt und auf ihm stirbt, macht aus dem armen Kerl ohne Geschichte den ewigen Weggefährten von Johanna und von Antigone… Immer nur ja sagt der Sklave.«)

Aufsitzen unterhalb von Mézilhac, Ende der Picknick-Idylle, ›la bise‹ und Umarmung: kein Blick zurück auf die Basaltpfeifen, Blick nach vorn und Sturzflug ohne Helm und ohne Sturz von 1350 m auf 100 m hinunter, an granitenen Bade-Wannen im Tal vorbei, unten im Badeort *Vals* angekommen; da gibt es Eis und keine Freiheits-Guerilla, dafür aber die ›Bild-Zeitung‹, und deren Spruch des Tages ist gut gekoppelt: »Zu wagen heißt: den Boden

Markt in Aubenas

21

Waschhaus in Les Vans

unter den Füßen ein Weilchen zu verlieren. Nicht zu wagen kann bedeuten, sich selbst zu verlieren.«

Mit ›Bild's‹ prächtigem Schwung-Rat in Sachen Mut geht das Radwandern weiter über die *Ardèche-Brücke* in Richtung *Aubenas*, von da, wo das Brot ›pain‹ genannt wird, nach da, wo das warme, mütterliche Ding ›päng päng‹ heißt, über die Grenze, die auf der einen Seite gebuttert ist und auf der anderen geölt. Oliven entdecken beim Anstieg zur Stadt auf dem Hügel, inmitten der Weinhänge, neben den Maulbeerbäumen; wo die Augen nach unten blicken beim Anstieg, eröffnen mit Thymian-Duft der Nase sich neue Horizonte.

In Aubenas geht's erstmal nicht mehr weiter, weil auf dem Marktplatz Markttag ist und auf dem anderen Platz, der kein Parkplatz ist, Boule gespielt wird, und weil der Charme der kleinen Stadt mit dem trutzigen Schloß und der Altstadtgassen-Fußgängerzone mit Händen zu greifen ist wie das Kastanien-Eis, das hier zuhaus ist. – Wanderer, kommst du von Vals, fängt in Aubenas Okzitanien an. Und ›päng, päng‹.

Natürlich heißt der nächste Ort auf dem Weg zum Camping-Platz unter Pfirsich-Bäumen am Chassezac *Joyeuse*, die ›Fröhliche‹ – aber so sieht sie leider nicht aus, die sehr alte Stadt; sie soll ihren Namen, so geht ein Gerücht, jenem berühmten Wildschweinjäger verdanken, der als Heerführer und Machthaber fast ganz Europa durchstreifte und als reitender Liebhaber hier bei einer seiner 84 Freundinnen fröhliche Stunden verbracht hat: in den Geschichtsbüchern feiert er als ›Karl der Große‹ weniger fröhliche Urständ.

Kommen die Pfirsichbäume am Chassezac bei *Les Vans*: morgens ein Bad im Fluß und dann Pfirsiche, mittags ein Bad im Fluß und dann Pfirsiche, abends ein Bad im Fluß und dann Pfirsiche – die Pfirsichbaum-Wiese hat's nicht anders gewollt. Zwischen den Mahlzeiten Schwitzwäsche-Waschen: als einziges nichtweibliches unter ausnahmslos weiblichen Wesen denke ich an die armen Männer, die ihre Pastisgläser leeren müssen und vom Boule-Platz nicht wegkönnen, während sich ihre lieben Frauen beim Wäschewaschen vergnügen… Die Gleichheit der Geschlechter findet sich dann aber rasch am Fluß, wo Männer und Frauen die Hosen anhaben – die Hosen und nichts als die Hosen.

Anderntags Markt in Les Vans auf dem großen Boule-Platz, der ›Marktplatz‹ heißt: ein Schisser hat Durst, die Mutter stillt den Säugling, und zwischen Lavendel und Oliven taucht ein frecher Tourist auf und hält die Kamera drauf – die Mutter lächelt zur Seite, der Säugling läßt sich nicht stören und ich gehe für mich hin in den Kastanienwäldern der *Serre de Barre*, in der *Garrigue* (S.. auch S. 29) von Paiolive, im Seidenraupenland des unteren Vivarais: gut gezirpt, Grillen! Wo das Schiefergebirge mit dem Kalksteinplateau zusammenstößt, wächst der Maulbeerbaum, und was mit dessen Blättern geschieht, wie die den Seidenraupen im Magen liegen, das kann man sehen im *Mas de la Vignasse* im Ardèche-Tal: schnuckeliges Museum (hier hat Alphonse Daudet gelebt), schönes Beispiel ›lateinischer‹ Bauernhaus-Architektur der ›Ardèche à l'huile‹ (im Unterschied zur ›gallischen‹ der ›Ardèche au beurre‹), gar nicht museale Begleitmusik jugendlicher Begleiter; hat man viel Glück und noch mehr Zeit, erfährt man alles über die Seidenweberei und den Aufstand der Lyoner Seidenweber und wieso und warum das Lyon der Seidenweber, das Arbeiterviertel von Croix-

Rousse, ›Hauptstadt des Sozialismus‹ genannt wurde – entweder von Karl Marx oder von Walter Ulbricht, ich weiß nicht mehr so genau.

Ich weiß nur noch, wie es dann – wie zu Beginn beschrieben – nach *Thines* ging, wie der Traum von einem Cevennen-Nest ein Widerstands-Nest war, wie zwischen den schiefergedeckten Schiefergebirgs-Häusern Honig, Kerzen und Spielzeug für sich warben, neben Drucken, Kleidung und ›paillas‹, das sind okzitanische Korbweidenkörbe. Und dann weiß ich noch, wie es dampfte zwischen Kamille und Margeriten, Weizen und Thymian, Gladiolen und Nelken, Hopfen und Lauch, dem mit den roten Blütenkugeln, und wie das dann über die Zunge am Gaumen vorbei durch den Magen ging…

Musée du Vivarais Protestant im Mas de la Vignasse (Ardèche)

Schiff am Fels, Dichter am Weg
Ergänzende Anmerkung zu Thines en Vivarais

Mit dem Rad rauf nach Thines? Das läßt sich schon machen: die Runterfahrt lohnt auf jeden Fall die Mühsal des langen Hochschnaufens. Weniger Trainierte können aber auch das Auto nehmen: Kurz hinter Les Vans rechts ab von der D 901 auf die D 113, den windungsreichen Chassezac entlang. Es geht bergauf, bis zum Hinweisschild nach Thines (der Chassezac ist dort gestaut). Dann sind es noch ungefähr 8 km kurvige Stichstraße am Ufer des Flüßchens Thines aufwärts, das dem Tal und dem Ort seinen Namen gibt und sich, wie alle Flüsse der Region, in wilden Schluchten durchs Gebirge frißt, mal tief unten wie grünes Glas in den hellen Wannen des Gesteins liegt, mal sich schäumend nach unten zum Chassezac schmeißt...

Hinter einer Kurve plötzliche Irritation: Im gewohnten Braungrün von Gestein und Bäumen lila-weiß-rosa-rot-gelb-blau auf dem Felsen an der Straße, große geometrische Figuren, Zeichen, Symbole, weithin leuchtend, wie aztekische Wandgemälde, wie Götterzeichen.

Ein, zwei Kurven weiter: auf der anderen Seite des Tals, oben am Fels, ein riesiges buntes Schiff – vielmehr ein Schiffsbild auf einer Leinwand, wie sich später herausstellt. Wo sind wir hingeraten? Das ist nicht die Sprache offizieller Touristenwerbung, da sind Querdenker am Werk, ein paar bunte Witzbolde scheinen dem vielleicht eher andächtig sich nähernden Fremden sagen zu wollen: hier am Ende der Welt ist die Welt keineswegs zu Ende, hier passiert was, komm nur näher, du wirst sehen...!

Noch ein paar Kurven, das Tal ist zu Ende und man sieht sie liegen, die Perle des Vivarais, *Notre-Dame de Thines*, hoch oben, alles überschauend. Und es kommt ein kleiner schattiger Parkplatz, wo die ›chers visiteurs‹ höflich gebeten werden, das Auto stehen zu lassen und die letzten 300 m zu Fuß zu gehen über den ›Chemin poétique‹, der durch den lichten Wald nach oben führt, schattig, duftend, still. Und der Besucher staunt: wird er doch nun begleitet von großen Holztafeln, einer ›Anthologie der Weltdichtung‹ heißt es auf einer Ankündigung am Parkplatz, Gedichte und Texte von Mallarmé über Hans Arp, Nazim Hikmet bis zu russischen und japanischen Dichtern, in Handarbeit ins Holz geritzt und gebrannt, liebevoll verziert, alle paar Meter an Baumstämmen befestigt. Beim Lesen (alle Texte französisch) wird klar: die Texte behandeln ausschließlich *das* große Thema des Landes, *das Wasser*, und schon am Parkplatz wird auf das ›Musée de l'eau‹, also das Wassermuseum im Ort hingewiesen, »au bout du monde et du village«, im letzten Haus der Welt.

Das letzte Haus der Welt ist die ehemalige Schule, innen sorgfältig restauriert und ausgebaut, in dem das kenntnisreich gestaltete kleine Museum untergebracht ist, von einer einheimischen Papierfabrik gesponsert und von Handwerkern, Künstlern und Lehrern eingerichtet und betreut. Man kann darin nach Lust und Laune herumgehen, lesen, fragen, es gibt auch Gruppenführungen (allerdings nur französisch). Einziges Thema ist, wie gesagt, das Wasser und die damit zusammenhängenden Lebens- und Arbeitsbedingungen der hier lebenden Men-

schen, die ökologische und ökonomische Bedeutung des Wassers, die vielen Mühlen, die Papierindustrie.

Wir fragen auch nach dem ›bâteau ivre‹ auf der anderen Seite des Tals: hier scheint die Begeisterung unter den Leuten nicht einhellig zu sein, eine Bewohnerin sagt uns, daß die Gemeinde es entfernen will.

Die Gemeinde: von dem ehedem blühenden Dorf mit 839 Einwohnern (1846) sind ganze 12 (1986) übriggeblieben, die das ganze Jahr über hier leben. Im (langen) Sommer werden es aber wieder mehr: über 90 Menschen im vergangenen Jahr, darunter auch ein Kinder-Ferienheim. Obwohl das Dorf sich selbst erhalten konnte – die bis hoch in die Berge sichtbaren, jetzt verfallenen Wein- und Kastanienwaldterrassen, auf denen auch Obst, Gemüse, Oliven und Kartoffeln wuchsen, bezeugen das – teilt Thines das Schicksal vieler Cevennen-Dörfer (s. auch BARDOU S. 66): der größte Teil der Familien zog in den letzten 150 Jahren in die Stadt, die Häuser verfielen oder sind in etlichen Orten in holländischer oder deutscher Hand. Es gab nicht nur den Zusammenbruch der Seidenraupen-Zucht im 19. Jh., sondern auch die beiden Weltkriege. Die Reihen der Namen der Gefallenen auf den Gedenktafeln in der Kirche sind lang für einen so kleinen Ort. Ein eindrucksvolles Relief-Denkmal am Ende des Dorfes spricht vom Widerstand der Einwohner von Thines gegen den Nazi-Terror, der auch hier Menschenleben gekostet hat.

Die ›Ferme Auberge‹ mitten im Häusergewirr von Thines wird allerdings von einer Gruppe junger Einheimischer betrieben, die dem ohnehin schon hingerissenen Gast die Köstlichkeiten aus eigenem Anbau und eigener Produktion servieren.

Notre-Dame de Thines (11. Jh.)

Detail an der Apsis

27

Vor dem ersten Schluck naturtrüben ›Jus de pommes‹ sollte aber unbedingt noch ›Notre-Dame de Thines‹ besucht und bewundert werden: ein großes und doch zierliches romanisches ›Schiff‹ zwischen den winzigen, halbverfallenen Schieferhäusern. Und wieder staunt der Besucher: Wie kommt ein so reich verzierter Bau hierher? Wer hat solche Schönheit vor 1000 Jahren am Ende der Welt aufgerichtet und warum? Laut Broschüre gibt es keine ganz gesicherte Antwort, am beliebtesten ist wohl die Version, nach der Karl der Große – der bekanntlich in der Gegend häufig bei einer seiner Gespielinnen und zur Wildschweinjagd weilte – um 800 n.Chr. eine erste Kirche auf den Ruinen einer Sarazenenburg errichten ließ, Gott zum Dank dafür, daß dort 793 der letzte Sarazenenkrieger gefallen war. Aber das ist, wie gesagt, nur eine Version der Geschichte und vielleicht war auch alles ganz anders. Die Kirche in ihrer heutigen Gestalt stammt jedenfalls aus dem 12.Jh., zwischen 1130 und 1150 errichtet und der heiligen Jungfrau Maria geweiht, in Größe und Form an der Klosterkirche von Velay orientiert, deren Mönche die Baumeister gewesen sein sollen.

Dem Besucher ist das vielleicht gar nicht so wichtig. Er schaut und staunt und ist glücklich, daß es am Ende der Welt so schön ist. Und er – oder sie – setzt sich am Schluß zwischen die verwitterten Kreuze, die Stockrosen und die Düfte von Rosmarin und Wacholder des alten Friedhofs neben der Kirche »pour prendre conscience de lui-même et de son passé« (so heißt's in der Broschüre) – und um sich vorzunehmen, beim nächsten Besuch mehr Zeit zu haben.

Günter Kämpf, Vilma Link

P.S.: Hans Roth konnte bei seinem Besuch im Jahr 1980 weder den ›Chemin poétique‹ noch das Wassermuseum sehen, weil beide erst danach entstanden sind. Wir waren auf seine Anregung 1986 am Chassezac und in Thines und konnten so diese kleine Ergänzung schreiben.

Garrigue

Von ›carra‹, dem vorkeltischen Wort für ›Stein‹, kommt der Name, und 300 000 ha Kalkgestein zwischen Cevennen und Mittelmeer springen dem Touristen im unteren Languedoc ins Auge, wie ihm Gerüche von Thymian, Rosmarin und Zistrose in die Nase steigen und Grillengezirpe in den Ohren dröhnt. Daß diese immensen Strauch- und Gebüschregionen einmal dichte Wälder waren, davon singen die verbliebenen Kermes- und Steineichen mit den vereinzelten Aleppo-Kiefern dazwischen ein trauriges Lied; gesteigert wird die Traurigkeit oft noch durch immer wieder offenliegende Kalkbodenflächen ohne Bewuchs nach Bränden: die häufigen Brände, die kaum noch Waldbrände sind, markieren die vorläufig letzte Etappe der Marathon-Auseinandersetzung zwischen Menschen und Wäldern.

  Die erste Etappe vor etwa 100 000 Jahren war die erste nachweisbare menschliche Ansiedlung am Fuß der Cevennen, wo es keine Garrigue gab, sondern dichten Mischwald. Als dann vor gut 4 000 Jahren die Waldläufer, Jäger und Sammler zu Hirten mutierten, begann die zweite Etappe, in der es dem Wald ans Holz ging: geheizt mußte werden und Brot gebacken, und um die menschlichen Niederlassungen herum gab es mehr Schafe und Kühe als Hirsche und Rehe. In einer dritten Etappe wurde dann systematisch Holzkohle gebraucht und verwendet für kleinere Industrien, so daß erste Kahlschläge vorkamen, die bei zunehmend extensiver Beweidung durch Ziegen- und Schafherden kahl blieben; erste Erosionserscheinungen traten auf bei den für Erosion besonders anfälligen Kalkböden. Am Ende war dann die Auseinandersetzung zwischen Menschen und Wäldern von ersteren gewonnen, und übrig blieben fast waldlose Flächen mit zutageliegenden Kalkgesteins-Brocken, in denen es häufig brennt und kaum noch jemand lebt; ganze 8 Personen pro Quadratkilometer leben beispielsweise im Kanton von *St. Martin de Londres*.

GARD

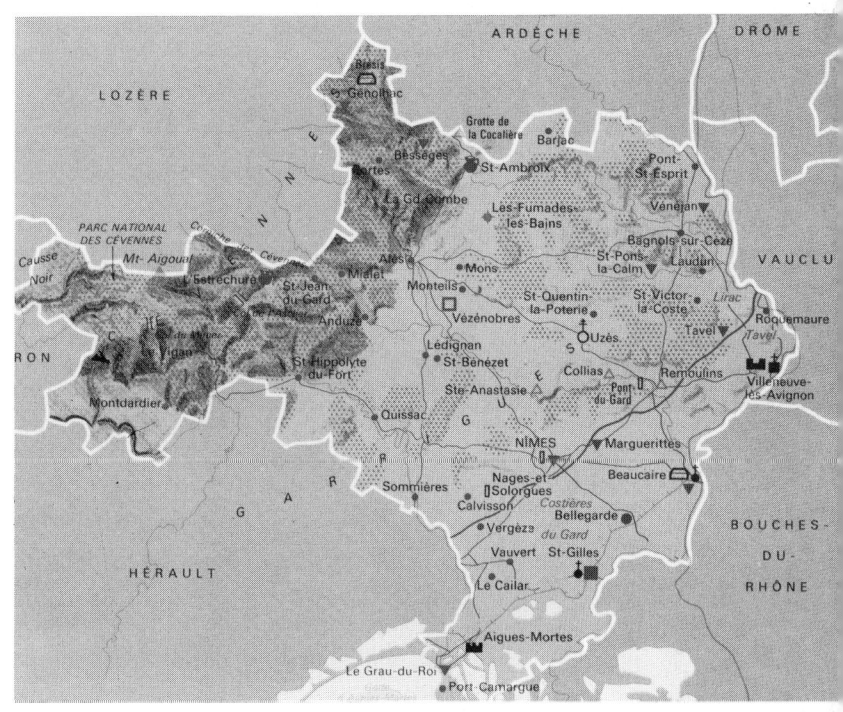

Große Geschichte – klein erzählt

»Mange«, komm rein und iß erst mal was – das waren die ersten Worte im Gard, bei der nächsten Adresse.

Weiter nach Süden also: alle Wege führen zum Mittelmeer. Weiter nach Süden, vorbei an Weinfeldern, an Grotten und Häusern, die die Farben der Felsen haben, an Weizen- und Thymianfeldern links und Kastanienhängen rechts, ab und zu ein paar Maulbeerbäume, ein paar Olivenhaine. Den Körper gut eingemummt, abgedeckt gegen Verbrennungen, weiter in Richtung *Alès, Anduze, Tornac.* Die Adresse nach Chaudeyron, das nächste Haus hat wieder einen Namen: *Aspères* – ein dreigeschossiger, hufeisenförmiger Hof; im rechten Seitenflügel wohnt die Familie mit dem algerischen Namen. Ankunft bei Einbruch der Dämmerung, Anklopfen voller Schwellenangst, das Papier von Chaudeyron in der rechten Hand, den Feldblumenstrauß in der linken: zwei linke Hände also, mit der rechten will der Neuling aus dem Norden die Hand geben, während ein Hund anschlägt, Gänse schnattern, Ziegen blöken. Herzklopfen: eine Tür geht auf, eine Frau im Kittel prüft die Zeilen, ein Mann mit Kraushaar im Blaumann sagt: »Mange«, komm rein und iß erst mal was, schiebt mich rein. Ich schiebe mich rein in Fliegengesumm und einen Geruch von Molke und schiebe mir was rein vom Nudelauflauf mit Schinken, vom Weißbrot, Käse und Rotwein.

Kennenlernen. Martine war Lehrerin und hat jetzt Ziegen, produziert ›pelardons‹, die kleinen Cevennen-Hartkäse. Aldo ist Maurer und schafft bei ›Maison Phénix‹ im Akkord. Der Junge im schulfähigen Alter heißt Yann, zeigt mir die Ziegen und Pippo, den Drahthaar, die Schwalben im Hof, den Bock und die Gänse, die Katzen und das kleine Fahrrad, das sich eine Spazierfahrt am nächsten Tag wünscht, zu zweit. Der Fremde stellt sich vor, erzählt was und merkt, wie die Worte nicht stimmen, nicht klingen: irgendwas stimmt hier nicht, irgendwie wird hier anders gemessen. Erst als ›politische

In Anduze heißt der Gard noch Gardon

Schwierigkeiten‹ offen zur Sprache kommen, Stichworte fallen wie ›Gewissensfragen‹, ›Berufsverbot‹ und ›Privatexil‹ wird es wärmer, wird verstanden. Klar: der Fremde kann bleiben.

Am anderen Morgen, der Mann ist auf Arbeit und die Frau bei den Ziegen, steht ein Frühstück auf dem Tisch und ein Freßpäckchen daneben, mit gefüllter Trinkflasche fürs Rad. Ich hatte gesagt, daß ich zum *Mas Soubeyran* wollte, zum Camisards-Museum im oberen Gard-Tal, und daß ich dann abends ein Essen machen wollte.

Über *Anduze* in die Berge. Wo der *Gard*, der vom immergrünen *Aigoual* kommt und lange *Gardon* heißt, die Cevennen verläßt, liegt die kleine Stadt, eingeklemmt zwischen dem mächtigen Vorhutberg *St.Julien* und den überdimensionalen Deichen, die beim herbstlichen Anschwellen der Wassermassen um das Zwei- bis Dreihundertfache an dieser Engstelle mehr als ratsam sind. Aus der Nadelöhrlage hat die Werbung ›Das Tor zu den Cevennen‹ gemacht – in Chabrols Camisards-Roman ›Les Fous de Dieu‹ taucht Anduze auf als »ohne Zweifel die schönste Stadt auf der Welt, unser Genf!« Entsprechend sieht auch ›le temple‹ aus, die protestantische Kirche vorm mittelalterlichen Stadtkern, den Platanen-

Alleen umgeben und Straßencafés, Apéritifgeschichten und Straßentheater, jetzt im Sommer. Kein Durchkommen mit dem Wagen, und auch das Fahrrad muß geschoben werden, vorbei am ›temple‹, vorbei am ›Syndicat d'Initiative‹ nebenan, wo man es nicht mit einer ›Initiativ-Gewerkschaft‹ zu tun hat, sondern mit dem Verkehrsbüro, in dem es Prospekte, Informationsmaterial und freundliche Auskunft gibt. In einer deutschsprachigen Faltblattwerbung heißt es: »Entdecken Sie die Cevennen. Sie werden Sie trotz (oder gerade wegen!) ihrer herben Schönheit sofort in ihren Bann ziehen – ein Stück unberührter Natur, Schauplatz und Zeúge der Religionskriege: alte ›Mas‹ (Höfe) wie Soubeyran mit dem ›Musée du Désert‹, heute noch geheiligter Ort des Protestantismus; Täler und Schluchten wie geschaffen für jenen hartnäckigen Widerstand im Glaubenskrieg…« Also ab in die Schlachten-Schluchten, wie geschaffen für die blutgetränkte unberührte Natur…

Der ›geheiligte Ort des Protestantismus‹ enttäuscht den, der mehr oder anderes sucht als eine Pilgerstätte zu Aposteln und Märtyrern. Wer erfahren möchte, was die Bauern und Handwerker, Schaf- und Ziegenzüchter trieben, wenn sie nicht gerade beteten oder kämpften, kriegt seinen Hunger hier nicht gestillt; eine Soziologie des Widerstands, nach der 42 % der Widerstandskämpfer Bauern waren und 58 % Handwerker (davon drei Viertel Streicher, Kämmer und Weber aus dem Wollhandwerk), kommt hier nicht vor; wer wissen möchte, ob außer für Religions- und Gewissensfreiheit vielleicht noch für andere Freiheiten, für handfestere etwa, gekämpft wurde, bleibt bei seinem Wissensdurst. Was es zu sehen gibt in den zusammengekauerten Teilbauten des zypressengerahmten Hofs, das sind Märtyrerlisten und Kultobjekte, Gedenktafeln und ›Heilige Schriften‹. – Heiliger Strohsack, entfährt es dem Betrachter, der auf den Vernichtungstexten und Hinrichtungsurkunden die Unterschrift des Wirtschafts- und Finanzministers *Colbert* entdeckt, was für eine Geschichte wird hier erzählt? War der Erfinder des nach ihm benannten Colbertismus Ökonom oder religiöser Eiferer?

Eine andere Geschichte erzählt die hier starke jakobinische Tradition französischer Geschichtsschreibung: Wenn die Revolution von 1789 eine »bürgerliche Revolution mit Unterstützung der Gesamtbevölkerung« war (Soboul), dann waren die Sozialrebellen-Revolten 100 Jahre zuvor als markante Volkserhebungen deren Vorläufer, und ihre Forderungen in Sachen Menschenrechte sind konsequent eingeflossen in den Menschenrechts-Katalog von 1789.

Wieder eine andere Geschichte steht in den meisten Schulgeschichtsbüchern: Da wurde das berühmte Toleranz-Edikt von Nantes widerrufen, auf die neue Parole ›Un Roi, Une Loi, Une Foi‹ (›Ein Volk, Ein Reich…‹ – nein: ›Ein König, Ein Gesetz, Ein Glaube‹) eingeschworen, und wer nicht abschwören wollte den Glaubensgrundsätzen der ›réligion prétendue réformée‹, der ›sogenannten (nein, nein – nicht: DDR) reformierten Religion‹, der wurde erbarmungslosen Repressionskampagnen ausgesetzt, so daß am Ende die Antwort auf die Waffen im Glaubenskrieg, die Antwort auf die Herausforderung der ›dragonades‹ – die Waffen waren.

Wieder eine ganz andere Geschichte als die von den Sozialrebellen oder die vom Religionskrieg erzählt der Fernseh-Onkel von der ›Académie Française‹: Es war einmal ein Bäckerjunge, der hieß *Jean Cavalier*, der wurde Camisards-General, und wenn er auch nicht Bäckerjunge geblieben ist, so bot er doch dem Sonnenkönig Paroli, und der ließ seinen Marschall über Frieden verhandeln mit dem hergelaufenen Bäckerjungen. So läßt sich die Geschichte zusammenfassen, die Voltaire erzählt, dem die ganze republikanische Richtung der ›étrange révolte‹ nicht paßte und der sich, der Glaube sei keinem genommen, mit großem Bekennermut auf die staatskatholisch-monarchische Seite schlug.

Dann gibt's noch die Geschichte, die Balzac erzählt, und die, die Dumas erzählt, und die, die Michelet erzählt: die lassen wir weg, die haben wir nicht drauf. Dafür aber wieder die, die LeRoy Ladurie erzählt: Vorsicht, das sind nicht Vorläufer, das sind Nachfahren – es gibt Zusammenhänge zwischen der großen Ketzerei 500 Jahre früher, der *Katharer- und Albigenserbewegung,* die ihre Apostel und Märtyrer bei den Hirten auf dem Felde fand, und dem Widerstand, der aus den Cevennen kam, von den Sommergebirgsweiden, aber nicht nur von den Ziegenzüchtern und Schäfern, sondern auch von den zu dieser Produktionsweise dazugehörigen ›freien Berufen‹, den Webern z. B., ganz abgesehen von denen, die als besitzende Ackerbauern oder Pächter einen festen Wohnsitz und mehr als eine funktionierende Hauswirtschaft zu verlieren hatten.

Welche Geschichte stimmt nun? Welche Geschichtsschreibung enthält mehr Wahrnehmung von Wirklichkeit, und welche offenbart mehr Wirklichkeit einer Wahrnehmung?

Ich weiß nicht, welche stimmt. Jedesmal, wenn ich eine neue Camisards-Geschichte höre oder lese, taucht eine neue Version auf, und jede Version hat Argumente und Fakten, die für sie sprechen, und keine hat den Nachteil, Version der Macht zu sein. Was stimmt hier, was stimmt da? Fragen, Antworten, Nachfragen. Nachfragen, Angebote, Sonderangebote.

Alter Hof (›mas‹) bei St. Jean-Du-Gard

›Transhumance‹ (Schafauftrieb) in den Cevennen

Ein Sonderangebot, das viel bringt für seinen niedrigen Preis, ist das winzige ›Museum der unteren Cevennen-Täler‹ in *St. Jean-du-Gard*, ein Geheimtip: in einer ehemaligen Postkutschenstation untergebracht und von jemandem betreut, der nicht nur Land und Leute kennt und Cavalier und Colbert, sondern dem man auch Löcher in den Bauch fragen kann nach Lebens- und Arbeitsweise der ›Cevenols‹ und nach Ökonomie und Ökologie der unteren und oberen Cevennentäler und der einem diese Schautafel zeigt, jenen Videofilm in die Hand drückt und eine alte Zeitschrift zum Fotokopieren gibt. Kommst du nicht zur Touristenhochsaison, wenn Ketten von Überlandbussen zu den Schlachten-Schluchten der unberührten Religionskriege rollen, kannst du hier fragen und stöbern wie du willst, alles rauskriegen über ›claie‹ (d. i. ein Holzrost zum Trocknen von Eßkastanien) und ›faisse‹ (d. i. die mauergestützte Schieferterrasse, sprich: fa-isse) und was sonst noch zum Verständnis der hiesigen ›agri-culture‹ gehört.

Das kostengünstigste Sonderangebot aber machten mir Martine und Aldo: im Jahr nach dem Kennenlernen nahmen sie mich mit auf eine Cevennenwanderung, und als ich dann davon zurückgekommen war mit allem, was die beiden mir unterwegs erzählt und gezeigt hatten, und als ich dann danach die verlockende Beschreibung

Mas Soubeyran, Sitz des ›Musée du Désert‹ an der D 50 von Anduze nach St. Jean-du-Gard

der ›Reise durch die Cevennen mit einem Esel‹ von Stevenson las, rieb ich mir die Augen und fragte mich, was der Mann gesehen hat, ob er andere Menschen getroffen hat als solche, von denen er das Protokoll schon vorher fertig hatte...

Was die beiden mir unterwegs erzählt und gezeigt hatten, kommt gleich, bitte warten. Jetzt kommt der Radwanderer erst noch zurück von seinem Tagesausflug zum ›Musée du Désert‹, macht das versprochene Abendessen nach der Spazierfahrt mit Yann, putzt Gemüse mit Yann, läßt ein Gemisch aus Milch, Olivenöl und kleingehäckselten Sardellen langsam aufkochen, ordnet in der Salatschüssel Porree- und Selleriestangen, Kopfsalat, Tomaten, grüne und rote Paprika, Karotten und Radieschen zu einem kleinen Augenschmaus, und heraus kommt eine ›Bagna Cauda‹ für heiße Tage – und dazu noch ein westfälisches Pfannengericht. Der Junge ist ganz bei der Sache und voller Spannung, zupft hier eine Selleriestange zurecht, fuhrwerkt dort mit dem Pfannenfreund in der Pfanne herum, ruft auf einmal »Hö!?«, faßt sich an den Kopf, fragt entgeistert, was los sei: heraus kommt aus dem Hintergrund ein festlich gekleidetes Paar, geduscht und in Schale geworfen, keine Spur von Kittel und Blaumann. Warum sie sich so verkleidet haben, will der

38

Junge wissen. »Yann«, sagt Aldo, »das ist das erste Mal, daß uns jemand einlädt.« Nicht die ›Bagna Cauda‹, die Aldo von seiner italienischen Mutter kennt – das einfache Pfannengericht aus Westfalen ist die große Attraktion, geht so durch, geht runter wie ein Vanille-Pudding mit Rotwein.

Im Jahr drauf, Aldo hat Kurzurlaub und Martine eine Vertretung für die Ziegen, packen die beiden an einem Wochenende ihren stillen Mitarbeiter und Cevennen-Liebhaber in den Wagen, fahren über Anduze nach *Les Aigladines*, das ist der Sammelpunkt für die Herden vor dem Auftrieb auf die Sommergebirgsweiden. Martine zeigt und erklärt den Weiler, die ›drailles‹, die Herdenwege bis zum Almhof; sie erläutert die ›transhumance‹, die Sömmerung.

Nebenbei kommt heraus, wie sie hierhin gekommen ist: Lehrerin in Paris, Mai ’68 und antiautoritäre Bewegung... Und dann: die Schüler interessierte nicht, was sie anzubieten hatte außerhalb formaler Autorität und unterhalb offizieller Bildungsangebote; nichts war mit existentiellem Interesse und Gemeinsame-Sache-Machen. Verfehltes Studium mit eingebautem Realitätsschock und Scheitern – raus aus Paris und rein in die Berge; das Vermeer-Bild ›La Laitière‹, die Milchfrau, ermunterte sie zusätzlich, mit eigenen Händen zu schaffen, ›création naturelle‹ zu betreiben, natürliche Erzeugnisse herzustellen. Ihr Erzeugnis: der *›pelardon‹*, der Ziegenmilch-Hartkäse von 6 cm Dicke, etwa 100 g schwer;

ihn herzustellen macht ihr viel Spaß, bei allen Belastungen und bei allem Angebundensein; sie hat ihren festen Kundenkreis und sichere Abnehmer, dazu (sieht man einmal vom Melkdiktat morgens und abends ab) eine vergleichsweise freie Arbeitszeitgestaltung fürs Stülpen und Wertemessen, fürs Einkaufen und Essenmachen. Apropos Essen: die ›pelardons‹ kann man nicht nur, die Haut abgekratzt, roh essen, man kann sie auch über Wasserdampf aufweichen, in blanchierte Mangoldblätter wickeln, dann die Wickelkinder in eine weiße Sauce legen, die mit Weißwein und Schalotten angereichert ist, dann das Ganze im Backofen überbacken – und dann genießen, Genossen! Man kann aber auch den köstlich schmeckenden Cevennen-Roquefort verkaufen, möglichst an eine nicht unaufgeklärte Kundschaft, die ein bißchen Verständnis dafür hat, daß Ziegen Tiere sind, die natürliche Lebensrythmen haben und nicht zu jeder Jahreszeit Milch geben. Das ist der ökonomische Knubbel: auf der einen Seite kann es nicht, bleibt man beim ›natürlichen‹ Erzeugnis, zu jeder Jahreszeit ›pelardons‹ geben – auf der anderen Seite muß man, wie das so schön und vertraut heißt, ›am Markt bleiben‹, weil eine weniger gewissenhafte ›pelardon‹-Industrie das ganze Jahr über den Markt beliefert, pausenlos Plastik mit ›pelardon‹-Geschmack. Schon heute ist von der jährlichen Produktionsmenge kaum noch ein Viertel naturreiner Käse, und Martine sieht den Zeitpunkt kommen, an dem eine gewissenlose Industrie und eine unaufgeklärte Kundschaft sie vom Markt weggedrückt haben; sie wird dann wohl, meint sie, eher Aldo drücken als Kunden vom Markt.

Aldo drückt zurück, und dann geht es weiter auf dem ›chemin de l'exil‹, dem Exil-Weg der geschlagenen Hugenotten, vorbei an den ›faisses‹, den teilweise verlassenen Terrassen mit den hier und da eingefallenen Stützmauern, vorbei an Kastanienwäldern, mit Kiefern durchsetzt und brandgünstigem Unterholzgebüsch. Das war hier nicht immer so, erklärt Aldo: keine Kiefern gab's hier und kein Unterholz; neben gepflegten Kastanienbäumen, die als Brotbäume galten (aus Kastanienmehl wurde Brot gebacken) und also nicht nur Kastanien abwarfen, sondern auch Nahrung für Menschen und Vieh, gab's auf den ›faisses‹ Wein und Olivenhaine und hier und da auch lichten Acker; jeder war hier sein eigener Bauer, Bäcker, Metzger und Schmied, und mit dem soliden ›Wissen der Hände‹, die in wenigen Jahren aus einem verlassenen Seitenflügel eines baufälligen ›mas‹ ein wirtliches Wohnhaus gemacht haben, fügt er hinzu: als dann noch die Seidenraupenzucht dazukam, die einiges zusätzlich abwarf, da baute man die Häuser so, daß auf die traditionellen zwei Stockwerke (unten das Vieh und die Scheune, darüber der Wohnstock für die Menschen) noch ein Aufbau draufkam für die ›magnanerie‹, also Maulbeerbaumblätter, Seidenraupen und Webstühle. Aldo erzählt – nicht gescheit von abstrakten Dingen, nicht von autarker Mischkultur, ökologischer Arbeitsweise, blühender Volkswirtschaft und Streben nach Freiheitsrechten; er erzählt, wie er's kennt und wie es klar ist für ihn, von der Hauswirtschaft und dem Überbau, den ›faisse‹ und den Bäumen, die in den Himmel wachsen. Und dem Cevennen-Waldläufer aus dem Norden wird klarer, warum das hier querstand zum zentralistischen Modernisierungskonzept von Versailles, warum das hier querlebte zum Manufakturprogramm des klugen Kopfs unter der Perükke des Sonnenkönigs, warum das hier zermalmt werden mußte und warum die Zermalmungs-Urkunden jener Zeit Colberts Unterschrift tragen.

Ein Jahr später wieder ein Sonderangebot von den beiden: tagelanges Vorbereiten und Nachbarschaftshelfen in der Scheune, ein kundiges ›méchoui‹-Zubereiten und fröhliches Gästeempfangen – hundert Gäste, zweihundert Gäste. Und am Tag der Hochzeit im Freien wird getanzt unter sternklarem Himmel, daß kein Grashalm mehr wächst, gegessen wird in der Scheune mit den drei Brunnen, und getrunken wird überall, keiner trinkt für sich allein, und manch einer hat den herrlichen Spruch drauf: »Lieber trinken als sterben!« (Und ein weiteres Jahr später wurde ich Pate …)

Nach der Hochzeit bin ich noch ein paar Tage geblieben, ein bißchen Mauern mit Aldo und Holzmachen für den Winter, dann ging's die ›Corniche des Cévennes‹, eine unvergleichliche Höhenstraße, hoch und entlang und nochmal hoch, auf die über 1000 m hohen ›causses‹, immense Plateaus voller symbolischer Bilder: riesige Karste mit Disteln, Herden, Grotten und Felsenlandschaften, begrenzt werden sie, heißen sie nun *Larzac, Sauveterre* oder *Méjan*, durch Schluchten gleichen Ausmaßes, gewaltigen Wunden, die der *Tarn*, die *Jonte*, die *Durbie* in die verbrannte Erde gerissen haben…

Vor diesen Bildern verblassen die Bilder der ersten Weiterfahrt, die insgesamt lieblicher scheinen und auch dem flüchtigsten Touristenauge vertraut sind: flaches Land, blonder Kalkstein und rosa Dächer, dazu die Spuren aus der Römerzeit. Geben wir gleich zu, daß wir die römischen Großbauten in *Nîmes* und den *Pont du Gard* und die Römerbrücke bei Gallargues (musealer Rest der Römerstraße von der Rhone nach Narbonne) bewundern können, aber nicht lieben, und daß wir lieber über die Dörfer gehen: über *Nages*, wo man Camisardsspuren

In die Karste der ›Causses‹ haben die Flüsse tiefe Wunden gerissen

der Gard-Ebene findet, mit dem legendären Bäckerjungen an der Spitze, der auf dem Hügel mit dem ›oppidum‹, jener Art Urzeitzitadelle, eine wichtige strategische Position gehalten hat; über *Calvisson*, wo an der Giebelspitze der Markthalle die *Dame Madeleine* das Menschenrechtsbuch aufschlägt: auch wenn sie aus Blech ist, die Dame – ich mag sie gern; über *Aigues-Vives*, wo der humoristische Zeichner *Jean Bosc* begraben liegt (übrigens nicht weit weg von einem Staatspräsidenten) und wo er sein Kreuz mit dem Kreuz auf dem Grabstein selber zur Sprache bringt. Übrigens führt der Weg zur ›Rue Jean Bosc‹ in Aigues Vives an den Zistrosen mit dem Harzgeruch und den Wursttaschen mit dem Wurstgeschmack, also an der Bäcker-Kooperative vorbei, und vom Staatspräsidenten-Geburtshaus neben der Metzgerei mit den Stierkotelettes führt der Weg über den ›Chemin des Muses‹ (Musenweg) am ›Impasse du Felibre‹ (Dichtersackgasse) vorbei zum ›Chemin des Détours‹ (Umwegeweg): von da ab geht's zur Jean-Bosc-Straße und zu den Weinfeldern.

HÉRAULT

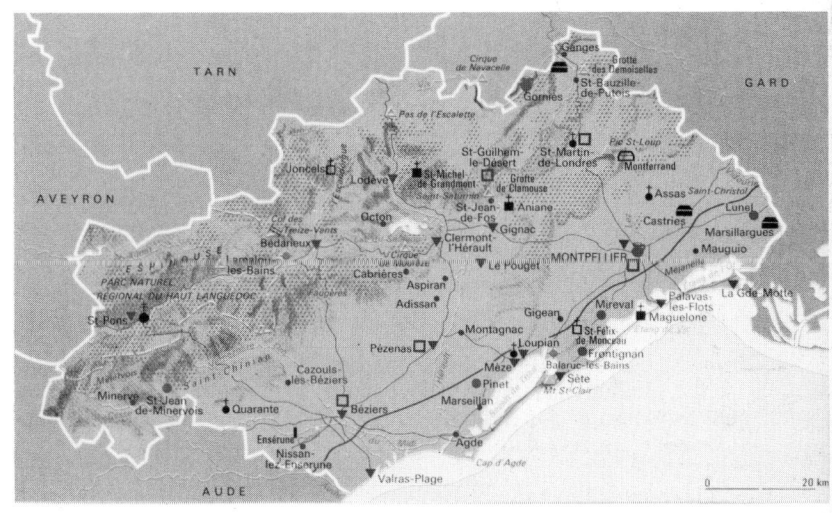

Béziers

kann man schlecht vergessen. Überall in der Stadt finden sich Erinnerungstafeln, die von Widerstand handeln, vom Widerstand der Stadtbevölkerung gegen die Kreuzzugshorden des Nordens bis zur ›Résistance‹ gegen die deutschen Besatzungstruppen: *Jean Moulin*, in ganz Frankreich identitätsbedeutsamer Name und die Symbolfigur des gesamtfranzösischen Widerstands gegen das ›3. Reich‹, ist hier geboren, ist ein Kind von Béziers.

Béziers liegt inmitten von Weinfeldern; zu den Füßen der einstigen Zitadelle mit den noch immer mächtigen Mauern fließt mit der ›Orb‹ ein Fluß, dessen Name wie ›or‹, wie ›Gold‹ klingt, so daß erstes Kinderwissen in Frankreich von der »reichsten Stadt« spricht, weil »zu ihren Füßen Gold fließt«. Die Vorstellung von Reichtum wird dann im allgemeinen später auf die reichlich vorhandenen Landvillen und Stadtpaläste bezogen, die eine Ahnung vom Wirtschaftsaufschwung nach dem Bau des ›Canal du Midi‹ vermitteln; auch dessen Architekt, der Ingenieur Paul Riquet, ist ein Kind von Béziers; nach ihm ist die Hauptallee der Stadt mit dem Dauermarkt von Blumen und Obst benannt, in deren Mitte sein Standbild steht. Fangfrage: hat er den Hut auf dem Kopf oder in der Hand?

Wie ein Schlachtschiff wirkt sie von ferne, die Stadt, vom anderen Orb-Ufer aus, mit der Kathedrale St. Nazaire als Kommandozentrale (s. Abb. S. 44) – und geht man auf die Kommandobrücke, geraten um diesen Festungsklotz von Kirche herum ein paar Schilder ins Blickfeld, die Lektüre verdienen. ›Plan des Albigeois‹ liest man als erstes, und dazu: »Das Languedoc, ein Land von brillanter Kultur und von Toleranz, wurde in Blut und Asche gelegt durch den Albigenser-Kreuzzug des 13. Jahrhunderts. Belagert und überrannt von der Armee der Barone des Nordens, flüchteten sich die Einwohner von Béziers, die sich weigerten, die unter ihnen weilenden Katharer auszuliefern, in sämtliche Kirchen, wo dann die Kreuzfahrer ein veritables Massaker veranstalteten. – Der 22. Juli 1209 wird unter dem Namen ›du Grand Mazel‹ (der großen Schlächterei) im Gedächtnis bleiben.« Darüber hinaus berichten verschiedene Veröffentlichungen detailliert, daß z. B. die Aufforderung des päpstlichen Legaten an die Konsule der Stadt, endlich ›die Ketzer‹ auszuliefern, von diesen so beantwortet wurde: »Eher lassen wir uns im Salzwasser des Mittelmeers ertränken, als auch nur ein Komma zu ändern an der Art und Weise, wie wir uns regieren.« Und als dann die ›große Schlächterei‹ begann und dabei doch hier und da Zweifel aufkamen, ob man denn alle töten solle, ›Ketzer‹ und ›Rechtgläubige‹, soll aus dem Mund des Legaten der Satz gekommen sein, der berühmte: »Tötet sie alle – Gott wird die Seinen erkennen!«

Neben dem ›Plan des Albigeois‹, ganz noch im Schatten der Kathedrale, liegt der *Revolutions-Platz*, wieder mit einem Erinnerungsschild, auf dem man lesen kann, wie am 3. Dezember 1851 die Armee auf republikanische Demonstranten schoß, die, vom Bürgermeister Casimir Péret angeführt, sich dem Staatsstreich Napoléons III. widersetzten. Es gab Tote; viele Aufständische wurden zum Tode verurteilt und hingerichtet; andere wieder, unter ihnen der Bürgermeister, wur-

Béziers, Abendstimmung an der Orb

den nach Guyana deportiert. Daß Casimir Péret bei einem Fluchtversuch unterwegs im Atlantik ertrank, sagt der Text auf dem Schild (andere Texte sprechen vom Tod in Cayenne); wie sein Kopf aussah, zeigt die Denkmal-Säule nebenan mit dem Medaillon am Sockel.

Béziers ist voller solche Erinnerungen und Geschichtsspuren; auf Schritt und Tritt in der Altstadt begegnet man ihnen. Vielleicht die älteste Stadt im heutigen Frankreich, ist sie gewiß die ›roteste‹, nicht nur im Bewußtsein der ›Biterrois‹, sondern aller Franzosen. Nirgendwo sonst mischen sich so das leuchtende Rot von ›liura e roja‹, vom okzitanischen ›Angstfrei und Rosenrot‹ mit dem Blutrot von Widerstand gegen fremde Heere und Repression im Innern.

Natürlich hat es hier auch Troubadoure gegeben, und über Molière in Béziers kann man viel erfahren, und wem der Sinn nach Wein oder nach Leckereien (›petits patés‹) oder nach Karneval oder nach Rugby steht, auch für den ist Béziers sinn-voll.

Fröhliche Wissenschaft, zärtliches Land

»Verabredung Mittelmeer«, sagen die alten Notizen, »Treffen mit Freunden am Rathaus von *Sète*. Früh los von Aspères, bald weg von den Bergen, bald drin im *Garrigue*-Gestrüpp mit dem Grillenzirpen und dem Rosmarinduft, dann kommen Weinfelder, Wälder am Ende des Gard, die ersten Kreidefelsen des Départements Hérault, das auf farbigen Schildern Touristen grüßt.« Am *Pic St. Loup*, wo das Segelfliegen zuhause ist, kann man lohnende Abstecher machen zu den Bilderbuch-Dörfern im Hinterland (*St. Martin de Londres, St. Guilhem-le-Désert* z. B.) – man kann aber auch ganz einfach sich durchschlagen zum ›*Mas de Claparèdes*‹, der in einer völlig entlegenen Mondlandschaft zum Essen einlädt (wo die Piste aufhört, steht ein Schild ›Nur Mut! Noch ein paar Kilometer…‹) und wo Tine und Colin unter mühseligsten Bedingungen (kein Wasser im Haus, aber… der Traum vom bäuerlichen Glück war stärker) jedes Essen servieren außer diesem: »Man nehme eine Olive und ersetze den Kern durch eine gerollte Sardelle. Man fülle mit der gefüllten Olive eine Lerche, mit der Lerche eine Wachtel, mit der Wachtel einen Fasan, mit dem Fasan einen Truthahn, mit dem Truthahn ein Milchschwein, und man brate das Schwein über kräftigem Feuer. Die innere Würze fehlt dabei lediglich der Sardelle… Also dieses Sardellengericht gibt's bei ihnen nicht – das gibt's nur bei Alexandre Dumas, dessen Vater begeisterter Koch war. Begeisterte Köche sind auch die beiden, nur haben sie keinen Sohn, der solche Gerichte erfindet, sondern eine Tochter, die Airelle heißt, zu deutsch: Heidelbeere…

Das bringt mich auf die Kirchhellener Heide (merke: KI), zum Bottroper Bier (merke: BOT), in den Gladbecker Stadtwald (merke: GLA) – also nach Glabotki. Da sind wir her, die wir uns treffen wollen am Mittelmeer, aus diesem Kohlenpott-Juwel, das hier unten keiner kennt; dabei hört man in Glabotki nichts häufiger als: »Du lernst mich noch kennen!« Aber ich merke auf den langen Platanen-Alleen vor Montpellier, wie ich weit weg bin von zuhause, mal eben das Rheintal hoch und das Rhonetal runter.

Montpellier (vgl. S. 61–63) schlägt seinen erstbesten Brunnen vor: Wasser über die Pulsadern laufen lassen, Nacken unter den Strahl, Füße ins Becken. Mit dem Hintern auf der steinernen Brunnenkante und den Füßen im Becken, kommt Walthers Gedicht in den Sinn: »Ich saß auf einem Steine und dachte Bein mit Beine…« und dann kommt der Ellenbogen, das Kinn, die Wange – der Kopf kommt zuletzt; der Mann dachte zuerst mit den Beinen, von unten nach oben. Denken an die radelnden Beine in den Schattengittern der langen Platanen-Alleen, an die fremden Bleiben, an die Wechsel von Händedruck zu Wangenkuß. Dankeschön denken, leichteren Sinn haben, von Befreiungstaten befreit. Denken auf einmal dann wieder an »Du lernst mich noch kennen!«, an Gesichtshärte 9 auf der Hitler-Skala, an Laufbahnen für Ellenbogen, an Beinemachen; denken an Sitzungen ohne Körperbewegung, mit Welten im Kopf ohne Kopf für die Welt, ohne Körper für Badengehen. Badengehen, sich naßmachen – wir schwimmen doch alle… Montpellier, Glutofen Stadt, schlägt seinen ›Lunaret-Park‹ vor, einen Hauch von ›garrigue‹ mitten in der Stadt: 100 ha erhaltene und unbebaute ursprüngliche Landschaft mit sämtlichen Biotopen des Mittelmeerraums, mit didaktisch aufbereitetem tierischen Leben zwischen Aleppokiefern und spanischem Ginster, mit Picknick-Plätzen und freiem Eintritt. Nichts wie hin…

Das meinte auch *Rabelais* vor 450 Jahren, aber er meinte vor allem die Universität, die medizinische Fakultät einer der ältesten und angesehensten Universitäten Europas. Als er auf die funfzig zuging, folgte er dem Rat, den er sich selber in seinen Büchern gab: »Erwirb vollständige Kenntnis jener anderen Welt, die der Mensch ist.« Also auf die Beine machen, Frankreich in die Augen schauen (»regarder la France dans les yeux«), fremdgehen zu fremden Menschen – was im Falle der medizinischen Fakultät dieser weltoffenen Stadt hieß: Juden und Araber. Bei den angesehensten Ärzten und akademischen Lehrern ver-

François Rabelais (1494–1553), Arzt und Humanist, studierte und Lehrte in Montpellier

leibte er sich die damals herrschende Medizin-Dogmatik ein, nach der das Blut, das aus der Leber kommt, die Lebensgeister steuert, die der Verdauung entfahren und im Gehirn gereinigt werden; ihn interessierte dabei wenig, daß dieses Dogma schon damals hier und da belächelt wurde – ihn interessierte Lachen als Medizin. Er hatte ja nicht nur mit Essen und Trinken Leib und Seele zusammengehalten (Trinkspruch: »Trinkt immer, sterbt nie!«), sondern er hatte auch philosophisch was auf der Pfanne und wußte von Aristoteles, daß der Mensch ein ›zoon‹ zum Lachen ist: Menschen können lachen, Tiere und Zweibeincomputer nicht. In Montpellier nun entwickelte der Doktor François Rabelais eine neue Therapie für solche Kranke, denen nie die Gesichtsmaske verrutscht und nie die verzerrten Züge heiter entgleisen: die ›Gelototherapie‹ (von ɡ̀elos‹: lachen); die nimmt Rülpsen und Furzen ernst und unterschätzt nicht die niederen Körperfunktionen, und Lieben ist ihr ein Tätigkeitswort: ›faire l'amour‹, das ist zu tun und nicht zu lassen; dann kommen die Scherze, die wie die Faust aufs Auge des Gesetzes passen, und wenn mit Essen und Trinken und Lieben und Scherzen noch immer keine Heilung von Trübsalblasen und traurigem Leben eingetreten ist, dann wird's Zeit für den ›neuromédiateur‹: dieses Rabelais-'sche Gerät, das kein Herzschrittmacher ist, sondern ein Humorschrittmacher, wird dann eingesetzt, wenn alle anderen Mittel versagt haben…

Küste bei Sète

Mit Montpelliers fröhlicher Wissenschaft und viel Wind im Rücken raus aus der Stadt auf dem Rad, das der Doktor Rabelais verschrieben hat. Und weiter geht's dann im Text der alten Notizen: »...runter ans Meer bei *Villeneuve*: kommt der Küstenkanal von der Rhone nach Sète, dann kommen Flamingos statt Autos, rotweiße Wolken über stehendem Wasser, wirkliche Vögel, unwirkliches Bild. Mit den Bildern vom stehenden Wasser, auf der Kippe zwischen Süßwasser und Salzbildung, kommen die ersten Bilder vom Meer – und gleich braune Adam- und Eva-Gestalten: runter vom Rad, raus aus den Schalen, rein ins Den-Boden-unter-den-Füßen-Verlieren. endlich im Meer, rausschwimmen an den Bindestrich zwischen Himmel und Erde, die Sonne über dem Horizont im Auge, Geopoetik und Tanz im Leib: gesegnete Unruhe über den Fluten, endlich das Rendez-vous mit dem Mittelmeer! – Helle Begeisterung.«

Helle Begeisterung auch für den stillen Mitarbeiter der Volksfront-Regierung, der bekanntlich der bezahlte Urlaub und die massenhafte Benutzung der Mittelmeerstrände zu verdanken sind: Léon Blums kosmopsychologischer Ratgeber war kein anderer als ein gewisser Dr. Franois Rabelais, und der sagte nur »Raum, Raum, Volk ohne Raum«, weil er fand, daß in den Arbeiten zur Lage der arbeitenden Klasse dem Thema ›Raum‹ zuwenig Raum gewidmet war. Als erstes schrieb er die Geschichte der Arbeiterbewegung so um, daß darin Streiks nicht als Vorspiele zu irgendwelchen letzten Gefechten vorkamen, sondern als ›échappées belles‹, als schöne Fluchten: die in Akkorde gezwängten Werteschaffer schaffen auf einmal nicht mehr Werte für andere, sondern für sich, schaffen sich eine neue Zeit und neue Räume; die in den Vororten Angesiedelten wagen sich vor in ›die Stadt‹, in die Bürger-Räume. Und im Mittelmeer-Raum können sie endlich das leben, wovon sie am Hochofen oder in der Graphitierung oder beim Plattensetzen am Fließband nur träumen konnten: faire l'amour, wenn der Hormonspiegel am günstigsten ist, im Weinberg oder am Meer.

Noch einmal rein ins Meer. »›Avoir un petit dieu au fonds du coeur‹, einen kleinen Gott im hintersten Winkel des Herzens stecken haben – so übersetzt man hier unten das Wort ›Enthusiasmus‹, und den kleinen Gott, den hat man hier unten wie bei uns oben den großen, und den kleinen Mann im Ohr. Der kleine Gott und die große menschliche Wärme, der dreifache Wangenkuß: Heulenkönnen vor Glück. Du kommst so völlig anders hier raus als du reingehst, daß du dich fragst, ob du vorher gelebt hast.« Soweit die alten Notizen.

An einem Freitagabend im Herbst '81, die 20-Uhr-Fernsehnachrichten fangen an: auf der Mattscheibe jemand mit verheulten Augen, quetscht sich ab »Eh, oui, il s'est éteint…«, wie soll ich's sagen, er lebt nicht mehr – und dann kommt noch immer kein Name, stattdessen erklingt ein Lied, eins seiner Lieder, und jeder im Land weiß Bescheid: *George Brassens* ist tot; und dann wird umgeschaltet nach Sète, und die ›petits bonhommes‹, die kleinen Leute auf der Straße können's nicht fassen, daß ihr Georges nicht mehr sein soll; dann kommt der Kultusminister zu Wort, und der Schöpfer des Festivals von Nancy rühmt den Troubadour aus dem Languedoc, dessen Lieder schon lange zum kulturellen Erbe gehören; folgt der Kollege Montand – es wird umgeschaltet zum Pariser ›Olympia‹, wo der Yves mitten im eigenen Kon-

zert die Todesnachricht hört, den Kopf schüttelt und meint, einer wie der Georges könne gar nicht sterben, und dann singt er dessen Lieder; kommt der Staatspräsident, dessen Fünf-Minuten-Essay über den ›anarcho du coeur‹, über den herz-lichen Anarchisten vom Nachrichtensprecher auswendig und mit Tränen in den Augen zitiert wird; folgen Hinweise auf das Sterben von Georges, der an Krebs litt, in den Armen der Freundin, im Haus eines befreundeten Arztes, mit dem Blick auf einen Zitronenbaum vor dem Fenster...

Von dreißig Fernseh-Minuten für Nachrichten zwanzig für den Tod eines Sängers, und das ganze nachfolgende Wochenende im Rundfunk die Lieder von Georges Brassens, im Fernsehen die Konzerte mit Freunden und

Kollegen, in den Zeitschriften die Bilder mit der Pfeife im Mund und der Katze auf dem Arm, und wem man begegnete auf der Straße, der wußte, daß das ein geglücktes Leben war: lieber Frauenbrüste spielen lassen als Männermuskeln; lieber Katzen haben als Hunde, weil es keine Polizeikatzen gibt; lieber ›copains‹, lieber gute Freunde haben als das, was kaputtmacht: Macht. Ein ›copain‹, heißt es irgendwo beim Georges, ist einer, der immer zu dir steht, immer – du kannst noch soviel Mist machen und Scheiße bauen: er ist an deiner Seite; dir kann's dreckig gehen, daß du stinkst vor Dreck: er ist für dich da, immer. ›Les copains d'abord‹ heißt das hier bekannteste Lied von ihm: an erster Stelle die Freunde. Und dieses Wertesystem hat er gelebt.

Als der ›anarcho du coeur‹, als der zärtliche Sänger und Liedermacher Georges Brassens im Herbst '81 starb, da war Frankreich tiefer bewegt als in den bewegten Tagen nach dem 10. Mai '81, als zunächst die Sozialistische Partei die Präsidentschaftswahlen gewann und danach in den Parlamentswahlen ihren historischen Wahlsieg errang. Als der Georges starb, war das Land weggeschmolzen. Zärtliches Land unter dem harten Zentralstaat. Troubadourland mit den Ansichtskarten vom Meer, von den Weinfeldern, den Obstgärten und Kirschenalleen im Hinterland: du bummelst mit dem Rad von *St. Pons* nach *Ollargues* und *Lamalou*, und dir baumeln in den Mund schwarze Kirschen, weiße Kirschen, karminrote Kirschen. Schlaraffenland.

Zärtliches Land, unter dem harten Zentralstaat. Dichterland, mit den Versen von Valéry (dessen Grab man – wenn man viel Zeit hat – auf dem berühmten Friedhof von Séte (be)suchen kann): »Ici venu, l'avenir est paresse./ L'insecte net gratte la sêcheresse…«; die Zukunft hier ist keine Leistungsheldin, dafür zirpt die Grille fröhlich vor sich hin… Zärtliches Land. Als der Georges starb, sagten sich wildfremde Menschen auf der Straße den Kirschengedanken von Prévert: das Leben ist eine Kirsche, der Tod ein Kirschkern, die Liebe ein Kirschbaum…

Verteidigungsunfähiges Land. Als die Römer, frechgeworden, das Land besetzten, gab es keinen nennenswer-

ten Widerstand, zumindest keinen militärisch organisierten: Asterix und Vercingetorix sind Widerstandsfiguren
des gallischen Nordens. Man akzeptierte die Birnen und
Pfirsiche, die die Römer brachten, neben dem Wein und
den Oliven, den Kirschen und Kastanien, Walnüssen und
Feigen – man kannte bis dahin nur Äpfel und Haselnüsse;
nur wenn man fand, daß die Steuerschraube zu fest
angezogen wurde, daß zuviel ausgegeben wurde für

Straßenbau, Militär, Verwaltung und Energieverbrauch, dann gab es ab und zu Steuerstreiks und Anti-Fiskal-Revolten – Anti-Romanisierungs-Revolten gab es nicht. Ein ›Basta, jetzt reicht's aber!‹ gab's hier und da – ein allgemeines ›Römer raus!‹ ist mir in den paar Jahren Forschung und Lehre hier nicht untergekommen.

Verteidigungsunfähiges Land. Als die Barone des Nordens, frechgeworden, mit ihren Kreuzzugshorden Okzitanien heimsuchten, als sie auf Betreiben des Papstes mit Feuer und Schwert und gelehrten Reden hier unten eine Politik der verbrannten Erde trieben, als zu Beginn des 13. Jahrhunderts hier die große Ketzerei der Katharer aufs Korn genommen, zermalmt und ausgelichtert wurde, da gab es keinen Zentralstaat, der den befehlsstrukturell zentralisierten Söldnertruppen des Nordens Gleichwertiges hätte entgegensetzen können. Und wenn im Jahr 1244, in dem auch den abendländischen Kreuzfahrern Jerusalem verlorenging, Montségur fiel, der letzte ›sichere Berg‹ der Katharer, dann wirft das nicht nur ein Licht auf die Änderung eines Feindbildes, sondern auch eins auf Stärken und Schwächen eines organisierten Widerstands.

Verteidigungsunfähiges Land. Als Versailles, modern geworden, das ganze Land mit einem Netz ›königlicher Manufakturen‹ überzog (Villeneuvette bei Clermont-l'Hérault ist das einzige völlig erhaltene Exemplar jener

Im Weinberg werden auch heute noch Pferde eingesetzt

Zeit), trieb der kluge Kopf unter der Perücke des Sonnenkönigs, der Erfinder des nach ihm benannten Colbertismus, hier unten zugleich eine Politik der ›verbannten‹ Erde: alles, was die ganze Palette einer blühenden Volkswirtschaft ausmacht, Ackerbau, Handwerk, Viehzucht, alles Alteingesessene wurde verbannt, und damit wurden die Grundlagen für die heute noch sicht- und spürbare Monokultur gelegt; als Frankreich industrialisiert wurde, wurde der ›Midi‹, wurde Okzitanien ›viticolisiert‹, ›beweinbaut‹.

Und heute? Der Weinbau prägt das Gesicht der Landschaft, aber nicht mehr das Wirtschaftsleben: nicht einmal 20% der Bevölkerung leben noch davon. »La vigne s'est usée«, hört man überall – Weinbau lohnt nicht mehr; Kapital müßte man haben für Feriendörfer oder Strandbauten… Eine neue Monokultur hat sich breitgemacht, eine wildwuchernde Ferienindustrie, die wie ein Krebs wuchert am Meer und ihre Metastasen ins Hinterland vorgetrieben hat. Und die, welche die Parole »volem viure al pas« (wir wollen hier leben) an die Mauern geschrieben haben, erleben die fremden Menschen, die vertrauten Ströme fremder Menschen im Mittelmeer-Raum wie die der Römer, Vandalen, Goten, Muselmanen, Franzosen, Deutschen… (Und daher steht an einer Wand u. U. auch mal »à la merde« – »zur Scheiße« – statt »à la mer« – »zum Meer« – mit Pfeil!)

Deutsches Treffen in Sète: runter vom Fahrrad, Umarmung, rein ins Wasser der alten Sprache: kannze woll glaum! Glabotki-Festival in der Stadt von Georges, sich betören lassen vom Hafen, vom Schaukeln im Sonnenschein, von Platanenschatten, vom Hören, Riechen und Schmecken. Pennen im Zelt am Strand, auf dem Sandstreifen zwischen *Sète* und *Agde*.

Morgens gleich im Adam ins Wasser, anschließend weg von den Blechkarawanen auf der RN zwischen Sète und Agde, von der Abgasabgabe-Dauersauerei hier; weg von dem 16 km langen Haus, mit dem hier das Mittelmeer zugebaut werden soll, als Wahnsinns-Krönung der 220000 jährlich an Frankreichs Küsten gebauten Häuser; weg von der Côte d'Horreur, von der Horrorküste.

Flucht zum ›Dornröschen‹ im Hinterland, dem verträumten Städtchen *Pézenas*. Es gibt Jeans und Mopeds und Tischfußball in Pézenas, aber es gibt auch *Molière* hier, jede Menge Molière: im Haus des Barbiers, der den namenlosen Jean-Baptiste Pocquelin beherbergte, ist der Fremdenverkehrsverein untergebracht; die ›Mirandela dels Arts‹, dieser jährliche bunte Strauß von Festen und Spielen, von Gemälde-Ausstellungen, Konzerten und Theateraufführungen, läßt sich jedes Jahr hinreißen zu hinreißenden Aufführungen von Molière-Stücken.

Pézenas war einmal Hauptstadt des Languedoc, die Stadt ist ein Architekturkleinod der Molière-Zeit. Eine bestimmte Geschichtsschreibung spricht vom »Großen Jahrhundert Frankreichs«, in dem Versailles und Ludwig im Norden und Pézenas und Armand im Süden..– aber das kollektive Gedächtnis hat den Namen des mächtigen Armand von Bourbon ausgelöscht, und behalten hat es den Namen des fahrenden Spielers und Stückeschreibers: was für ein Trost! Da macht es dann nicht mehr viel aus, wenn in den Pariser Molière-Biographien der Name Pézenas grundsätzlich und immer, selbstverständlich und zufällig fehlt…

Wir sind gerne in Pézenas, bleiben 3 Tage. Wir bummeln durch den historischen Stadtkern, stromern über den robinienvollen Cours Jaurès, entdecken das Ghetto des 15. Jhs.; wir sehen auf erlesensten Loggien fröhlich baumelnde Blaumann-Wäsche arabischer Familien. Verlieren uns in Läden, in denen nicht klar ist, was da verkauft werden soll, ob Webarbeiten oder Tonkrüge oder Holzskulpturen – des Rätsels Lösung: einfach nur Selbstgemachtes. In einer Kneipe mit Menü-Angeboten zwischen 29 und 30 Francs: ein Junge bringt stolz das Essen, das die Mutter gekocht hat, an den Wohnzimmertisch, und er ist so ganz bei der Sache, daß er beim stolzen Bringen ein Hindernis übersieht, ins Stolpern gerät, eine kleine Flasche zerschellt am Boden; alle heben auf und machen davon kein Aufheben, alle haben ein liebes Wort, und wir bekommen als Zugabe nach dem Nachtisch nicht nur einen Hinweis auf eine Telefonzelle, die jedesmal das Geld zurückgibt, das man vertelefoniert hat, sondern auch noch das Rezept der Vorspeise, eines Thunfischpuddings mit Weißwein, scharfem Senf und Estragon-Essig.

Zwischen Thunfisch und Kirschen, zwischen der Mittelmeerküste und den ›Murailles du Languedoc‹, den festungsartigen Kreidefelswänden am Fuß der hochgelegten karstigen Causses liegt das *Département Hérault*. Wir schwimmen im Fluß, und wir sehen die Dörfer: da steht nicht – wie beispielsweise in Paris – die Kirche im Mittelpunkt, auch nicht das Rathaus, auch nicht das Schloß, sondern die Kooperative der Weinbauern; die ist manchmal von den Dorfbewohnern selber gebaut, in reiner

Das mittelalterliche Pézenas und sein berühmtester Bewohner, Jean Baptiste Poquelin gen. Molière (1622–1673)

Freizeitarbeit, oft von sehenswerter Architektur, manchmal mit Weinstock und Trauben verziert. Wir schwimmen im auberginenfarbenen *Stausee von Salagou*, wir nehmen die goldgelben Dörfer im Weingrün dazu und die schwarzbraunen Cevennen-Höfe: farbiges Land.

Verstädtertes Land auch, zwischen Garrigue und Meer: wo von *Nages* bis *Enserune* befestigte Hügel wie an einer Perlenkette aufgereiht von der alten *Oppidum-Kultur** des unteren Languedoc Zeugnis ablegen, hat sich entlang der alten Handelsstraße *Narbonne–Nîmes* ein dichtes Netz kleiner Städte entwickelt, mit vielerlei Ausdrucksformen sozialer und kultureller Aktivitäten. Da gibt es religiöse Orden und Karnevalsgesellschaften mit köstlichen Namen (›soufflaculs‹, ›Arschbläser‹ nennen sich die Karnevalisten in Pézenas), Kooperativen und Rugby-Clubs (der von Béziers ist der bekannteste), und in den Musikvereinen spielt man ›la totora‹ und ›lo tamborn‹, ›lo pifre‹ und ›las cliquetas‹, ›los tarabastelas‹ und ›lo sonarel‹. Jeder spielt irgendwo mit, und sei es nur in Gesprächen, in denen man sich spielend einbringt – für Deutsche, die nur dann sprechen, wenn sie auch etwas zu sagen haben, und denen Zuhören nicht ganz unbekannt ist, ein wirkliches Drama, wenn jeder sich redend einbringt und viele gleichzeitig sprechen, wenn sie verbal Musik machen wie in einem Konzert und alles zusammenklingt und keiner zuhört. Naja, wir Deutschen…

Wir verstehen auch nicht, daß es hier Politik nicht gibt. Politik, die gibt es da oben in Paris: da haben die Könige gesteckt, da wird heute noch regiert, entschieden, verwaltet. Hier unten, da wird im Blaumann geschafft und gemosert beim Wein, und wenn die da oben mal wieder was falsch entschieden haben, heißt es »basta!«: man tut, was man kann, gegen Pariser Entscheidungen, und meistens leiden die Verkehrswege darunter. »Coifa la! Coifa la!« ruft die Volkspoesie, wenn ein Kind geboren wird, was soviel heißt wie »Zudecken! Zudecken« – zugedeckt werden aber auch immer wieder die Straßen mit reifen Früchten und Wein, zum Zeichen des Widerstands gegen

---

* S. 68, »oppidum«

politische Entscheidungen aus Paris, die man nicht akzeptiert. Man ist dagegen und drückt das auch aus, mit wechselnden Früchten.

Man ist dagegen. Das schönste Dagegensein fand ich am Friedhof von *Aniane*, am Kriegerdenkmal an der Friedhofsmauer. In okzitanischer Sprache steht da geschrieben, daß man gegen Kriege ist, es sei denn, es handle sich um den Krieg, den man dem Krieg macht – und daß die Toten, die man beklagt, zwar »für unser Land« gestorben seien, aber auch »für die ganze Erde«: »La guerra qu'an vougut es la guerra a la guerra – son morts per nostra terra e per touta la terra«.

Olargues, Brücke über die Orb

BARDOU

Gegen Mittag fahren wir, von Albi kommend, ostwärts ins wunderschöne, fruchtbare Tal der Orb auf der D 908 Richtung *Bédarieux*. Ziemlich große graue Wolken über den immerhin auf tausend Meter ansteigenden waldigen Höhen im Hintergrund, aber sie bewegen sich schnell zwischen den dunkelblauen Himmelsstücken, die Sonne läßt immer wieder sanft gehügelte Weinberge und Felder und das Rot oder Schwarz der letzten Kirschen in den Bäumen am Straßenrand aufleuchten (klauen verboten – aber wer könnte okzitanischen Kirschen widerstehen!). Es ist Anfang Juli. Hinter *Olargues*, beim Zusammenfluß des kleinen *Jaur* mit der *Orb*, liegt *Mons-la-Trivalle*. Dort müssen wir die D 908 verlassen, denn wir wollen in die Berge nach *Bardou*, fast 600 m hoch gelegen und über eine teilweise abenteuerliche Straße zu erreichen. Ein typisches Bergdorf, eingebettet in eine kleine Talsenke zwischen Eichen- und Eßkastanienwäldern und steinigen Schafweiden. Beim Näherkommen in der Mittagsstille wachsames Hundegebell, darauf Gänsegeschnatter und der Schrei eines Truthahns.

Doch so ›typisch‹, wie sich Bardou den Wanderern zunächst präsentiert, ist es sozusagen nur von außen. Innen ist es durchaus etwas Besonderes: es gehört nämlich, samt Wäldern, Weiden, Schafen, Gänsen, Hunden und unzähligen Katzen, dem Deutschen Klaus Erhardt und seiner amerikanischen Frau Jean, die all dies vor gut zwanzig Jahren gekauft haben und seither hier leben. Ihnen, die wir seit vielen Jahren kennen, gilt unser Besuch.

Nächster Morgen gegen 10 Uhr: Wir haben unser Quartier in einem der bereits fertig restaurierten Häuser, kein Strom, Wasser aus der Quelle am Dorfeingang, Gaskocher, mehrere Wohn- und Schlafräume, weiß gekalkt, dunkles Holzmobiliar. Wir sind mit Jean und Klaus zum Frühstück auf dem ›Platz‹ verabredet, der eigentlich eine große Terrasse ist und zu ihrem Wohnhaus gehört. Während wir uns gerade hochrappeln, kommen sie schon von einem fünfstündigen Arbeits-›Tag‹ auf den Schafweiden zurück. Frühstück ist zugleich Mittagessen, Zeit für Gäste und Kommunikation. Es dauert bis zwölf oder eins, danach ist Schlafzeit bis vier oder fünf, dann gibt es noch einmal eine Arbeitszeit von fünf bis sechs Stunden für die Arbeiten im Dorf und im Haus. Alltag in Bardou.

Wir erzählen von alten und neuen Zeiten, die beiden freuen sich, daß wir einen Text über ihr Dorf in das geplante Okzitanienbuch aufnehmen wollen. Sie möchten, daß Bardou noch bekannter wird, denn zahlende oder auch mitarbeitende Gäste tragen nicht nur zum Erhalt des Dorfes bei, sondern ermöglichen auch den Fortgang der Restaurierungsarbeit, die die Besitzer ohne offizielle Hilfe bewältigen müssen. Wir äußern unsere Bewunderung für die Fortschritte des Wiederaufbaus, der Veränderungen und Verschönerungen des Dorfes in den Jahren, die wir nicht mehr hier waren. Die Steine der Häuser von Bardou sind wieder festgefügt unter soliden Dächern – in der ihnen vor Jahrhunderten gegebenen Gestalt.

Klaus kommt auf die Geschichte des Dorfes zu sprechen: »Der Name kommt aus dem Westgotischen, obwohl der Platz mit ziemlicher Sicherheit schon viel früher bewohnt war. Saint Pons ist der Mittelpunkt einer hochentwickelten Steinzeitkultur aus dem 3. Jahrtausend vor Christus gewesen, die sogar nach diesem Ort benannt wurde. Der wichtigste Fund dieser Kultur, eine Stele mit einer eingeritzten menschlichen Figur (Original im Museum von Béziers, Faksimile im Museum von Saint Pons), kommt aus Fourmendouire, einem Bauernhof nur sechs Kilometer von Bardou entfernt. In römischer Zeit waren rundherum viele Minen in Betrieb, die aber wahrscheinlich viel älter sind. Der Weg von Mons über Bardaou nach Héric führt zu einem römischen Militärlager. Das heutige Dorf präsentiert sich in der typischen Bergdorf-Architektur aus dem späten 16. Jahrhundert. Wir besitzen Dokumente aus dem frühen 18. Jahrhundert, aus dem Jahr 1785 gibt es die Bevölkerungsliste der Gemeindekirche von Saint Julien d'Olargues, einer romanischen Prieurie im Tal, im Mittelalter Station auf dem Weg nach Santiago de Compostella. Im Jahr 1785 wohnten in Bardou 14 Familien mit insgesamt 79 ›Seelen‹. Für die Zeit ab 1836 haben wir die Resultate der regelmäßigen Volkszählungen, die in den Archiven von Montpellier nachzuschlagen sind. Es gab bis zu 19 Familien und bis zu 90 Einwohner. Ab 1870 nahm die Bevölkerung ab. 1900 gab es nur noch 12 Familien, in den zwanziger Jahren nur noch 6, die obendrein hauptsächlich aus alten Personen bestanden, und 1967 schließlich nur noch einen alten Mann, Monsieur Achille Bonnet. (Ein Schicksal im übrigen, das hunderte von Bergdörfern im Massif Central mit Bardou teilen.)

Als wir Bardou 1965 entdeckten, war der Verfall schon weit fortgeschritten. Die Häuser sind ja aus rohen, kaum zugeschnittenen Steinen gebaut, Erde dient als Bindemittel. Die Dächer sind grobe Steinplatten, auch diese in Erde gebettet. Wenn diese Häuser nicht ständig bewohnt sind und halbjährlich repariert werden, setzt der Verfall sehr schnell ein. Es war also ein Dorf aus Ruinen.

Wir hörten von Monsieur Bonnet, daß alles zu verkaufen sei, daß niemand sich für diese Ruinen interessiere, da es heutzutage unmöglich sei, in einem Bergdorf seinen Lebensunterhalt zu verdienen. Als es sich herumsprach, daß wir Bardou kaufen wollten, also Geld ausgeben für etwas, das in den Augen der Einheimischen wertlos war, wurden wir für verrückt erklärt – oder bemitleidet. So fanden wir uns also 1967/68 als Besitzer eines Ruinenfeldes mit mehreren hundert Hektar umliegenden Landes – Felsen, Bergweiden, und -äcker, Eichen- und Kastanienwald, Gärten, alles mit Gestrüpp und Dornen zugewachsen.

Als wir Häuser und Ruinen vom Gestrüpp befreit hatten, sahen wir die ganze Schönheit des alten Dorfes. Es war wie im Märchen: wir hatten die Dornenhecke durchschlagen! Nun erst konnten wir das Dorf wie eine überdimensionale Skulptur erfassen, die, obgleich schwer beschädigt, mit viel Arbeit gerettet werden konnte.

Es war klar: das war unsere neue Heimat, nach der wir während unserer mehr als zehnjährigen Reisen gesucht hatten: abseits von der ›Zivilisation‹, aber in einem uralten Kulturland – Okzitanien – gelegen, in dem wir uns zu Hause fühlen und unseren Kindern eine angemessene Erziehung geben konnten.

Seit über 20 Jahren restauriert Klaus Erhardt Haus für Haus in Bardou, einem ehemals verlassenen Cevennen-Dorf. Inzwischen sind die meisten Häuser wieder bewohnbar, ohne daß ihr Charakter zerstört wurde. ein Kleinod ist entstanden…

Wir nahmen die Herausforderung an – es sollte unsere Lebensaufgabe werden.

Im Herbst 1968 hatten wir vier Häuser notdürftig so weit hergerichtet, daß sie bewohnt werden konnten. Denn wir waren von Anfang an nie allein in Bardou. Unser Vorhaben hatte sich ja, wie ihr wißt, in Freundeskreisen herumgesprochen, Gäste kamen aus aller Welt, viele einfach für die Ferien, manche blieben Monate, Jahre. Die meisten halfen: Dachstühle erneuern, Fußboden legen, Fenster und Türen einsetzen undsoweiter. Kleine Geldbeträge und Mieteinnahmen halfen zur Beschaffung von Baumaterialien. Aber es reichte nicht, wir brauchten mehr Geld, wenn wir das Projekt weitermachen wollten. So fingen wir Anfang der siebziger Jahre eine kleine Schafzucht an – eine der traditionellen Existenzgrundlagen des Landes. Wir entschieden uns für eine beinahe ausgestorbene, sehr widerstandsfähige Bergschafrasse des Massif Central, die ›Bizet‹. Im Laufe der Jahre haben wir uns zu anerkannten Züchtern dieser Rasse entwickelt und besitzen jetzt eine Herde von 180 eingeschriebenen Muttertieren, die 300 Lämmer im Jahr ›produzieren‹. Auf diese Weise können wir unser Land nutzen und haben ein gesichertes Einkommen. Außerdem fressen die Schafe Schneisen durchs Gestrüpp und verringern dadurch die Waldbrandgefahr.«

Klaus unterbricht seinen Bericht und lächelt. »Die Leute aus der Umgebung können es immer noch nicht fassen...! Und« , fügt er achselzuckend hinzu, »es gibt natürlich auch Neid, den wir leider immer wieder zu spüren bekommen. Beispielsweise ist Bardou tatsächlich das einzige Dorf im EG-Bereich, das – trotz unserer unzähligen Eingaben – keinen Strom hat. Und erst seit kurzer Zeit Telefon. Und die Straße nur halb ausgebaut. Und ab und zu boykottiert uns der Briefträger...« Verbitterung schwingt in seiner Stimme. Deutsche Tüchtigkeit: sie ruft immer noch Mißtrauen – und Angst hervor.

Die Restaurierung des Dorfes hat bisher zwanzig Jahre des Lebens seiner jetzigen Besitzer in Anspruch genommen. Zwanzig Jahre, in denen es keine Ferien gab, wenig Abwechslung. »Wir haben kaum die Möglichkeit, Theater oder Konzerte zu besuchen – also lesen wir regelmäßig mit unseren Helfern und Gästen Theaterstücke mit verteilten Rollen, laden Musiker ein, die bei uns Konzerte geben, es gibt inzwischen Malklassen, Diskussionskreise über okzitanische Geschichte und Kultur... Wir waren lange Weltreisende – jetzt laden wir die Welt zu uns ein.«

Bardou kulturell zu beleben, ist also – neben der schweren Arbeit für die Existenz – die wichtigste Bemühung der beiden. Das Dorf in seiner abgeschiedenen Lage lädt ein als Ort für Tagungen und Treffen aller Art, wenn die Teilnehmer sich für kurze Zeit vom gewohnten Komfort trennen können und wollen. Und immer mehr finden den steilen Weg hinauf (– also Vorsicht: vorher anrufen und anmelden, s. unten)!

Nein, eine Kommune ist Bardou nie gewesen, auch zeitweilige Ansätze zu kollektiver Verwaltung wurden wieder abgebrochen. Aussteigen – das wollten sie beide damals, Jean und Klaus, aber nicht mit Blumenkinderromantik oder Vorstellungen vom Hippieleben im Schoße der Natur. Sie wurden Schafzüchter, Bauern, Maurer – harte Arbeiter. Sie sprechen von Zufriedenheit, Glück: die Spuren dieses Lebens sind in ihren Gesichtern und im heutigen Gesicht von Bardou zu lesen.

Und die gerade erwachsenen Kinder? Nein – die Vier wollen alle nicht in Bardou leben, mit Ausnahme des jüngsten Sohnes, der später vielleicht. Sie haben das erhalten, was man gemeinhin als gutbürgerliche Erziehung bezeichnet, haben gut dotierte Jobs in Paris und London. Deshalb – und das mag eine bittere Ironie sein – möchten sie nicht das harte Bauernleben ihrer Eltern führen, setzen das fort, was Generationen wirklich armer Bauern und Schafzüchter aus Not taten. Wer das Erbe von Bardou antreten wird, ist eine vor ihnen noch offene Frage.

Den Rest des Tages verbringen wir, während Jean und Klaus ihrem gewohnten Tagesrhythmus nachgehen, auf dem steinigen Pfad, der zur 1 000 m hohen Walfahrtskapelle *Saint Martin du Froid* hinaufführt und riesige Blicke über die letzten Cevennenhöhen und bis in die Ebene von Béziers hinunter und aufs Mittelmeer bietet. Eine zweite Nacht unter dieser blitzenden Sternenpracht, nur der Schrei einer

Eule und der Wind in den Blättern der Bäume sind zu hören, und manchmal das Rascheln eines kleinen Tieres in der Nähe.

Als wir am nächsten Morgen unter dem Geschnatter der Gänse und den kleinen Attacken des wütenden Truthahns aufbrechen, sind Jean und Klaus längst bei ihren Schafen. Wir haben uns schon am Abend vorher verabschiedet und hoffen, ihnen beim nächsten Besuch das Buch mitbringen zu können.

Günter Kämpf, Vilma Link

Bardou liegt im Parc Régional du Haut Languedoc, ziemlich genau auf einer geraden Linie zwischen Montpellier und Toulouse, 50 km nordwestlich von Béziers. Das umliegende Gebirge ist das Massif Caroux-Espinouse, ein Teil der Süd-Cevennen, bis zu 1 000 m hoch, das Dorf liegt auf 573 m, etwa 5 km von der Route Departementale 908 entfernt zwischen Bédarieux und Saint Pons (Carte Michelin 83, Falte 3/4).

Kontaktadresse: Klaus Erhardt, F-34390 Olargues, Tel.: 00 33/ 67 97 72 43. Anzahl der Gäste: max. 40 Personen, in der Hauptferienzeit ist meist alles komplett, in den Monaten Mai/Juni und Sept./Okt. ist es in Bardou am schönsten – und am ruhigsten.

Oppidum

Der Name stammt von den Römern und meint eine verteidigungsfähige Siedlung auf einer Natur-Zitadelle wie der unten abgebildeten im Rhonetal-Delta. Unter Fachgelehrten wird oft von einer ›keltisch-ligurischen‹ Siedlungsform gesprochen, die der griechischen und der römischen vorangegangen sein muß; okzitanische Archäologen und Historiker bestreiten die Typisierung ›keltisch‹, die für sie der Fiktion dient, ein ›keltisches‹ Groß-Gallien da anzusiedeln, wo Okzitanien zuhause war: bitte nicht wegklittern, meinen sie.

Ich empfehle den Besuch dreier ›oppida‹: den von *Nages* (10 km westlich von Nîmes), der Verteidigungsmauern wegen, die verhältnismäßig kunstlos ausgeführt sind, aber durch ihre Mächtigkeit beeindrucken; den von *Ambrussum* (zwischen Nîmes und Montpellier am Vidourle gelegen, von Villetelle aus ausgeschildert), der teilweise erhaltenen Römer-Straße wegen; den von *Enserune* (10 km westlich von Béziers), wo ein Museum verhältnismäßig reichliche Auskunft gibt zu dieser Siedlungsform, über die im allgemeinen mehr spekuliert als wirklich etwas gewußt wird. Ob diese ›oppida‹, die wir zwischen Orange und Narbonne reichlich finden (und die in den archäologischen Hochglanz-Zeitschriften aus Paris sogar auf Karten mit Vollständigkeitsanspruch fehlen), ob diese ›oppida‹ also reinen Verteidigungscharakter hatten oder als Bastionen zur Kontrolle des Handelswegs an der Mittelmeerküste angelegt waren, können wir nicht mit Bestimmtheit sagen; ich neige zur ersten Annahme.

›Oppidum‹ im Rhonedelta. Die mächtigen Befestigungsmauern sind auf dem Luftbild gut zu erkennen.

Montpellier

muß man sich erarbeiten. Das fängt mit dem Hineinkommen in die Stadt an: spätestens nach der fünften Ampel ist der Ariadne-Faden zur Innenstadt und zurück gerissen, und die verbleibenden Hinweis-schilder zwingen zu wählen, zu welchem der reichlichen Stadtpaläste (›Hotel‹) man will. Ist man zufällig bei jenem ›Hotel‹ gelandet, das der einstige Finanz-Magnat Jacques Coeur hier bauen ließ, fragt man sich, was solche Bauweise soll, ob hier für Elefanten oder Giraffen gebaut worden ist – so hoch sind die Räume, so breit die Innenhöfe

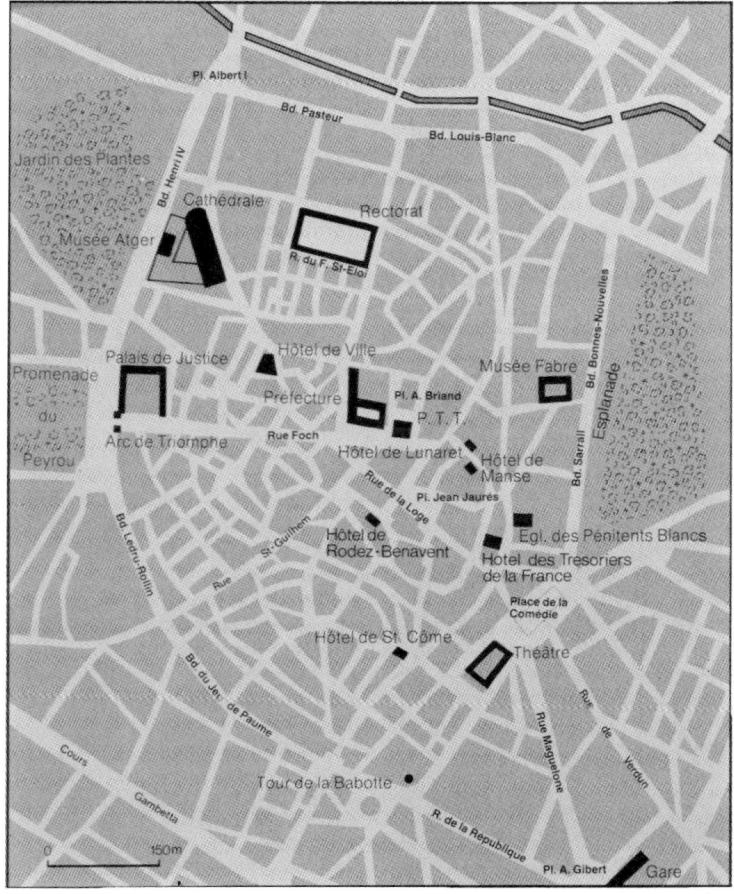

Comité Régional de Tourisme
12 rue Foch, 34000 Montpellier

69

Montpellier, Place de la Comédie

und Aufgänge. Man kommt sich sehr klein vor, verläßt man einen dieser völlig überdimensionierten Stadtpaläste, egal welchen, und die langen Hochhauszeilen nach Pariser Art, nur mit sehr viel engeren Straßen dazwischen, verstärken diesen Eindruck gründlich. Liest man dann noch den Reklamespruch der Languedoc-Hauptstadt vom »schlagenden Herzen« (»Montpellier, le coeur battant du Languedoc«), kommt einem Erschlagenwerden in den Sinn.

Auch das historische Herz der Stadt, einen richtigen Stadtkern etwa, findet man nicht leicht. Weder gibt es, wie etwa in Pézenas, der alten Languedoc-Hauptstadt, einen gut erhaltenen homogenen Stadtkern (dort aus der Renaissance), noch kann man, wie etwa in Uzès, sich in einer gewachsenen Alstadt zwischen Türmen, Plätzen, Platanen-Alleen und Boule spielenden Menschen verlieren, noch hat man es mit einer deutlich erkennbaren Griechen- oder Römer-Gründung wie in Agde, Béziers oder Nîmes zu tun. Nein, Montpelliers Stadtgründung um das Jahr 1000 hat kaum Spuren hinterlassen, sieht man etwa vom dem Namen eine Kirche ›Notre-Dame-des-Tables‹ ab: hier hatten die Tische und Bänke gestanden, an denen Geldwechsler und Bankiers, Kaufleute und Informanten aller Art den Handelsreisenden der Salzstraße und den Pilgern auf dem St. Jakobs-Weg gaben, was sie hatten, und nahmen, was sie konnten. Montpellier, man kann es den Archiven der Stadt entnehmen, gründete sich als Handelsstadt.

Auf dem Mont-Pellier und dem Mont-Pellieret, also zwei Kuppen eines Hügels, ziemlich rasch auf- und zusammengewachsen am Kreuzpunkt zweier großer Handelswege, mit unmittelbarer Verbindung zum Mittelmeer, wuchs die mittelalterliche Stadt überaus schnell, und dem Wirtschaftsaufschwung folgte alsbald mit der Universität ein geistiges Zentrum von europäischem Rang. Ein kurzer Niedergang im 16. Jahrhundert, erklärbar mit einem ungewöhnlichen Aufschwung der großen Rivalin Marseille, stoppte die Stadtentwicklung, ehe im 17. und 18. Jahrhundert mit dem Bau des Verbindungskanals zwischen Mittelmeer und Atlantik und der Ansiedlung verschiedener Industriebetriebe eine neue Phase wirtschaftlicher Prosperität einsetzte; in diese Zeit fielen die großen Städtebau-Operationen: zuerst warfen die Protestanten, die nach dem Toleranz-Edikt von Nantes in Montpellier das Sagen hatten, die Katholiken aus der Stadt hinaus und rissen die Vororte ab, um einen neuen Verteidigungsgürtel anzulegen jenseits der alten Stadtmauer, die mit dem Steinematerial der abgerissenen Katholikenkirchen zu einem Verteidigungswall ausgebaut wurde; später dann, als unter Pariser Druck (Richelieu) die Machtverhältnisse umgekehrt wurden und die Katholiken das Sagen bekamen, wurden die Stadtpaläste gebaut und die mächtigen Universitätsbauten von heute, wurde die große Ost-West-Schneise geschlagen, an deren Ende Triumphbogen und Sonnenkönig stehen. Damit haben wir ›la ville classique‹, die klassische Stadt, der die Moderne nur noch ein paar neoklassische Ergänzungsbauten hinzufügte.

Gewandelte Stadt im klassischen Stil – nichts für den, dessen Herz für Okzitanien schlägt. Und auf den Marmorplatten des ›Oeuf‹, dem eiförmigen Riesenplatz zwischen neoklassischer ›Comédie‹ und Pariser Fassaden, auf dem nicht nur die Füße brennen, wächst die Lust nach dem nächsten Dorf, nach *Vic-sur-Gardiole*: da gibt's ein Plätzchen, das ›Plätzchen‹ heißt, ›placette‹, und von der Bank auf dem Plätzchen aus kann man spielenden Kindern zusehen und eine Spinattasche mit Schinken vom Bäcker nebenan essen, ohne daß Hitzewellen von Marmorfußplatten den Appetit verschlagen, und die Festungszähne der alten Kirche im Dorf verteidigen die Rundziegeldächer und die sonnenfarbenen Häuser darunter gegen alle Versuche, hier einen französischen Brückenkopf einzurichten.

Hôtel de Montcalme (17. Jh.)

AUDE

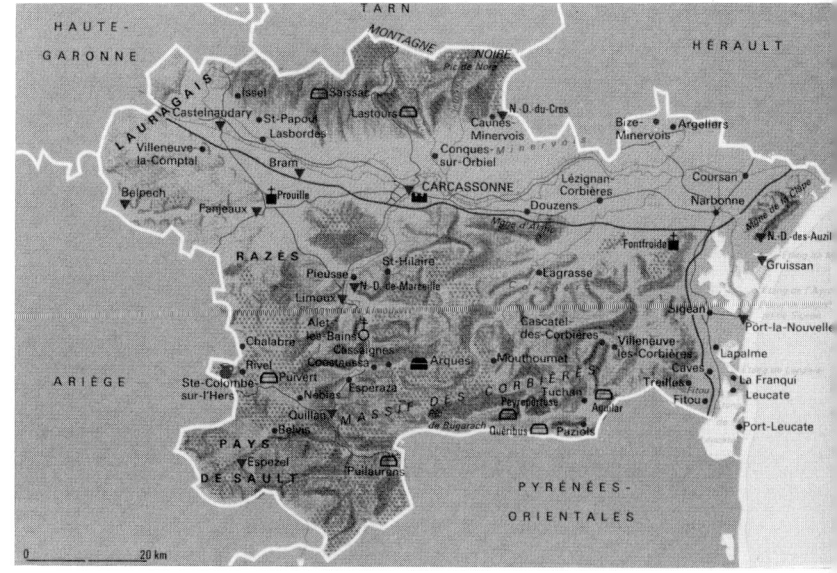

Altes Katharer-Land: Reichtum der Armut

Allein weiter ums *Massif Central* herum, weiter im Text. Alte Notizen: »Reifenmusik mit Platanenbegleitung. Keine Menschenseele auf der Straße, einer Route Nationale, zwischen zwölf und zwei, wie immer um diese Zeit; dafür offene Backofenhitze, und die wintervermummte Gestalt, der die Haut nicht anbrennen soll an haut, mault. Sonst nix Neues: Gekrächz und Gedröhn, das wohl Grillengezirp sein soll; Spiel von Schatten und Licht mit dem Standbein der Bäume und dem Spielbein der Sonne; Stufenleiter in Grün vom Weinlaub übers Böschungsgras bis zum Plantanendach, zu den Zypressengruppen, den vereinzelten Kiefern und den Misteltupfern. Mir fällt auf, daß der Dreiklang von Maulbeerbäumen, Kastanienwäldern, Olivenhainen hier nicht mehr zu Hause ist: andere Sonnensäufer und Lichtfresser und Schattenspender hier, neuer Dreiklang, neues Wappen in anders gestuftem Grün: Platanen, Zypressen, Kiefern.«

Alte Notizen: »Einverstanden mit allem, mit dem Unterwegssein im fremden Land, mit der Suche nach anderen Horizonten, anderen Themen. Hans im Glück soll sich als ›Kabarettist, Schriftsteller oder Clown verwirklichen‹, meinte Ekkehard von der Dicken Backe – machen wir. Es gibt halt immer wieder dies: Vorzüge des Benachteiligtseins – nutzen wir sie.«

Alte Notizen: »Heiteres Berufsverboteraten: was bin ich nicht? Ist das so schlimm, wenn man den erlernten Beruf nicht ausüben kann oder darf? Wen trifft das heutzutage nicht? Wer hat schon in diesem neuen Lotteriespiel das Glück, den erlernten Beruf ausüben zu können? Etwas anderes ist die Sache mit dem Politmonster, das ich sein soll, mit dem ›Extremisten‹: der Große Bruder vom kleinen Michel weiß schwarz auf weiß, daß ich einer bin, aber wenn Onkel und Tante, Gevatter und Muhme, Taumfatters Jupp und Hägar der Schreckliche wissen, daß ich keiner bin, bin ich dann einer?«

Fragen, Antworten, Fragen. Was ist der Unterschied

zwischen dem ›Extremisten‹ und Freund Petr Uhl, der als ›Rädelsführer der Charta 77‹ zur Höchststrafe im Prager Prozeß verurteilt wurde und im Gefängnis sitzt, und dem fahrenden ›Extremisten‹-Volk, dem die staatstragende Mitte das Rand-Halten verordnet hat? Was ist der Unterschied zwischen der Parole »Keine Freiheit für die Feinde der Freiheit!«, der Struktur-Formel des ›Extremisten‹-Beschlusses in der Bundesrepublik, und der DDR-Weisheit, es dürfe »keine Freiheit für die Feinde des Sozialismus« geben? Welche Praxis der Intoleranz ist weniger totalitär?

Fragen, und keine Antworten. Keine Antworten, weil die immer schon da sind, eher als die Fragen. Wie aus der Pistole geschossen kommen die Antworten, und die Frage, was wir dazugelernt haben seit 300 Jahren, kommt nicht an. Wie aus der Pistole geschossen von pausbäckigen Samtpfotenpistoleros kommen die Antworten: ›freie Welt schützen‹, ›geh doch rüber‹ undsoweiter. Und die Frage, ob wir rübergehen sollen wie die Hugenotten, kommt nicht an. Genausowenig wie die Frage, ob Parole, Formel und Praxis von ›Keine Freiheit für…‹, diese Erzformel der Intoleranz, ob die etwas anderes sein kann als tiefstes Mittelalter. Das Toleranz-Edikt von Nantes hatte damit Schluß machen wollen, als erstes in Europa, aber der Lichtblick von 1589 dauerte keine hundert Jahre, so stark war noch immer das Mittelalter mit seinen mythischen Archetypen, seinen Glaubensgewißheiten, seinen Verfolgungsgewohnheiten. Der Toleranz-Artikel des Grundgesetzes hatte damit Schluß machen wollen, beim historischen Nachzügler in Europa, aber der Lichtblick von 1949 dauerte kein Vierteljahrhundert, so dünn war der Firnis der geschriebenen Verfassung.

Ende der Abschweifung, nicht ohne Selbstkritik: ›Wir haben den falschen Hasen geschossen‹, wurde mal eingeräumt; der Schuß sitzt, die Wunde bleibt, und falsche Hasen sind richtige Menschen; die Jagd geht weiter, die Jäger kommen ohne Halali aus, und falsche Hasen schreien noch immer.

Weiter im Text, weiter allein unten rum ums Massif Central, immer noch Reifenmusik mit Platanenbegleitung. Weiter im Tal, wo die Autobahn fließt, die neue ›Entre-Deux-Mers‹: der Verkehr fließt zwischen zwei Meeren, Pause in Homps, nix los im Nest aus gelbgrünem Weinlaub, mit den goldgelben Steinhütten drin, alles zu über Mittag. Beine baumeln im Wasser, das hier als ›Canal du Midi‹ vorbeikommt (wieder mit Platanenbegleitung), plötzliches Angequatschtwerden: Landarbeiter im Blaumann will von verkehrsberuhigtem Radwanderer wissen, wo es hier was zu Mampfen gibt. Wir lachen beide, er schiebt 'ne Zigarette rüber, fängt an zu reden, die Flurschadenbretter bleiben im Wasser. Schwätzchen unterm Platanendach, einfach so, statt Anschweigen.

Einverstanden mit allem. Der Leinpfad mit pausenlosem Platanenschatten lockt: kühler Weg, heißer Tip; friedlich an Anglern vorbei und an Hausbooten. Immer Musik der Bäume, und diese okzitanische Platanenserenade, scheint nicht zu enden, hört plötzlich auf: zwei Schäferhunde schlagen an, schnappen – schnappen nicht nach Luft, sondern nach den Waden, und Herrchen dabei pfeift nicht zurück, läßt die Wadenbeißer schnappen – was tun? Lenins Frage: was nun? Zähne im Weg, Absitzen, Schweißperlen… Folgt die Belehrung: Leinpfad verboten!

… und natürlich: Carcassone

Wieder Landstraße, die alte Ost-West-Verbindung von *Narbonne* nach *Carcassonne*, die Touristen-Rollbahn mit den C-Klischees: Caves Coopératives, Cassoulet de Castelnaudary, Cité de Carcassonne – Trinken, Essen, alte Steine. Päuschen in der berühmten Cité, der romantisch aufgedonnerten Festungsstadt, Päuschen mit Minzwasser und Lesefrüchten, Päuschen inmitten Touristenströmen.

Mini-Lektüre eines Stendhal-Berichts von vor 150 Jahren: keinem Menschen ist er begegnet, der Autor der ›Kartause von Parma‹, außer »einer jungen Frau mit schönen Augen«, die er nach dem Weg zur Kirche St. Nazaire gefragt hat: gefunden hat er »eine gotische Kirche von selten charmanter Eleganz«. – Wer mit weniger schönen Augen zugange ist, kann die nicht verschließen vor Simon de Montfort, dem größten Leichenproduzenten okzitanischer Untermenschen, dem diese Kirche ein ehrendes Denkmal gesetzt hat.

Stipp-Visite bei einem Bericht des Historikers Taine, der gelehrte Ausführungen über alte Kultur und moderne Zeiten am Beispiel der Doppelstadt *Carcassonne* verdichtet, mit einer Apologie der Neustadt: »Geschäftige Aktivität, Cafés,… Bummeln und fröhliches Schwätzen, alles

das ist die neue Stadt am Fuße der Cité, der verwandelte, befriedete, zivilisierte, vom Norden bereicherte Süden.«

Was sehen wir, wenn wir sehen? Wir sehen, wofür wir Begriffe haben und was unsre Brille durchläßt. Hat die grüne Gläser, sehen wir grün, wie der Königsberger Gelehrte gelehrt hat; hat sie schwarze Gläser, sehen wir schwarz; haben wir Tomaten auf den Augen, sehen wir über Leichen hinweg. Ruhig Blut: die anderen kochen ja auch nur mit Wasser...

Da steht doch wirklich: »...der verwandelte, befriedete, zivilisierte, vom Norden bereicherte Süden.« Ein Haar in der Suppe ›objektiver‹, sachlich-neutraler Geschichtsschreibung? Weit gefehlt: ganz voller Haare, haarig ist die Suppe, die eingebrockt wird in Sachen Nord-Süd in Frankreich, die ausgelöffelt wird von den Katharer-Hirten, den Camisards-Webern, den Larzac-Bauern, den Corbières-Winzern.

Nord-Brille ablegen, Süd-Information anhören.

»Das Nord-Süd-Verhältnis in Frankreich ist eine Angelegenheit von Fußtritten in den Arsch.« Derb, kräftig, klar: steht so in Yves Rouquettes Okzitanienbuch ›Kleine Abhandlung einer herzlichen Erdkunde‹. (›Petit traité d'un géographie cordiale‹).* Der Satz ist »verdammt wahr«, »bigrement vrai«, urteilt die Zeitschrift ›connaissance du pays d'oc‹ in ihrer Besprechung des Buchs; also wahr. Oder gibt es ein Drittes zwischen Fuß und Arsch, das über Wahrheit befindet?

Gut, ich weiß: in einer Sackgasse sind nicht alle Säcke in derselben Gasse, und historische Verletzungen führen oft zu verletzenden Formulierungen – aber was ist mit der Wahrheit? Wüßten wir etwas von den Verliesen des 16. Jahrunderts, gäbe es nicht das un-objektive, das un-neutrale, das bewegende Klage-Gedicht von Villon, der im Verlies von Meung den Stoff für sein ›Testament‹ erlebte, erlitt? Wüßten wir etwas von den ›Krummgeschlossenen‹ unserer Tage, gäbe es nicht die verdichteten Zeilen von Améry oder Langerhans, die ›wimmern wie Zerquetschte‹?

---

* Das Buch ist bisher nicht auf deutsch erschienen.

Aude-Landschaft (Cucugnan, Corbières)

Altes Gejagte- und Jäger-Land hier, altes Katharer-Land, das Département Aude. Keine Neutralität hier: du wirst mit offenen Armen empfangen oder gar nicht; du stößt auf Abwehr und Gegenwehr oder auf nie erlebte Gastfreundschaft mit Vorstellen sämtlicher Freunde und wunderschöner Selbstfreigabe bei Essen und Trinken, Arbeit und Reden. Nirgendwoanders erfuhr der Radwanderer aus Westfalen freundliche Fremde wärmer als hier im Katharer-Land; nirgendwoanders erlebte der unverbesserliche Vertrauens-Freund aus Klein-Clown-Amerika Wahrheit und Wirklichkeit von ›Vertrauen-gegen-Vertrauen-tauschen‹ (Marxäus 10, Vers 3) schöner als in den Corbières im Département Aude. Sie hatten erst nein gesagt; heute fragen sie, wann ich wieder komme – wer ist das: ›sie‹?

»Mitten in den wilden Corbières, in der gewaltigen Weite einer gottverlassenen Garrigue, läßt sich eine Familie nieder, um Ziegen zu züchten. Innerhalb weniger Jahre lebt mit den Gaschards die Erde um *Carrus* wieder auf. Ihre Arbeit und ständige Gegenwart – wie die all derer, die nicht davon abzubringen sind, auf dem Land leben zu wollen – ist der Bodenspekulation ein Dorn im Auge. Sehr rasch haben sie zwei mächtige Nachbarn, Großgrundbesitzer aus Paris (der eine der Modeschöpfer Paco Rabanne), zum Gegner. *Carrus* wird zum Symbol einer Gegenwehr, und im Jahr 1977 wird hier ein okzita-

nischer 14. Juli gefeiert – dabei wird, zum Zeichen der Solidarität mit den Bauern des Larzac, eine symbolische Ernte eingeholt. Was man die ›Carrus-Affäre‹ genannt hat, ist heute zu Ende; was bleibt, sind die Menschen, die Erde. Nach vielen Jahren voller Schwierigkeiten und Ängsten, Freuden und Hoffnungen erzählen Jeannette und Bernard jetzt ihre Geschichte. Die der Prozesse natürlich auch, aber hauptsächlich die des alltäglichen Lebens: wie eine Ziegenzüchter-Familie heute in den Corbières lebt.« Soweit das Vorwort.

Als Bernard das erste Mal allein hinkam, hatte er einen doppelten Konflikt hinter sich: zum einen hatte er öffentlich zu einem Hungerstreik gegen die Folter in Algerien aufgerufen (der Aufruf findet sich in Lanza del Vastos ›Technique de la Non-Violence‹); zum anderen kam das ›Arche‹-Mitglied, der Bauer Bernard Gaschard, nicht damit zurecht, daß der ›Arche‹-Gründer und Chef-Ideologe Lanza del Vasto sich nachträglich an die Spitze der Protestbewegung stellte, nachdem er zuvor Bernards Handeln kritisiert hatte. Bernard fand ein menschenverlassenes Tal und einen Ruinenrest vor, der von Brombeerhekken überwuchert war, ohne Dach, ohne Wasser; als er das zweite Mal hinkam, diesmal mit Jeannette, endete hier die Hochzeitsreise: »Que la beauté de ce pays nous ait frappés, c'est vrai«, heißt es im Buch-Text – »Es stimmt einfach: die Schönheit des Landes hat uns gepackt und dabehalten.« Mit bestimmten Rosinen im Kopf fangen sie an: niemanden ausbeuten und von niemandem ausgebeutet werden, Leben mit dem, was an ›Wissen der Hände‹ da ist und erworben werden kann, Offenheit nach außen und Reichtum der Armut: wenn gegessen wird, wird selbstgebackenes Brot gegessen, dazu selbstgemachter Käse und selbstgezogenes Gemüse – kein Fleisch; wenn sich gewaschen wird, dann im Bach, der durch die Talmulde gluckert. »Was für ein Abenteuer von Leben...«

Als das erste Kind Wasser im Haus braucht, hat Bernard eine Leitung gelegt, dem Bach einen Nebenfluß abgeluchst, der im Waschbecken ankommt: »Was für ein Geburtstagsgeschenk«, sagt Jeannette im Text – um gleich danach zu notieren, daß der mächtige Gegner, der Großgrundbesitzer aus Paris und bekannte Modeschöpfer, dem das ganze Tal hier gehört, daß dieser Unmensch von Mensch gleich den Bachlauf verändert, ihn umleiten läßt und damit das Wasser im Haus absperrt... eine Bauern- und Ziegenzüchter-Familie ohne Wasser: was das bedeutet, kann man sich ausmalen – und die Vertreibung und die Folgen, die Gegenwehr und die Folgen waren dann auch Gegenstände des langen Prozesses in Carcassonne, in dem die Interessen des großen Geldes sinnigerweise vertreten wurden von Maître Tixier-Vignancour, dem damaligen politischen Führer der nationalistischen Rechten. Alles war klar in diesem Prozeß: die Fronten, die Vermögensverhältnisse, die Fragestellungen – soll die Erde denen gehören, die sie beackern, bepflanz-

Bernard und Jeannette Gaschard, Ziegenbauern und Widerständler aus Carrus in den Corbières

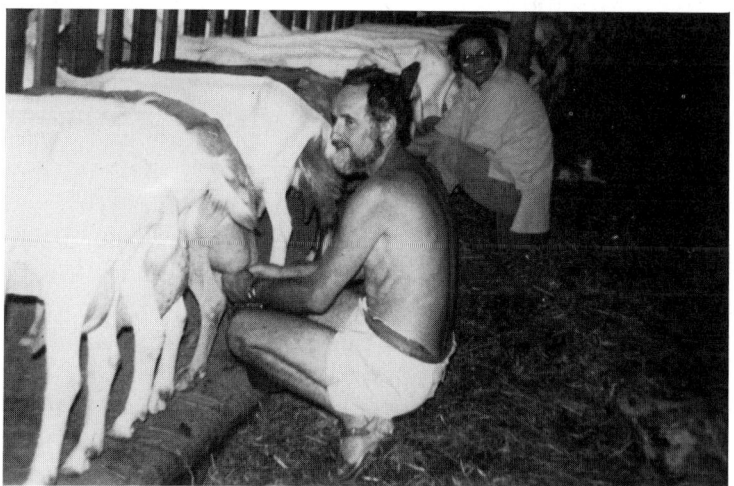

zen, bebauen, oder denen, die sie veröden lassen, gar nicht auf ihr leben und nur daran interessiert sind, daß irgendwo in der Nähe ein Stausee geplant wird, Ferienzentren entstehen und die Boden- und Bauland-Preise steigen? Soll Eigentum an Grund und Boden zum Wasser-Abdrehen berechtigen und zum Veröden-Lassen des Landes und zur Bodenspekulation und zum Vertreiben von Menschen, kurz: zum ›Tritt in den Arsch‹ – oder soll es zu was verpflichten? Darum ging's juristisch. Und politisch ging's um eine okzitanische Kern- und Schlüsselfrage, um das ungeschriebene Menschenrecht auf ein Stückchen Erde, auf dem man leben und arbeiten kann, lieben und sterben. ›Volem viure al pais‹: Auf deutsch: wie weltfremde Idealisten und Grundgesetz-Fans haben sie sich aufgeführt, die Gaschards, haben gemeint, daß »Eigentum verpflichtet«, daß »sein Gebrauch zum Wohl der Allgemeinheit dienen« soll; weit gefehlt, meinte das Bürgerliche Gesetzbuch mit seinem Paragraphen 903: der Verfassungs-Artikel 14 ist ja doch nur fürs Schaufenster – hinten im Laden gilt § 903 BGB; Eigentum verpflichtet zu gar nichts, berechtigt zu allem, zum Wasser-Abdrehen und zum ›Tritt in den Arsch‹. Entsprechend das Echo, das Mitfühlen, Mitmachen.

Mich hatte diese Geschichte, das Buch fasziniert; als der gefragteste Handlanger zwischen Luftschacht und Butendorf seine Dienste anbot, bekam er – eine Absage. Später ist er dann doch eingeladen worden, also nix wie hin: zwischen *Carcassonne* und dem *Alaric-Gebirge* ab durch die Schluchten des *Sou* bis *Lagrasse*, tiefmittelalterlicher Ort in seiner Doppelstruktur von Abtei und weltlicher Stadt, getrennt durch den Fluß; rechts ab den *Orbieu* lang durch rote Erde und Weinfelder bis zum Winznest *Caunettes-en-Val*; da links hoch in die Berge, in denen Karl der Große die Wildsau gejagt hat: Ende des Weins, Anfang der Steineichen, Krüppelkiefern, ›arbousiers‹, die ich nicht kannte, die aber gut erkennbar sind an ihren Früchten – wenn sie reif sind, sind sie orange-rot und bestens geeignet für Marmeladen oder Liköre; Anfang der wilden Nelken und und Thymiangruppen und Rosmarinbüsche, mit den dazugehörigen Bienenstöcken.

Kommen Weißdorn, Granatapfel- und Mandelbäume, wieder ein Anstieg: das Rad weicht nicht mehr schwarzen Hirschkäfern aus, sondern roten Waldameisen; über Spanischem Ginster kreist ein Geier; später erfahre ich, daß nicht Fuchs und Hase sich gute Nacht sagen hier, sondern Wildschwein und Bär: der Bär, der keiner sein wollte, und das Wildschwein, dem man hier eher begegnet als Karl dem Großen. Keine Häuser am Weg, nur ›cabane‹-Ruinen, immer noch Asphaltdecke, Paco Rabanne läßt grüßen: plötzlich an einer Biegung der Blick frei auf einen riesigen ›cirque‹, Amphitheater in Grün unten auf der Bühne ein Dach wie ein Staubkorn im Steinbruch. ›Carrus‹, der Hof. Ziegen, ein Mandelbaum-Feld, ein wenig Ackerland.

Jeannette in der Käserei: nein, ich helfe ihr nicht, kann das nicht, habe das nicht gelernt. Bernard beim Brotteig-Walken: nein, ich helfe ihm nicht, habe das nicht gelernt, lerne das hier. Lerne alles Mögliche hier, vom Brotbacken bis zum Dachdecken, lerne vor allem, offen zu sein für neue Erfahrungen.

Es gibt einen Film, der das Leben der beiden, der Kinder, des Hofs zeigt – der Pariser Filmregisseur André Serrau hat ihn gedreht, einen spontan-poetischen und bildkräftigen Bericht von dieser fremden und fernen Welt, die untergeht und verschwindet; mehr als 100 000 Bauern jährlich in Frankreich verlassen ihr Land. Eine untergehende Klasse, würde Marx sagen – aber lassen wir ihm nicht das Sagen und marxistischer Analyse, die versagt hat, was Verständnis und Analyse bäuerlicher Erfahrungen angeht, versagt mit ihren ›Fortschritts‹-Annahmen und ›Produktivitäts‹-Theorien. Lassen wir den Film sprechen: mit seinem Beinahe-Selbstporträt einer bäuerlichen Familie, der Dämmerung über der Garrigue und dem leisen Gesang. Erwähnen wir nur, daß an einer Stelle des Films, es ist Markttag und Fest in Lagrasse, Bernard einen Preis bekommt, eine Auszeichnung für den ›Carrus‹-Käse – und dies unter dem Emblem Okzitaniens.

Voilà l'Occitanie: lieber einen Schaf- oder Ziegenstall, lieber eine ›bergerie‹ als eine ›seigneurie‹, als ein herrschaftliches Gut; lieber ein freies Leben in Armut bei freier Arbeitszeitgestaltung (Ausnahme: das Diktat der Tiere) als ein anderes, gut bezahltes. Eine Wahl.

Im Jahr 1320 notierte ein Großinquisitor, Bischof aus der Gegend und späterer Papst, bei Katharer-Verhören sämtliche Alltagserfahrungen, auffällige und unauffällige, bis ins Intimleben hinein, ehe er die Verhörten verbrennen oder anderes mit ihnen anstellen ließ; die Verhörprotokolle von einst wurden zufällig entdeckt und ausgewertet von dem Historiker LeRoy Ladurie, der in seinem Buch ›Montaillou. *Village Occitan*‹ * eine Art Fresko eines Dorfs vor 650 Jahren malt, aber nicht aus Farben, sondern aus Meinungen, Berichten, Angaben über das Wetter und das Leben mit den Herden, Hinweisen auf das, was im Garten wächst, und das, was auf den Tisch kommt. Ärgern wir uns nicht darüber, wie dieses Stück europäische Geschichtsschreibung beim Erscheinen in der Bundesrepublik besprochen und aufgenommen wurde (»...einzigartiges Beispiel vorsozialwissenschaftlicher Befragungskunst« – ganz so als sei der Hin-Richter Künstler gewesen); freuen wir uns mit dem Autor über den Bauern und Hirten Pierre Maury und dessen Existenz: »Für ihn bedeuten die Schafe Freiheit. Pierre würde sie nicht gegen das steinige Linsengericht tauschen, das ihm immer wieder angeboten wird, von Herren oder Schmarotzern... Pierre Maury ist ein glücklicher Mensch.« Ein Existenzbegründender in Okzitanien.

So wenig tot ist Okzitanien, daß heute wie vor 650 Jahren, wenn geheiratet wird, die *okzitanische Hochzeitssuppe* auf den Tisch kommt: du nimmst einen Liter Wasser, eine Knoblauchzehe, ein Lorbeerblatt, einen Thymianzweig, einen Schuß Olivenöl und kochst das Ganze, läßt es aufkochen; in der Zwischenzeit schlägst du 4 Eigelb mit etwas Olivenöl zu einer Mayonnaise, am besten gleich in der Suppenschüssel: 8 Scheiben Brot drauf (selbstgebackenes natürlich), gut durchtunken, die kochende Brühe darüber – fertig ist die Knoblauchsuppe ›Sainte Colombe‹. Wer da nicht den Mund ganz voll nimmt und gleich Nachschlag holt, wie will der sein Bäuerchen machen und von bäuerlichen Erfahrungen reden?

s. S. 85/86

Pierre Maury, ein Wanderschäfer aus dem 14. Jahrhundert

»...wenn er auch gewöhnlich weder Geld noch Gut sein eigen
nennen konnte, führte er doch immer ein reiches Leben. Es gab
ausreichende Weide für seine Herden. Die Herden lieferten ihm das
meiste, was er zum Leben brauchte, sogar die Kleidung. Er bewegte
sich, wie überhaupt die Transhumanten, außerhalb der feudalen stän-
dischen Ordnung, war dem Druck, den in dieser die Grundherrn auf
die Bauern ausübten, nicht ausgesetzt. Ab und zu mußte er einem
Grundherrn, über dessen Land er seine Herde trieb, irgendeinen Zoll
entrichten. Doch im großen Ganzen waren die ›Produktionsbedingun-
gen‹, mit denen er es zu tun hatte, kontraktuell und unveränderlich.
Es wäre zwar in diesem Zusammenhang nicht angebracht, von ›Mo-
dernität‹ zu sprechen (die Welt der Schäfer hatte ihre Grundlage
schließlich im frühen Neolithikum, Pierre und seine Berufsgenossen
waren also keine Neuerer, sondern im Gegenteil Erben einer uralten
Überlieferung), es ist nichtsdestoweniger festzustellen, daß Pierre
und seinesgleichen außerhalb der reinen Subsistenzwirtschaft lebten,
in der wir seine seßhaften Zeitgenossen in Montaillou noch aufgehen
sehen. Maury, der seine Herden auf ferne Märkte trieb, war ohne
Zweifel ein Agent der Marktwirtschaft. Natürlich waren die Transhumanten des frühen 14. Jahrhunderts nicht dem gnadenlosen Stunden-
plan vollendet kapitalistischer Unternehmungen ausgeliefert – an der-
gleichen war in jenen Jahren vor dem schwarzen Tod noch gar nicht
zu denken. Im Gegenteil ist der gelassene Arbeitsrhythmus, der zu

*Katharer-Kreuz,
gefunden in Les
Cassès (Aude)*

jener Zeit alle Tätigkeiten der Leute von Montaillou bestimmte, gleichviel ob sie Schäfer, Bauern oder Handwerker, daheimgeblieben oder ausgewandert waren, allen aufgefallen, die versucht haben, ein Bild vom Alltag dieser Leute zu gewinnen. Auch Pierre hatte seine ruhigen Augenblicke. Wenn er einmal in die Stadt gehen mußte, um Geld dort abzuliefern oder abzuholen, hütete inzwischen einer seiner Kameraden seine Schafe. Wenn er Lust hatte, seine Freunde, einen bei einer schon lange zurückliegenden Taufe gewonnenen Gevattern, eine Geliebte zu besuchen, konnte er sich auf den Weg machen, ohne deshalb jemand um Erlaubnis bitten zu müssen. Pierre Maurys Gesichtskreis war nicht im mindesten bäuerisch-beschränkt. Wie die Maurs (eine andere Schäferfamilie aus Montaillou) und überhaupt die Wanderschäfer aus dem Oberland der Ariège und der Cerdagne stand er durch das ausgedehnte Netz der ›cabanes‹ (feste Behausungen der Schäfer) und ›cortals‹ (provisorische Hürden) ständig mit weit entlegenen Gebieten in Verbindung, hörte in den Pyrenäen die neuesten Nachrichten aus dem Süden Kataloniens und umgekehrt.

Pierre Maury, ein Lohnarbeiter, nicht entfremdet, informiert und gesellig, hatte Freude an Festen und Unterhaltung, an einem guten Essen mit Freunden. Die Speisen, die er aß, waren einfach, aber gut und nahrhaft: Ziegenleber, Schweine- und Hammelfleisch, Eier, Fische, Käse und Milch – und er verzehrte sie in Tavernen oder unter freiem Himmel mit Brüdern, Vettern, Freunden, Kameraden, gelegentlich auch mit Häschern, die eigentlich seine Herden hätten beschlagnahmen sollen, die er aber durch eine gute Mahlzeit davon hatte abbringen können.«

Aus: Emmanuel LeRoy Ladurie, Montaillou. Ein Dorf vor dem Inquisitor 1294 bis 1324, Verlag Ullstein, 1976. Die aus den Vernehmungsakten des Bischofs von Pamiers gewonnenen Einzelheiten setzt Ladurie zu einer faszinierenden Darstellung des Alltagslebens in diesem Teil Okzitaniens zusammen.

Ribaute

»Malerischer Weinort« steht in Kunst-Reiseführern, aber man kann mehr dazu sagen. Der Name kommt von ›Riva alta‹: im Unterschied zum Nachbarort *Lagrasse*, der in einer ›fetten‹ (fruchtbaren) Talweite liegt, wurde das Dorf Ribaute an einem Hochufer über dem *Orbieu* angelegt; steht man am gegenüberliegenden Flachufer, sieht man ein Dorf in Igel-Stellung, mit Zinnenkranz-Stacheln und Rundleib und winzigem Durchschlupf zur Brücke, zum anderen Ufer. Als Ribaute gegründet, gebaut wurde, hatte es nicht genügt, es hoch anzulegen – dieses typische Katharer-Dorf des Languedoc war eben rundum mit einem durchgehenden Mauerpanzer aus Wohnhäusern zu schützen.

Jean Vialade erzählt dann noch, wie die Kirche im Dorf zum Bergfried wurde: hier die Quader aus Römerbauten, da die romanischen Rundbögen, dort Wehrturm und Zinnenkranz. Jean Vialade wohnt in Sichtweite zum Dorf Ribaute auf dem anderen Orbieu-Ufer, da, wo das Flachufer sachte anhebt mit seinen Weinfeldern von Carignan- und Grenache-Trauben, im Weingut Pech-Latt. In diesem Landburg-ähnlichen ›Chateau‹ wohnt er, der Verwalter des Guts und weithin bekannte Winzerführer, und wenn man mal einen Abend teilt mit ihm und Juliette, seiner Frau, kann es einem passieren, daß man sich fragt: kann man das sagen, daß jemand *von* etwas berichtet, erzählt? Jean Vialade erzählt sein Land und dessen Musik, seinen Wein und die alten Steine, die Winzerkämpfe und den ›estibet‹, den farbenprächtigen ›kleinen Sommer‹ im Spätherbst. Und wenn er dann in Marburg oder anderswo in der Bundesrepublik bei Weinproben dabei ist, zu denen öffentlich eingeladen wird, dann geraten diese öffentlichen Schmeckereien okzitanischen Weins allemal zu okzitanischen Weinproben, so sehr prägt dieser Okzitane mit Leib und Seele, mit seiner Sprache und Kundigkeit, seinem Akzent aus den Alaric-Bergen und seinem weinkauenden und geschichtenerzählenden Mund die immer undeutscher werdende Atmosphäre.

Werben wir hier für einen mit Sicherheit unverschnittenen Wein, der solche Werbung brauchen kann, aber auch verdient. Und werben wir auch für das klare Wasser unterhalb von Ribaute, für die einladenden Badewannen im Fluß unter dem ›malerischen Weinort‹.

AVEYRON

Voilà le Rouergue, Madame

»Ich war noch nie im Département Aveyron«, bekannte Madame le Sous-Préfet unmittelbar nach ihrer Ernennung, und in fröhlicher Offenheit fügte die neue Unterpräfektin (laut ›Midi Libre‹ vom 20. 8. 86) hinzu: »aber ich bin schon ganz froh und glücklich, meine Ernennung hierhin bekommen zu haben. Das ist eine ausgezeichnete Entdeckung, c'est une excellente découverte.« Freuen wir uns mit Madame, daß sie den Posten gekriegt hat; ärgern wir uns ohne sie über eine Logik, die an die Spitze der Verwaltung eines Landes Leute setzt, die von Land und Leuten keine Ahnung haben, keinen Begriff. ›Eine ausgezeichnete Entdeckung‹, dieses Land, mit dem Sibirien des *Aubrac* im Norden und dem *Larzac*, der ›enterbten Erde‹ (wie man in Paris zur Zeit der Larzac-Kämpfe wußte), im Süden – und dazwischen dem Hauptort *Rodez* als Karriere-Station.

»Ich habe nicht gern, daß jemand wieder weggeht, ohne gefunden zu haben, was er sucht«, meinte zum Abschied der weißhaarige Herr in Rodez; er hatte für mich nach stundenlangem Suchen auf einer Karte aus dem 17. Jahrundert den ›*Mas Rogiér*‹ gefunden, jenen Hof, auf dem im Mittelalter das ›*Bréviaire d'Amour*‹, die berühmte Kollektiv-Arbeit von Troubadouren aus der Region, geschrieben worden war. Ich hatte zufällig die Ortsangabe gefunden: ›Mas Rogié, Aveyron‹ – aber man suche mal ›Mayer-Hof, Bayern‹, da konnte nur der Leiter der ›Musée Fenaille‹ helfen, der auch ein Zimmer im Rathaus von Rodez hat, mit einem fröhlich-chaotischen Archiv, das er aber gut durchblickt. »Ça me dit quelque chose«, ich habe da eine Idee, war die erste Bemerkung, und dann suchte er lange auf kaum noch lesbaren alten Karten, auf denen jedes einzelne Haus einen mit Tusche geschriebenen Namen hat, erst in der Gegend von St. Affrique, dann bei St. Rome-du-Cernon am Fuß des Larzac, ehe er fündig wurde. Das alles nach seinem

Arbeitstag im Museum: »Ich habe nicht gern, daß jemand wieder weggeht, ohne gefunden zu haben, was er sucht...« meinte er, und er meinte genauer: »...daß jemand wieder weggeht aus dem Rouergue...« Voilà le Rouergue, Madame. Die Menschen sagen nicht ›Aveyron‹ hier, sie gebrauchen den alten Namen ›Rouergue‹. Und wenn sie mal einem von diesen Menschen begegnen sollten, Madame, dann bekommen Sie ›Lou Rouergat‹ angeboten, einen Nuß-Likör als Begrüßungstrunk, der natürlich nicht ›L'Aveyronnais‹ heißt.

Voilà le Rouergue, Madame. Hier wurde ein ›Bréviaire d'Amour‹ verfaßt, als in Paris das Wort ›Liebe‹ noch unbekannt war, als es ›amour‹ noch nicht gab, sondern nur ›rapport affectif‹, ›Gefühlsbeziehung‹. Es war das ›Liebes-Brevier‹, im Rouergue geschrieben, das einen neuen Begriff im Französischen prägte, ein ganz neues Wort, das den alten Pariser Begriff aus der Klempner-Sprache wegfegte: ›amour‹. Von hier ging das los, Madame.

Aber vielleicht haben Sie keine Gefühlsbeziehung zu dieser Bewegungsumkehr. Vielleicht wollen Sie in Rodez bleiben, sich in der (Haupt-)Stadt umsehen. Da empfehle ich Ihnen das *Musée Fenaille* – nein, nicht den Renaissance-Bau: den Inhalt.

Mégalith im ›Musée de Fenaille‹, Rodez

91

Voilà le Rouergue, Madame. Was heute ›Département Aveyron‹ heißt, verfügt über den größten Reichtum an *Megalithen-Kulturen* aller französischen Départements, die bretonischen eingeschlossen. Es gibt nicht nur mehr Menhire und Dolmen in diesem als in jedem anderen Département, es gibt auch die einzigartigsten und seltensten: die Menhir-Statuen aus dem Süden des Départements, die Menschen-Antlitze erkennen lassen und wohl für die bildende Kunst das sind, was die Höhlenmalereien des Périgord für die Malerei bedeuten; dreizehn von ihnen stehen im Musée Fenaille, Madame, in Rodez und nicht in Paris.

Aber vielleicht haben Sie keine Beziehung zu alten Steinen, nicht zu diesen und auch nicht zu anderen, die im Musée Fenaille zu sehen sind: eine keltische Gottheit, als weibliches Wesen mit Dolch dargestellt, romanische Kapitelle. Vielleicht haben Sie keine Beziehung zu den vielen für dieses Land besonders charakteristischen Stein-Bauten, zu den romanischen und gotischen Brükken, die überall und von alters her über die sehr vielen Flüsse im Land geschlagen wurden; vielleicht haben Sie es mehr mit dem Wasser.

Voilà le Rouergue, Madame. Dieses Département ist ein Land voller Flüsse und Quellen, und das Rouergue-Wort für ›Wasser‹, ›zou‹, findet sich überall: ›Alzou‹ heißt ein Fluß, ›Bozouls‹ ein Ort, ›Lévézou‹ eine Region, zum Beispiel. Zwischen dem Granit-Sockel des *Aubrac* im Norden und dem karstigen Kalk-Plateau des Larzac im Süden haben wir mit dem Lévézou eine der wasserreichsten Regionen Frankreichs vor uns: das ›grüne Land des Midi‹, wie hier auf Prospekten geworben wird, lockt beispielsweise Angler mit dem Versprechen von 8000 km Forellen-Bächen und -Flüssen, lockt Wassersportler mit dem Hinweis auf Stauseen, die sich zu Binnenmeeren ausgeweitet haben. Gehen Sie hier baden, Madame.

Aber vielleicht haben Sie keine Gefühlsbeziehung zu dieser Bewegungsart; vielleicht halten Sie es mehr mit dem Gehen. Vielleicht hat es Sie immer schon mal gereizt, einmal ein Stück weit dem Weg zu folgen, den im

Mittelalter die Pilger nach Santiago di Compostella gegangen sind; vielleicht reizt es Sie jetzt, einmal zu Fuß die beiden Rouergue-Etappen *Aubrac* und *Conques* anzusteuern, den Touristen von damals im zeitlichen Abstand flexibel zu folgen.

Voilà le Rouergue, Madame. Durch das waldreiche Land voller Wildnis, in dem Wölfe und Wildschweine zu Hause waren und die Menschen sich leicht verlaufen, verlieren konnten, hatten die Römer den von Lyon nach Toulouse führenden Agrippa-Weg gepflastert, auf dem dann, von Le Puy kommend und nach Ostabat am Fuß der Pyrenäen führend, die Jakobs-Pilger gegangen sind. Wer heute die weiten Weideflächen durchwandert, die über tausend Meter hohen Sommergebirgsweiden, kann sich zwar immer noch leicht verlaufen, verlieren, hat es aber nur noch mit Heuschrecken-Schwärmen zu tun, die jedes Jahr im regenarmen Hochsommer das Abfressen der Weideflächen den professionellen Grasfressern streitig machen. Gehen Sie hier dem Jakobsweg nach, Madame, und Sie verstehen die Inschrift, die verlorengegangene, am Westtor des Klosters, des zerstörten, von Aubrac: ›In loco horroris et vastae solitudinis‹, Ort des Schreckens und tiefer Einsamkeit.

Aber vielleicht meiden Sie lieber Orte des Schreckens und tiefer Einsamkeit; vielleicht möchten Sie lieber gleich *Conques* ansteuern, das fast ganz erhaltene Pilgerdorf mit der großen alten Basilika und dem Giebelfeld über dem Haupteingang, das nach herrschender Meinung »eins der ansehnlichsten Werke der romanischen Bildhauerkunst (ist) durch seine Abmessungen, seine Ursprünglichkeit und seine Schönheit« (Zodiaque-Edition). Vielleicht haben Sie Dubys Arbeit über ›Die Kunst des Mittelalters‹ gelesen und seine Bemerkungen zu Conques darin: vielleicht möchten Sie gern am Bau und an den Skulpturen seine These überprüfen: »Wir müssen ... in der Architektur und in der bildenden Kunst des 11. Jahrhunderts einen Vorgang der Einweihung erkennen. Aus diesem Grunde waren ihre Formen in nichts volkstümlich; die Kunst wandte sich nicht an die Menge, sondern an eine kleine Elite, die den Weg zur Vollendung suchte, d.h. in

Kirche Sainte-Foy, Conques (11. Jh.)

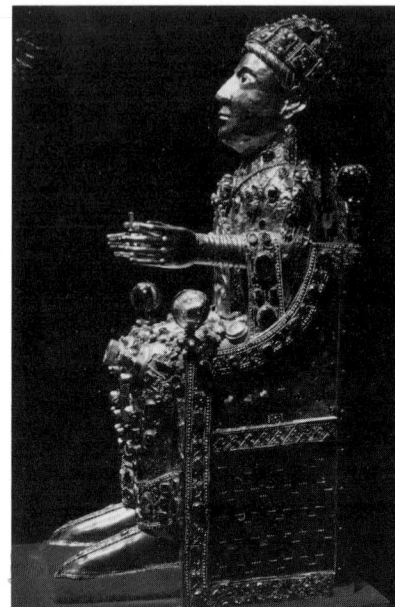

Links: Sainte-Foy
Unten:
Gesamt-Ansicht

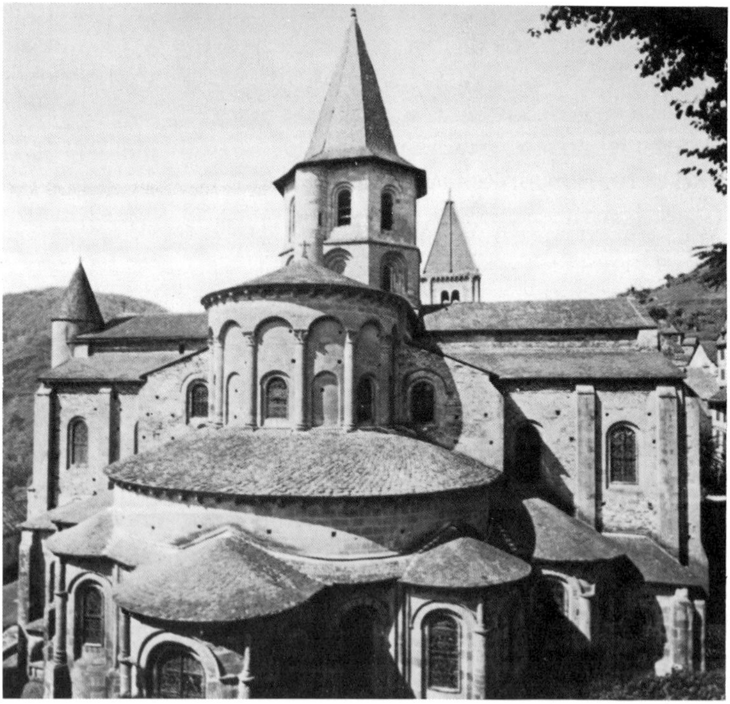

Conques:
Tympanon und Details

erster Linie an die Mönche.«

Voilà le Rouergue, Madame. Sie gehen in die ehrwürdige alte Basilika, schauen andächtig nach oben unter die Vierung, und rechts auf dem ersten Kapitell streckt ihnen ein deutlich sichtbarer Kopf unter der Jakobs-Muschel die Zunge heraus – oder läßt ein verdurstender Pilger die Zunge heraushängen? Irritiert verlassen Sie das Kirchenschiff mit den hohen Rundbögen, fragen sich nach der Zunge. Sie sehen sich jetzt genauer das Giebelfeld an, bleiben an einigen der über einhundert Gestalten hängen. Nein, da regiert nicht – wie in Vézelay im Norden – das Schwert die Welt: da wird ein schwerbewaffneter Ritter vom Pferd gerissen. Nein, da schlafen nicht – wie in Autun im Norden – Könige mit der Krone auf dem Kopf: da wird einem König die Krone vom Kopf genommen. Details, werden Sie sagen, Madame, Details, die in der Hölle spielen. Ja, Madame, Sie haben recht: das sind Details, die in der Hölle spielen, wie die Szene mit dem Wilddieb, der vom Hasen zur Strecke gebracht und weggetragen wird. Das ist nichts anderes als die Hölle, wenn die Mächtigen ohnmächtig werden, wenn das Demokratie-Prinzip der Umkehrbarkeit angewandt, sichtbar wird.

Vielleicht mögen Sie das nicht so gern sehen; vielleicht mögen Sie diese Hölle nicht. Vielleicht möchten Sie lieber was Erbauliches sehen; vielleicht zieht es Sie, da Sie einmal in Conques sind, zum größten mittelalterlichen Kirchenschatz Frankreichs, darin zur berühmten Statue der *Ste Foy*, deren mit vielen Edelsteinen besetzter Mantel jeden Betrachter fasziniert.

Voilà le Rouergue, Madame. Die Geschichte der Fides (Foy), dieses 12jährigen Kindes, das sich geweigert hatte, die Götter der Römer anzubeten, und dafür auf Befehl des Dacius zum Tode verurteilt worden war, ist die Geschichte von ›Aimam l'indépensa‹, wie es im Rouergue-Lied heißt, von der Liebe zur Unabhängigkeit, ist die Geschichte der *Rutenen*, die gegen die römischen Truppen die Waffen nicht niederlegten, als Vercingétorix längst geschlagen war – weswegen Cäsar befahl, den besiegten Rutenen die rechte Hand abzuschlagen und die Nase abzuschneiden. Sehen Sie das Gesicht an, Madame, das

Erwachsenen-Gesicht des 12jährigen Kindes, das uns sagt: es war ganz, was es war, und darum schön; es war unzerstört, dieses Kind, weil es sich nicht beugte, weil es fremder Gewalt widerstand – und ›unzerstört‹ hieß damals ›heil‹, ›heilig‹; und der mit Edelsteinen besetzte Mantel ist ja nur eine sichtbare Überhöhung des Empfindens, wie schön ein Mensch sein kann, der ganz ist, was er sein kann, der ganz er selbst ist.

Aber vielleicht haben Sie keine Gefühlsbeziehung zu diesem Empfinden; vielleicht sehen Sie das alles ganz anders. Vielleicht mögen Sie nicht diese alten Geschichten von abgeschnittenen Nasen und abgeschlagenen Händen und die von unzerstörten Menschen, die deswegen umgebracht werden; vielleicht ziehen Sie junge Geschichten vor, Geschichten von heute, die einen Bezug zur Aktualität von Land und Leuten haben. Vielleicht mögen Sie sich jenen Film ansehen, der im Département Aveyron spielt und ›*Biquefarre*‹ heißt und die Geschichte einer Bauern-Familie erzählt und der, ohne je ein kommerzieller Erfolg geworden zu sein, mit angesehensten Filmkunstpreisen geradezu überhäuft wurde.

Haus auf dem ›Causse‹

97

Voilà le Rouergue, Madame. Uraltes Bauernland, in dem die Bauern ihr Land lieben wie ihre Unabhängigkeit, ihre Freiheit, in dem sie ungeahnte kämpferische Tugenden entfalten, wenn sie sich bedroht fühlen – wie bei dem Versuch, den Truppenübungsplatz auf dem *Larzac* auszuweiten zu einer militarisierten Region. Uraltes Bauernland, in dem die Bauern, wenn es sein muß, ihre Friedensliebe mit Kriegstugenden ausdrücken, oder immer mal wieder nationale Bauern-Führer abstellen, wie jetzt wieder. Uraltes Bauernland, in dem die radikalen technologischen Veränderungen, wie sie die Mechanisierung der Landwirtschaft mit sich gebracht hat, tiefer empfunden werden als anderswo, das bestehende soziale Netz tiefgreifender verändert wird als sonstwo. Das ist das Thema des Films ›Biquefarre‹: was sich geändert hat seit ›Farrebique‹, 1945 gedreht und damals eine Art Bestandsaufnahme nach dem Krieg; ›Biquefarre‹, 38 Jahre später gedreht (von Georges Rouqier, der nur diese beiden Filme gedreht hat, beide fast nur mit Laiendarstellern aus der eigenen Familie), erzählt die Geschichte von dem, was sich alles geändert hat, ändern mußte, um am Markt, an den Märkten nicht abgehängt zu werden, um wettbewerbsfähig zu bleiben, wie die Ökonomen sagen.

Schaftränke auf dem Larzac

Und es hat sich alles geändert, Madame, alles, wie der Film zeigt: von den alten Scheunen, die größeren Blech-Konstruktionen weichen mußten, der größeren Herden wegen, über die neuen Maschinenparks, die flurbereinigte Gebiete größeren Kalibers bearbeiten (wobei den größeren Erträgen eine weitgehende Zerstörung des ökologischen Systems gegenübersteht), über die maschinelle Melk-Vorrichtung, die das Melken von Hand abgelöst hat, bis zum Brunnen, der versiegt ist zugunsten der Wasserleitung im Haus, und zum Fernsehgerät, das die ›veillée‹ ersetzt hat, das Wachen und Singen und Geschichten-Erzählen am Abend – alles hat sich geändert, Madame, alles. Nur das alte Problem der Weitergabe von Grund- und Boden-Besitz ist unverändert geblieben, und hier erzählt der Film beinahe eine neutestamentliche Geschichte: nicht der, der am meisten bietet in Sachen ›pognon‹, ›Knete‹, ›Kies‹, soll ihn bekommen, sondern wer ihn am ehesten braucht…

Aber vielleicht möchten Sie das nicht so gerne hören, Madame; vielleicht halten Sie das für ein Rührstück, für ein Stück Professoren-Theologie von Theologie-Professoren, das nichts zu suchen hat in unserer modernen Welt, in der aufgeklärte Ökonomen-Vernunft herrscht, in der jeder seinen Mann zu stehen hat, selbst wenn er Frau ist. Vielleicht möchten Sie, Madame le Sous-Préfet, lieber ein richtiges Rühr-Stück, eins zum Essen, ein handfestes:

Sie haben jetzt so lange geduldig zugehört, da haben Sie sicher ›un petit creux‹, ein bißchen Hunger. Gibt es nicht was zum Essen, was mit Rühren zu tun hat?

Voilà le Rouergue, Madame: Sie nehmen ein Kilo Kartoffeln, lassen sie ungeschält kochen, damit sie nicht ihre Seele verlieren, pellen die gekochten Kartoffeln und stampfen sie in Salzbutter; auf kleiner Flamme rühren Sie in die gestampften Kartoffeln langsam und regelmäßig kleingeschnetzelten *Laguiole-Käse* (das ist der *Cantal* von hier) und Crème Fraîche, immer schön langsam und regelmäßig, ohne den Rühr-Vorgang zu unterbrechen, insgesamt ein Glas Crème Fraîche, insgesamt soviel geschnetzelten Käse, wie Sie wollen, wie andererseits nötig ist, bis der immer in gleicher Richtung gerührte Brei vom hochgehobenen Holzlöffel herunterhängt wie ein dünner Faden – dann ist das ›Aligot‹ fertig; dann können sie nach Belieben Knoblauch und Schinken und was Sie wollen, hinzufügen, haben ein herzhaftes Rühr-Stück für 6 Personen.

Ihren Gästen wird dieses einfache Standardgericht vom Lande hervorragend schmecken; Sie werden sich wundern, wie noch ihren verwöhntesten Gästen schmecken wird, was Sie mit wenig Aufwand und Kosten und viel Arbeit als ›plat rustique‹, als rustikales Gericht zubereitet haben und wozu Sie erklären: in den ›burons‹ wird das gegessen, den einräumigen Sommergebirgsweiden-Häuschen mit dem Dach, das ins Gras reicht, wo der Languiole, der 40-Kilo-Käse von hier, hergestellt wird, wo der ›cantalès‹ die Mannschaft leitet, und der ›bédélier‹, der für die Kinder zuständig ist und für die Hygiene, und der ›pastre‹, der das Melken besorgt, und der ›roule‹, der Jüngste und Anlernling, gemeinsam ihr ›Aligot‹ essen. Sie werden sich wundern, wie lange Sie rühren müssen, immer in derselben Richtung und ohne Unterbrechung, bitteschön, bis aus den Käse-Kartoffeln zierliche Fäden geworden sind, die vom Holzlöffel herunterhängen wie Muskelfasern ohne Schweißtropfen…

Aber vielleicht ist das nichts für Sie, dieses schweißtreibende Rühren von Käsekartoffeln. Vielleicht träumen Sie

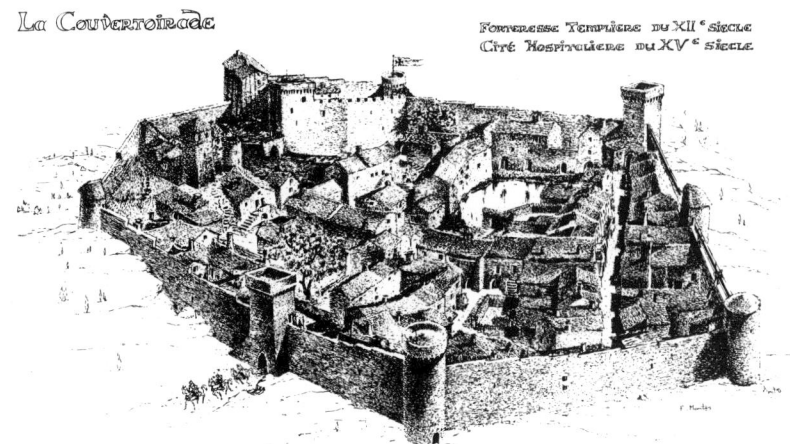

La Couvertoirade

FORTERESSE TEMPLIÈRE DU XIIe SIÈCLE
CITÉ HOSPITALIÈRE DU XVe SIÈCLE

Im Zentrum des Larzac: La Couvertoirade

von einem netten Lokal, in das Sie unbedenklich auch
verwöhnte Pariser Gäste ausführen können, in historischer Umgebung mit Künstleratmosphäre?

Voilà le Rouergue, Madame. Mitten auf dem Larzac
überrascht eine Bilderbuchzitadelle, eine Templer-Fe-
stung aus dem 12. Jahrhundert, im 15. Jahrhundert Johan-
niter-Stadt, heute Touristenattraktion: allerlei Künstler
und Kunsthandwerker leben im Sommer gut bis sehr gut
von den Touristenströmen; das ganze Jahr über lebt hier
das Ehepaar, das eine Crêperie betreibt, das aus Paris
weggezogen ist, weil da 27 000 Menschen pro Quadratkilometer leben, hier aber nur 2, in Buchstaben: zwei. Daß
sie sich wohlfühlen hier, die Zwei, merkt man an den
Crêpes, denen die Larzac-Kräuter einen unverwechselba-
ren Geschmack geben; man merkt es vor allem, wenn
das Ehepaar Montalès Auskunft gibt: ja, die Kupferstich-
Karten haben wir selbst gemacht; nein, dies ist ein ehemaliger Schafstall, und das Loch im Gewölbe diente
dazu, im Winter die Wärme der Tiere an die Menschen
darüber weiterzugeben, die zwischen dem Vieh im Erd-
und dem Futter im Dachgeschoß gut eingepackt waren
von einer menschenfreundlichen Architektur; ja, die
Winter sind rauh hier, sagt der Wirt dann noch, ehe er zu

101

›Ecomusée du Larzac‹ an der N9 bei Millau

seiner ›épinette des vosges‹ greift, zu seinem Spinett, weil's so schön ist: die Winter sind rauh hier…

Aber vielleicht mögen Sie rauhe Winter nicht, und vielleicht möchten Sie lieber doch gleich, im August nach Rodez berufen, die Hochsommerzeit nutzen, die langen Tage mit dem kurzen Gras, in dem man die Lerche sieht, in dem man das Licht sieht, das das grau-weiße Felsengestein des Causse heller macht und den Wacholder grüner und das die ›cardabella‹, die Sonnendistel des Causse, die jede Kellertür ziert, leuchten läßt. Vielleicht möchten Sie, in einem verborgenen Winkel romantische Seele, dieses in Sommersonnenstrahlen getauchte, romantische Land entdecken.

Voilà le Rouergue, Madame. Das ›Ecomusée du Larzac‹ bietet alles, was Sie suchen: ökologische Wanderungen unter freiem Himmel, erläuternde Schilder mit Fotos und Texten zu Dörfern und Leben und Geschichte und Architektur und Pflanzen und Tieren, Begriffe, wo wir nicht einmal eine Ahnung haben. Da gibt es z. B. die ›boissieira‹, die zwei Gebüschreihen meint, die Felder begrenzen, aber auch den Weg dazwischen, der des natürlichen Bogendachs wegen gegen Wind und Wetter schützt; da gibt es die Larzac-, die Lacaune- und die Merino-Schafe, von denen die einen die Leder-Stadt *Millau* versorgen, die anderen die Käse-Industrie in *Roquefort*, die dritten gute Wolle geben. Oder nehmen wir das Dorf *La Blaquiè-re* mit der typischen Causse-Architektur: Schafstall und

Wohnung und Speicher unter einem Dach ohne Dach-Gerüst, davor die Außentreppe, die zum ›oustal‹ führt, zum großen Küchen- und Eß-Raum, in dem oft auch geschlafen wird; alles in Kalkstein gebaut, Mauern und Dächer und alles, Scheunen und der Burg-Rest aus dem 12. Jahrhundert und die riesige neue ›bergerie‹, die in Sachen Schafstall ihresgleichen sucht: als in der heißesten Phase der Larzac-Auseinandersetzungen, als in ihrer bürgerkriegsähnlichen Zuspitzung in La Blanquiere eine Bombe explodierte und einen Schafstall zerstörte, also eine Existenz, da gaben Schäfer und Bauern, Pazifisten und Kommunisten und Christen und Maoisten und Anarchisten in dem von der Armee besetzten Gelände eine an ein Wunder grenzende gewaltfreie, eine wunderbare Antwort auf diese Herausforderung, indem sie gemeinsam so illegal wie spontan ihre Kathedrale des Widerstands bauten, einen neuen Schafstall. ›Ein Traum von unten, ein verrückter – eine Herausforderung nach oben, an die Macht‹ steht da jetzt.

Aber vielleicht stört Sie das etwas, Madame; vielleicht suchen Sie doch etwas anderes. Können Sie vielleicht doch mal sagen, was Sie hier suchen?

›Kathedrale des Widerstands‹: Schafstall in La Plaquière (Causse de Larzac)

TARN

N-ET-GARONNE

AVEYRON

St-Marcel-Campes
Bge de la Roucarié
Viaduc du Viaur
Tanus
Forêt de
Cordes
la Grésigne
Monestiés
Carmaux
SÉGALA
Le Cayla
Amarens
Puycelsi
Andillac
Cahuzac-sur-Vère
Cagnac-les-Mines
Castelnau-
Ambialet
Montdurausse
Castelnau-
de-Montmiral
Labastide- de-Lévis
de-Lévis
ALBI
Marsal
Alban
Salvagnac
Gaillac
Lagrave
Montans
Teillet
Rabastens
Lisle-sur-Tarn
Lombers
St-Sulpice
Giroussens
Graulhet
Réalmont
Bge de Rassisse
Briatexte
Montredon-Labessonnié
Lacaune
Lavaur
Lautrec
Vabre
Monts de Lacaune
Nages
AUTE-
Roquecourbe
Lacrouzette
Ferrières
Montgrand
St-Paul-
Cap-de-Joux
Castres
Burlats
Brassac
RONNE
Puylaurens
SIDOBRE
Boissezon
Noailhac
Anglès
PARC NATUREL
RÉGIONAL
DU
Labruguière
Bge des
Sts-Peyres
HAUT LANGUEDOC
Dourgne
Aiguefonde
Mazamet
Sorèze
MONTAGNE NOIRE
HÉRA
Durfort
20 km
AUDE

Arbeit und Leben (-lassen)

Spät noch ein Gläschen in *Rabastens*, dann an den Brombeersträuchern links hoch zur verrotteten Kirche – gegenüber das Haus ohne Schild, ohne Schelle; angeklopft: ein Hund kommt angewedelt, legt sich auf den Rücken, will gekrault werden; ich bin bei Yvan und Hélène im *Tarn*, bei der Tochter und dem Hund und den hundert Kaninchen. – »Voilà les Allemands«, waren die ersten Worte, »guck sie dir an, die Deutschen: früher kamen sie mit Panzern und Flugzeugen, jetzt kommen sie mit dem Fahrrad…« – Nach den Franzosen die Deutschen. Begrüßung, Kennenlernen, Satteltaschen vom Rad.

Am anderen Morgen früh auf: Bleche schneiden, Scharniere biegen, Kaninchen füttern; Werkzeuge bauen aus Abfallprodukten, mit selbstgebautem Werkzeug ›trémies‹ herstellen, Freßvorrichtungen für die Kaninchenzwinger. Lange auf den Beinen und mit den Armen zugange; mit den Augen unterwegs zwischen der Werkstatt im Freien und dem Tarntal unten; mit freiem Oberkörper zufrieden bei freigewählter Arbeit. Glücksgefühle. Am Abend beim Rotwein, beim Gaillac von nebenan, ist das Fahrrad vergessen, der Spruch mit den Panzern und Flugzeugen auf der leichten Schulter und der Widerspruch ins Panzerfäustchen gerutscht: die Welt ist zum Lachen da, und wer sie ernstnimmt, hat sie nicht verstanden.

Am nächsten Morgen wieder früh in der Werkstatt im Freien, die Hauswand im Rücken: zwei Dachpfeiler vorn, unter dem Dach die Arbeit, um die Arbeit herum Panorama-Blick Richtung Tarn. So heißt der Fluß, und so heißt auch das Département, dieses alte Albingenserland mit dem katholischen *Albi* und dem protestantischen *Castres*, dieses Rendezvous weiter Täler und hoher Gebirgskuppen, mit den Weinfeldern und den Gebirgsweiden, dem Hauch von Toscana hier und dem Vogesen-Geschmack der *Montagne Noire* dort, den Mais- und Getreide-Feldern unten und den Bergnestern aus Cevennen-Schiefer oben.

Lavaur (Tarn): Denkmäler...

Im Rücken die alte Provinz *Guyenne*, die englisch geprägte, linker Hand hinter den Weinfeldern von *Gaillac* die alte Provinz *Quercy*, rechter Hand die letzten Ausläufer des Massif Central, dazwischen die Tarn-Ebene mit den Platanen-Alleen und den Klinkerbauten und den ›agricultures‹, den Ackerkulturen, die keine Bauten sind – jeder hat hier sein Stück Land, das er täglich bearbeitet im Nebenberuf. Yvans Tarnskizze sieht so aus: sehr viel Nebenerwerbsarbeit, die einiges abwirft und Sicherheit gibt, vor allem in der Landwirtschaft; relativ viele kleine und mittlere Industriebetriebe mit viel selbstbestimmtem Leben drumherum haben zu schwach entwickelter gewerkschaftlicher Organisiertheit bei gleichzeitig ausgeprägtem politischem Bewußtsein geführt: der Selbstverwaltungsgedanke, die ›autogestion‹ kommt von hier, hat hier ihre Wurzeln; der große *Jaurès*, der Abgeordneter des Tarn in Paris war, hat nicht nur die Bergleute von Carmaux und die Gerber von Graulhet vertreten, sondern auch die von ihm mitgegründete Glas-Kooperative von Albi und, allgemeiner, ein Konzept eines Selbstverwaltungs-Sozialismus, eines Nicht-Staats-Sozialismus. »Freiheit *und* Sozialismus« war seine Parole, und was sie bedeutet, sehe ich an Yvan, der Sozialarbeiter ist und gleichzeitig Kaninchenzüchter, der Unabhängigkeit wegen – aber nicht nur.

107

Yvan erklärt die Arbeit, ›meine‹ Arbeit: die Freßapparate, die wir im Augenblick bauen, sind bis auf ein paar
winzige Hölzer ganz aus leeren Motorenöl-Büchsen geschnitten, die völlig aufgebraucht werden, ganz ohne
Rest; auch die Metallstäbe an den Rändern werden genutzt, für die Scharniere. Nichts wird weggeworfen von
den Wegwerfbüchsen, die er zu einem Spottpreis bezieht
– der Tankstellenpächter in Rabastens ist froh, daß er das
Zeug los wird, und Freunde, die vorbeikommen, bringen
statt Blumen Blechbüchsen, leere, manchmal auch ein
paar freie Stunden mit. Yvan macht mit mir die Rechnung auf: wir kommen auf einen Materialpreis von 3
Francs 10 pro ›trémie‹; im Handel ist der niedrigste Preis
18 Francs 40. Nach Schürmanns Rechenbuch ist das ein
Sechstel der Kosten: wenn das nicht das ist, was auf
französisch ›faire des économies‹ heißt, was man mit
›sparen‹ übersetzen kann, aber auch mit ›Haus-Wirtschaft machen‹. Öko-nomie im Wortsinn: was für ein
etymologischer Anschauungsunterricht! Und ehe ich
nachdenken kann über die völlig verrutschten Bedeutungen des Fremdworts ›Ökonomie‹ heute, verrät der Haus-
wirtschaftsmacher mit einem Augenzwinkern, daß die
leeren Büchsen so leer auch wieder nicht sind, daß er ein

Das alte Gaillac

Le Tarn — GAILLAC
Place Thiers - Vieille Maison et Fontaine (XVᵉ siècle)

108

Markt in Gaillac

Verfahren ausgetüftelt hat, mit dem er noch einiges an Öl herausholt – und hat er das dann verkauft und macht noch einmal die Rechnung auf, dann kommt er auf: null Kosten.

Yvan hat Philosophie studiert. ›La Révolution du Temps Choisi‹, ›die Revolution der frei gewählten Arbeits- und Frei-Zeit‹ heißt ein Buch, an dem er mitgeschrieben hat und das kurz vor dem Regierungswechsel erschienen ist, mit einem Vorwort von Jacques Delors, dem jetzigen EG-Häuptling. Die beiden kennen sich gut, sind befreundet, gehören zur Autorengruppe ›Echanges et Projets‹; was der eine an Haus-Wirtschaft auf die Beine gestellt hat, kennt der andere, übersetzt es in volks-wirtschaftliches Denken; heraus kommt der Vorschlag einer basisdemokratischen ›Revolution der frei gewählten Arbeitszeit‹ , die Möglichkeit einer richtigen Wahl, einer wirtschaftsstrategischen. Es gibt heute – allmählich und langsam – die Möglichkeit, zweimal weniger zu wählen: weniger Lohnarbeit und weniger Arbeitslohn – keine demagogischen Versprechungen. Das hat ihn sein Amt als Wirtschafts- und Finanzminister gekostet, als erster sozialistischer Chefkoch in der Wirtschafts-Küche der 5. Republik, daß er des Staatspräsidenten Entscheidung, gekürzte Arbeitszeit gleich zu entlohnen, öffentlich als

Der Tarn in der Altstadt von Castres

›unmöglich‹ bezeichnete; die heimliche Korrektur dieser falschen Entscheidung hat inzwischen die Zahl der ›Enttäuschten des Sozialismus‹ ins Stattliche wachsen lassen. So etwas rächt sich immer, und deswegen rechnet Jacques, der nicht täuscht, sehr genau vor, was drin ist und was nicht, was es bringt, statt mehr Lohn in der Tüte mehr freie Zeit zu haben, was es heißt, wirklich zu wählen.

Yvan bot mir an, ein Interview mit Jacques zu machen zu diesen Fragen, ein Interview für deutsche Zeitungen, einfach so – Jacques war, Freiheit eines Sozialisten-Menschen, einverstanden; ich fragte bei Redaktionen nach, ob Interesse bestünde – »kein Interesse« bei linken (?) Blättern, keine Antwort bei liberalen. Also so werden die entscheidenden Schläge mit zwei linken Händen geführt: jeder blamiert sich, so gut er kann.

Das nicht geführte Interview läßt sich so zusammenfassen: Die nachindustrielle Gesellschaft gibt's noch nicht heute und auch noch nicht morgen – und trotzdem gibt's heute schon in Ansätzen die Möglichkeit, den geschichtsphilosophischen Entwurf aus Marxens ›Kapital‹ zu verwirklichen, den mit dem Zeit-Tauschen (›Assoziation freier Individuen‹), den mit den Zeit- statt Geld-

Altstadt von Albi

Banken, den mit dem Zeit-Gewinnen zum Zeit-Verlieren
für anderes. Der Traum der ersten Industriearbeiter war
der, von den 18, 16 täglichen Arbeitsstunden herunterzu-
kommen, mehr Restzeit zu haben, mehr ›Freizeit‹, was
hieß: weniger mit aufgezwungener Arbeit angefüllte
Zeit. Unser Traum heute ist, mehr Zeit für schöpferische
Tätigkeit zu haben als für entfremdete Arbeit; Beispiel
die Kunst am Bau von Yvan: erst zieht man mit Speis und
leeren Motorenöl-Büchsen, die gut isolieren, Mauern
hoch, dann baut man mit Altholz-Stücken und wegge-
worfenen Nägeln selber entworfenes Werkzeug, schließlich fertigt man mit selbstgemachtem Werkzeug und
Wegwerfblechen und -Stangen von leeren Motorenöl-
büchsen Freßapparate für Kaninchen. Deren Verkauf
wiederum wirft einiges ab, so daß hier Schönes und
Nützliches zusammenkommt – man sollte sich nichts
vormachen über das Zusammenhängen von Freiheit und
Notwendigkeit, über bestimmte Außenzwänge, etwa
Finanzen in Ordnung halten oder wettbewerbsfähig bleiben. Natürlich ist das nicht von heute auf morgen zu
ändern: der industrielle Produktivismus mit seiner Pro-
duktfülle und seinen Konsumschlachten, den Arbeitsgän-
gen voller Funktionseffekte und ohne Sinn, mit ökonomi-

schem Nutzen und humaner Leere und freier Zeit dahinter als Restzeit, die totgeschlagen wird oder vermattscheibt. Natürlich kann man an Marxens Einsichten in die Reproduktionszwänge des entwickelten Kapitalismus nicht vorbei, kann man die Weltmarkt-Bewegungsgesetze und ihre Logik nicht so mißachten, wie das der Kandidat Mitterand im Fernsehduell mit dem Präsidenten Giscard unmittelbar vor der Wahl tat: »Wir handeln nach einer Logik, die Sie nicht verstehen«, antwortete der neue Souverän wörtlich auf die Frage des Kontrahenten Giscard, was er denn nun konkret ändern wolle, und dieser seiner souveränen Logik spottet er heute souverän, und wenn er dem Kontrahenten Giscard prophezeite, die Arbeitslosenzahlen würden ›unter ihm‹ binnen kurzem erheblich steigen (er nannte Zahlen und meinte: »Die Krise, das sind Sie!«), so sind sie unter dem sozialistischen Monarchen binnen kürzerem erheblicher gestiegen, wobei als Entschuldigung ›la crise‹ genannt wird. Nein, sagt der Jacques, man muß da schon Marx Recht geben und die wirtschaftspolitischen Daten und Zwänge ernster nehmen und darf nicht so tun, als könne man sich politisch hinwegsetzen über wirtschaftliche Gesetze. Was man aber tun kann: ökonomisch argumentieren gegen die Behauptung, Arbeitslosigkeit sei der Preis einer ›freien‹ Gesellschaft – niemand widerspricht dem Wirtschaftsprofessor, wenn er argumentiert, daß wachsende Arbeitslosigkeit eine Gesellschaft teurer zu stehen kommt als kürzere Arbeitszeit. Es gibt nur ideologische Argumente dagegen, und der Jacques wird deutlich: »Alle Fehler unserer Zeit-Organisation sind schon eingebrannt in die Schulzeit... – Die 40-Stunden-Woche, da ist sie doch schon. Aber das wirkliche Leben, das ist anderswo.«

Das ist jetzt bei Yvan und Hélène in der Küche, beim Gladbecker Pfannengericht und *Hélènes überbackenen Auberginenscheiben*: längs schneiden, leicht salzen, in Olivenöl wenden, bis knusprig braun – dann Schmelzkäse drauf, Deckel drüber, bei Nachhitze zerfließen lassen. Yvan steuert das ›Jüngste Gericht‹ bei, das nach Hegel die Weltgeschichte ist: danach ist Frankreich nicht frei von

Schuld an der deutschen Besatzung, hat es doch versäumt, die schwache Republik von Weimar zu stärken und zu stützen. – War also nicht selbstgerecht, die Panzer- und Fahrrad-Begrüßung.

Er war Offizier gewesen, bis zum Algerienkrieg – da gab's einen Bruch: ab in die Wüste, ins ›Desert‹ desertiert und Kirschen der Freiheit gegessen, danach Bleiben gesucht für ›pieds noirs‹, für kompromittierte Frankreich-Algerier; Bleiben in Frankreich. Sie hatte ›Beaux Arts‹ studiert, – jetzt schätzt sie die Kunst am Kaninchen-Bau, die Kunst, mit eigenen Händen und ohne Fremdmittel etwas aufzubauen, das trägt und einiges abwirft. Sie haben eine Tochter, die ein leichtfertiger Sprachgebrauch ›behindert‹ nennt, die aber unbehindert Klavier spielt am Abend.

»...das wirkliche Leben, das ist anderswo.« Hier zum Beispiel, in diesem Lebenskonzept, bei dieser kleinen okzitanischen Kaninchen-Truppe. Da kommt gelebt vor, was Jacques Delors meint, wenn er schreibt: »Wir dürfen auf keinen Fall jemandem etwas aufoktroyieren oder aufzwingen: die Revolution der frei gewählten Arbeitszeit muß von unten kommen, von den interessierten Menschen selbst.« Also kein Staats-Sozialismus und kein Wirtschafts-Liberalisus; also keine »religions civiles« (Rousseau), in denen Menschen als gegängelte Subjekte vorkommen« oder als »befriedigte Schweine« (Mill) – stattdessen humane Vorschläge und nüchternes Vorrechnen, was das bringt, statt mehr Lohn in der Tüte mehr freie Zeit zu bekommen, Zeit zur Entfaltung gespeicherter Energien, Zeit zum Reisen, Töpfern und Weben, Fischen und Jagen, Zeit zum Bau eines Hauses oder zum Aufbau einer Kaninchenzucht. Das geht langfristig durch, man sieht es schon, wenn man die Augen aufmacht: der eine bucht nach 10 Jahren entfremdeter Arbeit vom Zeitkonto ein Sabbat-Jahr ab; der andere nimmt mal eben zwei Wintermonate runter vom Konto; die Hausfrau, Mutter, Ehefrau, die einfach mal raus will aus der Tretmühle und einen zehntägigen Töpferkurs besuchen möchte, geht zur gleichen Zeitbank: Hausfrauen-Arbeit wird nicht anders bewertet als Lohnarbeit. Und

Denkmal Jean Jaurès in Castres

die ersten Industrieunternehmen schlagen schon vor, was der Jacques vorschlägt: in der Werftindustrie beispielsweise, die Stoßzeiten und Flauten kennt wie Flut und Ebbe, gibt's 40-Stunden-Wochen und 20-Stunden-Wochen, feste Arbeitsplätze und Sabbat-Halbjahre, und jedem bekommt's, und manch einer sagt's sogar nicht nur hinter vorgehaltener Hand.

Das war der Traum von Marx: daß nicht mehr jene Freiheit herrscht, die nichts anderes ist als die des freien Fuchses im freien Hühnerstall, mit den ständig gerupften Hühnern am Ende. Diesen Traum, der kein Schaum ist, entwickelte weiter der große Jean *Jaurès* aus dem Tarn, der erste Tote des Ersten Weltkriegs, damals abgeknallt wie Freiwild am Vorabend des Kriegs, als Arbeiter-Führer, als wichtigster Kopf der europäischen Arbeiterbewegung. Das ist das Bild, das wir von ihm haben: das des pazifistischen Märtyrers – dahinter verblaßt der wirkliche Mensch, der Bauernsohn aus dem Süden des Départements, der Abgeordnete des Nordens, der Parteiführer,

Jean Jaurès mit Arbeitern in Graullet

der politische Macht für sich zurückwies, der Zeitungsmacher, der die – heute kommunistische – ›Humanité‹
gründete, der Historiker, der eine bahnbrechende ›Sozialistische Geschichte der Französischen Revolution‹
schrieb, der Philosoph, der ›Freiheit *und* Sozialismus‹ in
einem Konzept von Gesellschaft entwickelte, in der Freiheit nicht mehr die des freien Fuchses, sondern demokra-
tisch kontrollierte zu sein hat. Als Philosoph, der mit
Bergson stritt, bereicherte er die sozialistische Bewegung
in Frankreich um Schlüsselkategorien der bürgerlichen
Aufklärung, als da sind Subjektivität, Individualität, persönliche und politische Freiheitsrechte; so schrieb er z. B.:
»Das wichtigste Menschenrecht ist die individuelle Freiheit, die Freiheit des Eigentums, des Denkens, der Arbeit.« Als Historiker stellte er der ›Doktrin des absoluten
Individualismus‹, hierin Victor Hugo folgend, die Ein-
sicht der ›Elenden‹ entgegen, daß sie »die Negation allen
geschichtlichen Fortschritts« sei, forderte Mut zum marx-
schen Ideal von Gesellschaft, aber auch die nötige Theo-

rie-Arbeit, um die entwickelte gesellschaftliche Wirklichkeit entsprechend zu begreifen. Als Zeitungsmacher zog er mit der Gründung der ›Humanité‹ eine praktische Konsequenz aus der Dreyfus-Affäre – und schrieb: »Was wahr bleibt, bei all unserem Elend und bei aller Ungerechtigkeit, sei sie begangen oder erlitten: man muß der menschlichen Natur einen großen Kredit einräumen.« Als Parteiführer brachte er seinen Sozialisten Respekt gegenüber verfassungsmäßigen Institutionen bei, vor allem gegenüber dem allgemeinen Wahlrecht; man muß sich in Erinnerung rufen, daß es um ihn herum wimmelte von Verehrern der Pariser ›Commune‹, die wie die Kommunarden meinten, Sozialismus habe nichts mit bürgerlicher Republik zu tun und Wahlen seien nichts als Betrugsmanöver. Als Abgeordneter des Tarn in Paris legte er für die Bauern seines Bezirks 18 Gesetzesinitiativen zur Sicherung wirtschaftlicher Freiheitsrechte vor, 20 Gesetzesinitiativen zum Schutz von Industriearbeitern, davon die Hälfte für die Bergleute von Carmaux. Als…

»Warum ihn«, singt Jacques Brel im ersten Lied seiner letzten Platte, warum haben sie ausgerechnet ihn abgeknallt, den großen Jaurès?

Damit sind wir in *Castres*, der Stadt mit dem Jaurès-Denkmal auf dem Marktplatz und dem Jaurès-Museum im Bischofspalast (wo es auch ein Goya-Museum gibt, mit einem sehenswerten Saal ›des Caprices‹). Ob er einverstanden wäre mit dieser Lösung? Die Stadt ist nämlich in zwei grundverschiedene Hälften geteilt,

Landschaften im Sidobre
links: Rundscheune bei Réalmont
oben: ›Peyrou clabadou‹ (›genagelter Stein‹). Prähist. Monument aus Granit,
unten: ›Lac du Merle‹ mit Granitsteinen

was man am besten von einer Brücke über dem *Agout* aus wahrnimmt: auf der einen Seite die Industrieviertel mit den alten Leinwebereien und Tuchmanufakturen über dem Fluß; auf der anderen Seite die Verwaltungsbauten, der Bischofspalast und der von Le Notre angelegte französische Garten. Also, er wäre wohl besser da, wo sein Herz schlug, verewigt worden, auf der anderen Seite des Agout, wo die Textilarbeiter-Viertel stehen und wo es hinaufgeht ins Granitgebirge des *Sidobre*, wo die Schafwolle herkam und wo man noch museale Reste untergegangener Hirtenkulturen sehen kann, das Albigenser-Dorf *Vabre* zum Beispiel. Und wer dann – nach einem langen Bad im ›*Lac du Merle*‹, dem auf der Wasserscheide zwischen Mittelmeer und Atlantik mitten im Wald gelegenen Schwarzdrossel-See mit Granitblöcken drin – zurückkehren will nach Castres, sollte das über die Dörfer *Burlats* und *Roquecourbe* tun: hier erzählen die Steine des restaurierten romanischen Hauses die Geschichte der okzitanischen *Dame Adelaide*, und dort kann man im Querbalken eines alten Hauses an der Brücke einen in Holz geschnitzten Hirsch erkennen, der vom Hund eines Jägers gejagt wird – dreht der Hirsch sich um und wehrt sich, nimmt der Hund reißaus; ein altes Albigenser-Motiv, ein Symbol von Gegenwehr. Man kann auch sagen: ein Gottes-Begriff; daß Gott nicht Jäger sei, sondern das Gegenteil, nämlich gejagtes Wild, kann man manchmal bei Theologen finden, wenn auch viel zu selten.

»Diese Kathedrale in *Albi* hat mich an gar nichts erinnert – doch: an eins, an Gott.« So sieht es Tucholsky in seinem Tarn-Kapitel, und er fährt fort: »Ihr Anblick schlägt jeden Unglauben für die Zeit der Betrachtung knock-out.« Nein, Kurt, steck deine Boxer-Logik weg; der blutrote Rachebau mit den bergfriedähnlichen Raketentürmen steht hier aus anderen Gründen..Lob in Albi deinen Toulouse-Lautrec (»Weil ich die Schönheit liebte« aber wirf keine künstlichen Nebel über diese felsenfeste Kreuzzugsburg in Feindesland, im Land von Liebe und Freiheit. Ende der groben Ausschweifung.

Castres im Süden, Albi im Norden: die beiden Hauptstädte des Départements. Dazwischen mit *Réalmont* die

Die Kathedrale von Albi

›Bastide‹ (von okz. ›bastita‹):
verteidigungsfähige Siedlung, im englisch-französischen Krieg angelegt nach
Schachbrettmuster, im ganzen Südwesten Frankreichs zu finden. An den –
selten erhaltenen – Außenmauern ist die Schutzfunktion, am zentralen Marktplatz der ökonomische Sinn dieser Siedlungsform zu erkennen. Diese Seite
o.u.u.: Réalmont (südl. von Albi); r.o.: Fourcès, r.u.: Cologne (westl. von
Toulouse).

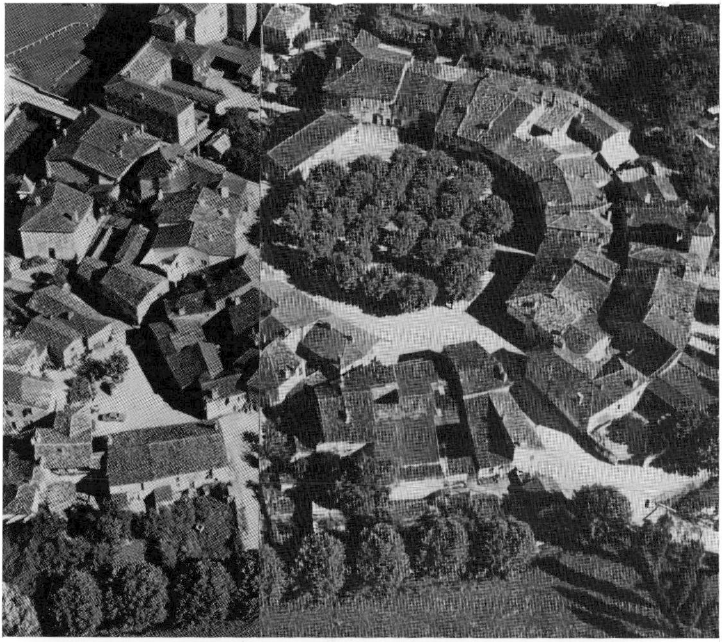

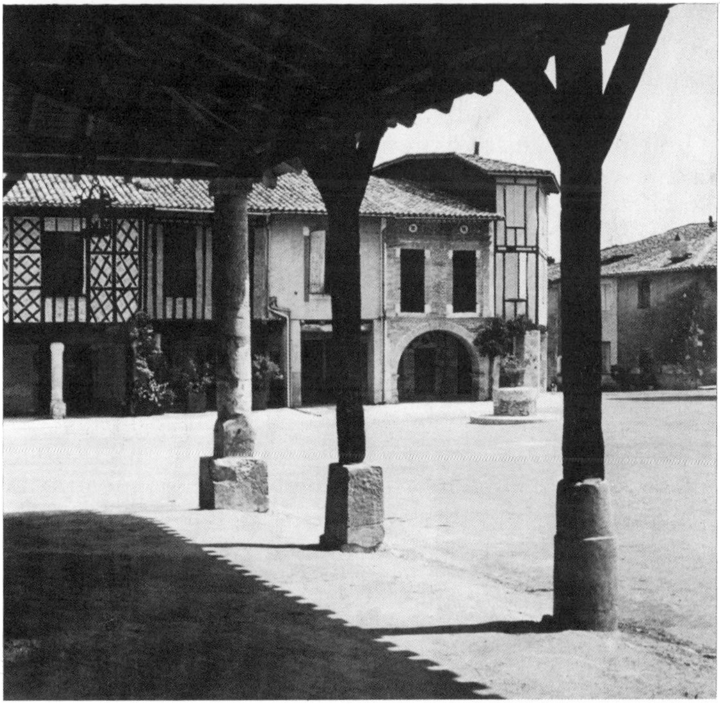

erste *Bastide* – eine erste Erkundigung ergibt, daß ›bastita‹ genannte Wehrdörfer im Hundertjährigen Krieg überall da angelegt wurden, wo Engländer und Franzosen aufeinanderstießen mit ihren Landbesitzungen; folglich verlief hier die äußerste Grenzlinie des englisch regierten Aquitanien. Ins Auge springen das Schachbrettmuster der Straßenzüge und der große Platz in der Mitte, drumherum die arkadenbestückten Häuserzeilen mit den Marktständen darunter; wen die allzuvielen rechten Winkel irritieren, der soll sich vor den Toren der Bastide die an der Straße nach *Montredon* liegende Scheune ansehen, die so viele Ecken hat, daß sie wie rund aussieht.

Kann man von den ach so verschiedenen Städten des Tarn sprechen und von *Lavaur* schweigen? Lavaur ist das *Oradour** Okzitaniens: hier wurde der größte Scheiterhaufen des Nord-Kreuzzugs gegen den Süden errichtet; hier verbrannten 400 ›Albigenser‹ oder ›Katharer‹ genannte Menschen an einem Tag; hier wurde alles massakriert, was menschelte oder sonstwie am Leben war, unter Gesängen von ›Veni Creator Spiritus‹ und anderen von den an der Spitze der Schlächter marschierenden Bischöfen von Lisieux und Bayeux angestimmten Litaneien. Durch eine Bresche in der Mauer, auf die die ›Rue de la Brèche‹hinweist, waren die ›Rechtgläubigen‹ in die Stadt gedrungen nach langer Belagerung, und die spektakuläre Zugabe nach der Massen-Massakrererei sah so aus, daß die Stadthauptfrau *Dame Guiraude*, die sich geweigert hatte, die Ketzer auszuliefern, von der Männer-Gesellschaft in den Brunnen des ›Plô‹ (heute Platz des geschleiften Schlosses) geworfen und unter Tonnen von Steinen begraben wurde. Ehre sei Lavaur, Ehre der Noblesse solcher Frauen.

Natürlich gibt es auch hier wieder den – der Kathedrale von Albi deutlich nachempfundenen – Rachebau, die Kreuzzugsburg, die Duftmarke Gottes, wie Kurt beinahe geschrieben hätte. Aber davon nehmen wir deutlich Abstand, allerdeutlichst: uns interessiert der andere Gottesbegriff, der in den Brunnen geworfene, der ausgelichterte und verbrannte. Oder der von Gott-Vater, Gott-Sohn und Gott-Heiliger-Geist, der in den *Cassoulets*** von Ca-

stelnaudary, Carcassonne und Toulouse zum Ausdruck
kommt und der an einem Schaufenster in der Hauptstraße den Betrachter anschmunzelt: »Geschlossen wegen
Cassoulet«; Laden zu, Essen heilig. Hat man da mal
mitgemacht, sein mit Gaillac-Rotem begossenes Cassoulet intus, dann kommt einem neben allerlei Fröhlichem
dieser liebenswerte Grundwiderspruch Okzitaniens in
den Sinn: nirgendwo sonst in Frankreich, sagen offizielle
Statistiken, sind Karrierechancen so klein wie hier, nirgendwo aber auch so groß die Möglichkeiten, gut zu
leben. Das haben sich wohl auch die Damen und Herrn
vom ›Syndicat d'Initiative‹ in Lavaur gesagt, als sie, nach
Material zum Stichwort ›Pastell‹** befragt, die Anschrift
des Fragers notierten und ihm nach vielen Mahlzeiten
die gewünschten Materialien zukommen ließen, alle-
samt handgeschriebene Texte, aus verschiedenen Quellen zusammengestellt: seitenlang Handgeschriebenes. –
Gelobt sei Lavaur, die Altstadt-Lokale und der geschlosse-
ne Laden, der Kundendienst für Touristen und das jährliche Fest zu Ehren von Dame Guiraude.

   *   s. Kap. »Haute Vienne«
  ** s. Kap. »Haute Garonne«

*Auf dem Rathausplatz von Roquecourbe: Hirsch, vom Hund gejagt – uraltes
Albigenser-Motiv*

HAUTE
GARONNE

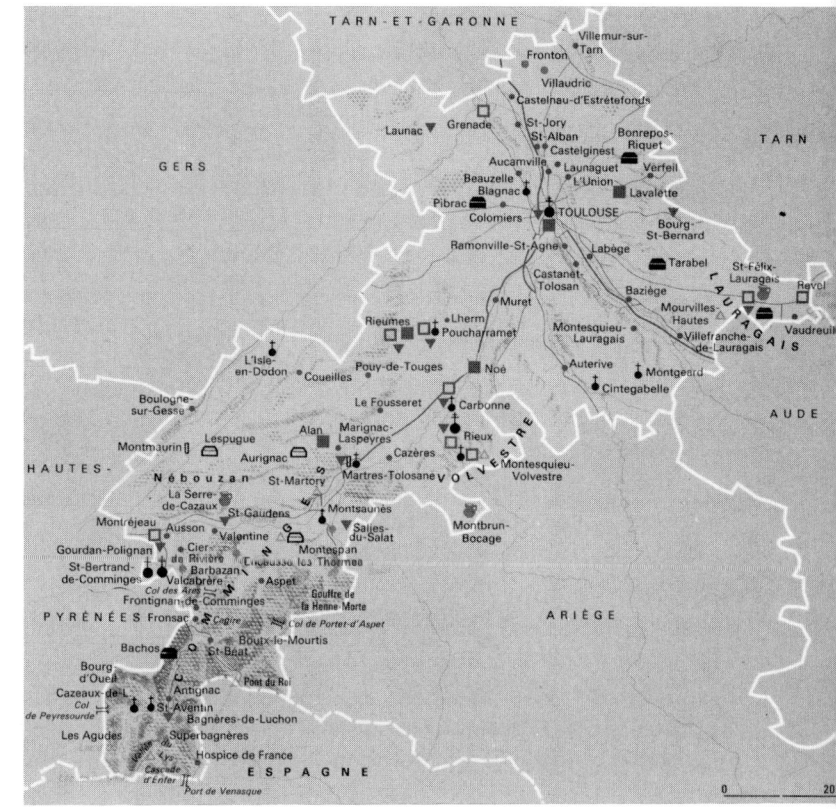

Lob der Füße

›Pays de Cocagne‹, Schlaraffenland heißt der Landstrich von *Castelnaudary bis Toulouse*; das Wort ›*cocanha*‹ bezeichnet ein brotähnliches Etwas, das beim Auspressen der Waidfarbe in den Pastellmühlen zwischen Lavaur und Toulouse hier herauskam. Der vergleichsweise fette Boden, die intensive Sonneneinstrahlung und die vielen Helferarme der Blumenbauern-Reservearmee gaben alles her, was die damals so begehrte wie anspruchsvolle Pflanze an Pflege brauchte; das goldene Pastell-Zeitalter kann man am besten an den ins Auge springenden Händler-Villen in Toulouse ablesen.

›Pays de Cocagne‹, Schlaraffenland: Gänse-Confit und Schweinerücken, Tomatenpürée und weiße Bohnen, Knoblauch-Wurst und Toulouser Würstchen, Möhren, Zwiebeln und Knoblauch, Schafschulter und Schweinefett, das alles gehört zur Mindestausstattung des ›*cassoulet*‹, kommt mindestens in die ›cassole‹, in den Schmortopf; jedes Dorf zwischen Castelnaudary und Toulouse steuert sein dorfspezifisches Extra dazu, so daß kein Cassoulet je dem anderen gleicht; jeder ›cassoulet‹-Koch ist ein Künstler, der höchstens verrät, wieviel Fingerspitzengefühl man braucht für die Würze, wieviel Gespür für die Zeiten.

Farben. Auch Farben haben eine Geschichte, und nicht immer ist Blau die Lieblingsfarbe in Frankreich gewesen. Das mittelalterliche Farb-Universum, im allgemeinen außerordentlich bunt, stützte sich auf die Hauptfarben Weiß, Schwarz und Rot, wobei Weiß der ruhende Pol war, Schwarz und Rot Gegenpole zu Weiß; blaue Farben kamen in der damals gültigen Farbhierarchie nur selten vor und immer als Unterfarben zum dunklen Gegenpol. Das änderte sich nachweislich Ende des 12. / Anfang des 13. Jahrhunderts, was Farbhistoriker im allgemeinen mit dem Aufkommen neuer chemischer Techniken erklären, etwa so: seit man in der Lage war, leuchtende Blautöne herzustellen, tauchten auf vielen Bildern leuchtende Blau-

Villa eines Pastellfarben-Herstellers

töne auf – und es wird nicht gesagt, wozu die auf einmal
so reichlich gebraucht wurden. Vermuten wir mal, daß
das zu diesem Zeitpunkt damit zu tun haben könnte,
daß neue Wirklichkeiten darzustellen waren, sei es in
symbolischer, sei es in Abbild-Form. Für diese Vermutung spricht, daß zunächst Königs- und Prinzengewän-
der, dann religiöse Zeremonialgewänder blau gemalt
werden, schließlich Aristokratenkleidung, -tücher, -tape-
ten. Am Ende führt diese symbolische Mutation auch zu
wirtschaftlichen Folgen: ›la guède‹ (der ursprüngliche
Name von ›le pastel‹) wird dann zu einer kleinen Industrie ausgebaut.

Eine Vermutung, mehr nicht. Nirgendwo steht geschrieben, daß der Kreuzzug des Nordens gegen den
Süden drei Folgen hatte: die Vernichtung einer bunten,
einer blühenden Kultur, die Schaffung der Inquisition,
die besagte Farbverschiebung. Geschrieben steht nur,
z.B. in der jüngsten Ausgabe der enzyklopädischen ›Histoire de France‹, daß »der Albigenser-Kreuzzug die Fusion Nord- und Südfrankreichs, bis dahin einander ziemlich fremd, beschleunigte«: »la croisade des Albigeois
hâta la fusion de la France du Nord à celle du Midi,
jusqu'alors assez étrangères l'une à l'autre.« Kann man
nur sagen: gut gekuppelt, die beiden.

In okzitanischen Geschichtsbüchern sieht das anders aus.

»Okzitanien«, schreibt Yves Rouquette in seiner ›herzlichen Erdkunde‹, »ist das Land zwischen zwei Meeren, die einander nicht kennen, zwischen Atlantik und Mittelmeer; es besteht aus drei Gebirgen (Pyrenäen, Zentral-Massiv, Alpen) und den Ebenen dazwischen. Jede andere Definition ist poetische oder politische Träumerei.« Und dann träumt er seine Liebesgeschichte von einem gelobten Land, Politik und Poesie vermischend, die Sprache voller Klänge, Farben, Rhythmen und Schwung, die Lektüre voller Lese-Früchte. Beinahe eine Wein-Lese: man kann sich berauschen.

Nüchterner gibt sich Dupuys ›Geschichte Okzitaniens‹: 200 000 km² Oberfläche, 12 300 000 Einwohner, fünfmal so groß wie die Schweiz (vom Relief her ein guter Vergleich), aber nur doppelt so viele Einwohner. Okzitanien ist, ethnisch gesehen, die größte Minderheit Europas: wer etwa von Bordeaux nach Nizza reist oder vom Loire-Tal zu den Pyrenäengipfeln, bewegt sich auf okzitanischem Boden; die Grenzen sind nach kulturellen und sprachlichen Kriterien abgesteckt, nicht nach politischen; selbstverständlich betrachteten sich die beiden letzten Staatspräsidenten Frankreichs, die aus der Auvergne stammten, als Okzitanier: »Je suis Auvergnat, donc Occitan«, erklärten Pompidou wie Giscard auf Befragen. Ein ununterbrochenes Kulturerbe von den Höhlenmalereien in Pyrenäen und Périgord über die Troubadoure des Limousin und Toulousain (keine Zeile davon bei Tucholsky), über die fröhlichen Promenadenmischungen einer gallo-römischen, einer westgotisch-arabischen und einer christlich-jüdischen Kultur mit ihren schönen Zweigen und Blüten von politischem Liberalismus, Frauenbewegung und Basisdemokratie bis zu den Erhebungen und Verteidigungen von Freiheitsrechten erst der Katharer und Albigenser, dann der Reformationsbewegungen von den Hafenstädten am Atlantik bis zu den höchstgelegenen Alpendörfern, schließlich der Widerstandsbewegungen gegen Nazi-Besatzer in den gleichen Gebieten. Voilà l'Occitaine, entfährt es dem Okzitanier.

Hof im Toulousin mit gegen Westen weit heruntergezogenem Dach. Im Vorder-grund Pastell-Feld

Romantischer Tinnef, weiß der Gelehrte, zusammen-gewürfelter Unsinn nostalgischer Ideologen, leere Kon-struktions-Mechanik im Kopf von Überbauunterneh-mern: Okzitanien gibt es nicht, nicht als physische Wirk-lichkeit und nicht als kulturelle Identität; nicht einmal sprachlich ist eine Einheit auszumachen bei so verschie-denen Sprachen wie dem ›languedocien‹ und dem ›li-mousin‹, dem ›provençal‹, dem ›gascon‹ und dem ›auver-gnat‹. Okzitanien hat's vielleicht mal gegeben (gut: das ›vielleicht‹ kann man streichen), so wie Theben und Rom und Athen und Carthagos aber wo gibt's heute Carthago? Versunkene Mittelmeer-Kulturen, das alles...

Vorsicht; so versunken ist das wohl nicht! Nehmen wie das Römische Recht zum Beispiel. So tot sind die Römer nicht, wie das Grundgesetz meint; die toten Rö-mer hinterm 903 BGB lachen sich eins, wenn sie hören, was der Grundgesetz-Artikel 14 so von sich gibt. Vorsicht bei ›tot‹ und ›versunken‹. Was das Leben überdauert. Knochen, Zähne, Panzer, Mauern; Gesetze, Riten, Bilder, Schriften. Hier gibt es zufällig noch eine alte Chronik, die von einem gewissen *Guillem Figuera* spricht, der Schnei-der war und »ein guter Liedermacher und Sänger« und der, »als die Franzosen Toulouse besetzten, stiften ging in die Lombardei«; und es gibt ein gut erhaltenes Kapitell, das knochige Pilgerfüße des 12. Jahrhunderts zeigt und

Fußwaschung, Abtei St. Gilles, 12. Jh. (Toulouser Künstler)

wie jemand die wäscht; da gibt es, romantische Seelen
sind da begeistert, das ganze unzerstörte Gestein-Korsett
der spätmittelalterlichen Stadt, der hermetisch geschlos-
senen Festungsstadt des irdischen Jerusalem. Tucholsky,
der vor der bluttriefenden Kathedrale von Albi in Andacht erstarrt (»Ihr Anblick schlägt jeden Unglauben für
die Zeit der Betrachtung knock-out«), fehlt in Toulouse
jeder Anblick, der ihn erstarren läßt – und statt nach den
Wunden zu fragen, die dieser Stadt geschlagen wurden,
nach den geschleiften Mauern und den verbrannten und
vertriebenen Menschen, ist er leicht fertig mit seinem
Urteil: Toulouse ist »drei Karat häßlicher... als Lyon.
Reste schöner Architektur stehen museal dazwischen.«
Ganz schön häßlich, das Bild. Und der Sonntagsmaler
(»Unglücklicherweise ist es auch noch Sonntag...«) malt
›achthundert Francs Monatsgehalt und neuer Sonntagsanzug‹ statt Okzitaniens massakrierter Haupt-Stadt, ›kalte Verlobung mit Wohnungseinrichtung‹ statt ‹Joy d'-
amor‹ und ›Gay Savoir‹, statt Liebesspielen und fröhlicher Wissenschaft, ›achtundvierzig Jahre Buchführung
mit kleiner Pension und eigener Zusatzrente‹ statt Trou-
badour-Liedern des Schneiders, der stiftengehen mußte,

wenn er nicht brennen wollte. Ganz schön häßlich, das Toulouse-Bild des Sonntagsmalers. – Toulouse hatte mich nicht interessiert, als ich das erstemal herkam mit dem Rad. Die alten Notizen wissen dazu: »Dann bald Toulouse, rotbraune Stadt – und der nicht weitgereiste Radwanderer aus Westfalen vergleicht die Klinkerstadt im Süden natürlich mit Münster. Aber um Gottes Willen jetzt keine romanischen Taufsteine oder ergreifende Pietàs oder kostbare Werke spätgotischer Tafelmalerei besichtigen; auf keinen Fall Baedeker-Kataloge abhaken. Einfach nur untenrum fahren wollen, soweit die Füße tragen; einfach nur Zeit verlieren in Knoblauchland, wo Rugby gespielt wird und nicht ›Extremisten‹-Theater; einfach nur andere Bäume und Tiere und Blumen sehen.« Toulouse interessierte micht nicht. Die Pause in der Stadt war zum Durstlöschen da und für postlagernde Post und für Euroschecks, nicht zum Besichtigen von was es auch immer sei. Hätte ich jemanden gekannt oder kennengelernt hier, wäre ich etwas geblieben – so blieb nur das Lob der Füße, die immer noch strampeln und alles tragen. Und es blieb der Wind, der sich am Morgen neu auftat und die Richtung angab.

Maria Magdalena wäscht die Füße Jesu mit ihrem Haar, Abtei St. Gilles, 12. Jh.

König David mit der Harfe. Relief, 12. Jh., Musée des Augustins, Toulouse

Bärenjagd. Kapitel 12. Jh., Musée des Augustins, Toulouse

Was das Leben überdauert: Legenden. Tucholskys ›Pyrenäen-Buch‹ möchte »Legenden schaffen«, zitiert im Vorwort: »La tâche du voyageur n'est pas de détruire de légendes, c'est d'en créer.« Legenden schaffen soll der Unterwegs-Mensch, das fahrende Volk, der Reisende; wer reist, soll keine Legenden zerstören. Und was macht Kurt? Das Gegenteil: Okzitanien kommt nicht vor; Toulouse wird gefleddert. Ein deutsches Buch voller Frankreich-Dank, voller Okzitanien-Undank. Bitteres Unrecht, soweit die Blicke reichen.

Nein, nicht den toten Kurt fleddern. Ein kurzweiliges Buch, »sachenvoll und nicht wortgelehrt« (wie Herder das für Reiseberichte wünschte), voller Anregungen und Denkanstößigkeiten. Aber auch ein ungerechtes, ein pakkend mißglücktes Buch: mißglückt von den Haaren in der Suppe bis zu den übersehenen Füßen.

Die Füße. – Im ›*Musée des Augustins*‹, einem Museum zum Sich-Verlaufen, ist alles zusammengesammelt, was von den jeweiligen Trümmern des oft zerstörten ›Tolosa‹ sammelnswert schien. In der Abteilung mit den romanischen Skulpturen, diesem aus Stein zusammengesetzten Selbstportrait einer einst strahlenden Metropole der Künste, staunt man über die wechselnden Kunstauffassungen und -strömungen einer Zeit, die uns einheitlich dünkt, entdeckt man unterschiedliche Identität des Geistes zwischen dem Gegenstand, der dargestellt wird, und der Art, wie er dargestellt wird, von dogmatischen Darstellungen biblischer Themen bis zum freien und aufrechten Gang der Wünsche über Grenzen hinweg: augenzwinkernd teilt sich ein Steinmetz bei Steinmetzen mit; jemand anderes spielt Harfe; wieder jemand anderes kriegt die Füße gewaschen. Ob das Pilgerfüße des 12. Jahrhunderts sind, weiß ich nicht (die geschwollenen Venen und die Zehennägel deuten darauf hin), ich weiß nur, daß es keine Radwandererfüße sind.

Die Füße. – Wenn einer keine Reise macht, dann hat er kalte Füße, und er versteht nicht das hier in Stein gehauene Loblied auf die, die alles tragen, den Rumpf, den Rucksack, den Kopf und die Träume. Ich bin mal zu Fuß über die Alpen gegangen, von Bozen nach Oberstdorf, und ich kam mir gut dabei vor, und dann traf ich am Timmelsjoch jemanden, der war unterwegs von Hammerfest nach Kapstadt, fragte nach dem Weg nach Meran und zog die Schuhe aus. Die Füße, die ich da sah, waren dieselben wie die auf dem Kapitell: hier oben, dort unten. Fuß-Note. Nicht dieselben waren die Hände, die hier in Tolosa Wanderer-Füße empfangen und waschen, mit sozialer Zärtlichkeit ohnegleichen.

Bleiben wir bei den Füßen, diesen unterschätzten Gedächtnissen. Bleiben wir bei den Wanderer-Füßen des 12. Jahrhunderts, die weiter getapert sein dürften als von Bozen nach Oberstdorf – vielleicht von Köln oder Mainz oder Speyer nach Spanien, nach Santiago. Folgen wir den Fuß-Gängern die Garonne aufwärts zum nächsten Tagesetappenziel, zur letzten Station vor den Pyrenäen, nach *St. Bertrand-de-Comminges*. Da gibt es nicht nur »eine alte Kirche mit einem verwitterten Portal«, wie das ›Pyrenäen-Buch‹ festhält, sondern – Kurt hat was gewittert, ist reingegangen – auch noch »ein Holzwunder« mit »hervorragend unanständigen Details«. Das hervorragendste ist ihm entgangen: ein nackter Arsch, der so zum Streicheln, Umwölben, zum Nachfühlen der Konturen reizt, daß offenbar kein Besucher die Finger davon lassen kann – was inzwischen zu einem kräftigen Loch zwischen den Arsch-Backen geführt hat. Wenn das nicht demokratische Kunst ist: das Holz sagt, was es werden will, und

134

Betrachter-Hände vollenden das Werk des Künstlers...

Kurt hat das nicht gesehen. Weil er in Sachen Hintern nicht mitfühlen konnte? Er sagt nicht, ob er mit dem Rad unterwegs war und etwa Sitzbeschwerden hatte. Er sagt nicht, ob er zu Fuß unterwegs war oder zu Pferde oder zu massenhaft Pferdestärken. Er sieht nicht den Hintern, wie er nicht die Füße gesehen hat.

Kurt sieht den Fuß der Pyrenäen, und am Fuße der Pyrenäen sieht er die folgenden Täler: »Sie hatten schon im vierzehnten Jahrhundert eigene kleine Volksvertretungen, andere wurden feudal regiert, und alle wachten ängstlich über die Erhaltung ihrer feudalistischen Grundlagen.« Kurt sieht die Täler politisch.

Auweia: immanent widersprüchlich, historisch daneben, politisch ein Bluff-Satz. Begründung.

Ein Hintern zum Anfassen: St. Bertrand de Comminge, Gestühl, Holz, 16. Jh.

Nehmen wir zwei Dokumente. – In einem Gruß-Text aus dem Jahr 1097 aus einem Pyrenäental heißt es in der Blütezeit dessen, was wir Feudalzeit nennen, zum Empfang eines in Tolosa gewählten Feudalherrn: »Wir, von denen jeder soviel wert ist wie Sie, und die wir vereint mehr vermögen als Sie, wir erkennen Sie an als unseren Herrn unter der Bedingung, daß Sie unsere Rechte und Privilegien achten.« Das sollte mal tausend Jahre später in Klein-Amerika jemand seinem ›Dienstherrn‹ schreiben... – Gut hundert Jahre nach diesem leicht antifeudalen Wert-Brief schicken Barone des Nordens und der Papst in Rom Söldnertruppen in Richtung Pyrenäen, nach Alarm-Schreiben wie diesem: ›Das Languedoc (der Abt von Citeaux, der dies schreibt, meint mit ›Languedoc‹ nicht die heutige Region, sondern das gesamte Einzugsgebiet der ›oc‹-Sprache, also Okzitanien) ist die Stätte einer verabscheuungswürdigen Häresie, die nach und nach ganz Gallien erfaßt und drei absolut heilige Sachen bedroht: die Kirche, das Königtum und den Adel. Die Wütendsten dieser Ungläubigen, die schlimmer als die Sarazenen sind, berufen sich auf das Primitivste des Evangeliums, leugnen die Autorität der Kirche und die Privilegien der Lehnsherren. Sie bejahen die Gleichheit der Menschen und betrachten allen Reichtum, der nicht durch Arbeit erworben ist, als Diebstahl und fordern,... daß nur der essen soll, der auch gearbeitet hat.‹ Ein Ver-Brechen da unten, ein Brechen der verfaßten Feudal-Ordnung: ein Verbrechen, das gesühnt werden muß mit Feuer und Schwert, mit Schleifen der Mauern und Auslichtern der Menschen, mit Völkermord.

›Als die Franzosen Toulouse besetzten‹, da überlebte, wer ›stiften ging in die Lombardei‹ oder anderswohin. ›Als die Franzosen Toulouse besetzten‹, als die Entscheidungs-Schlacht von Muret vor Tolosas Toren geschlagen war (1213), da wurden nicht nur -zigtausend Menschen abgeschlachtet und ausgelichtert und verbrannt, da ging auch etwas zugrunde, was nach Friedrich Engels und anderen an der Spitze der kulturellen Entwicklung Europas gestanden hatte mit ›Gleichheit der Menschen‹, und Freiheit des Lebenskonzepts und einem Zeitalter der

Herodes und Salomé, Kapitel 12. Jh., Detail, Musée des Augustins, Toulouse

Aufklärung. »Damals hat das Abendland wohl seine historisch letzte Chance verloren, Frau zu bleiben«, heißt es bei Lévy-Strauss: »C'est alors que l'occident a perdu sa chance de rester femme.«

Gleichheit, Freiheit, Aufklärung: im finsteren Mittelalter? Was soll der Quatsch?, raunzt ein Schema der ›Aufklärung‹.

Schemata, abstrakte Begriffe – Vorsicht: nicht abheben; am Boden bleiben.

Am Boden ackert der Beetpflug, der mit dem einfachen Pflugholz, den der Ochse zieht: der reißt die Erde auf, zieht die Furche, in die die Saat gelegt wird. Am Boden ackert der Kehrpflug, der mit Pflugholz und Pflugschar und Streichbrett: technologischer Fortschritt im 11. Jahrhundert, Revolution in der Landwirtschaft des Hirten- und Landwirtschaftslandes Okzitanien. Kommt mehr bei rum und mehr bei raus: der Boden wirft mehr ab, die Erträge steigen, die Einkünfte ebenso; da größere Flächen beackert werden, müssen Waldgebiete gerodet und Akker- und Weideland neu geordnet werden – damals wurde Landschaft, wie wir sie heute erfahren, geschaffen. Größere Erträge, bessere Ernährung, qualitativer Sprung nach zwei, drei Generationen: dem Anwachsen der Bevölkerungszahl folgt blühender Städtebau mit Anlegen von Kornspeichern, folgen Stadtgründungen im Schatten einer Burg (Beispiel: *Bourg-St.-Bernard*) oder ganz im Freien unter der Sonne (so die vielen Villefranche). Eine Stadt wie Tolosa, die bereits eine Geschichte hat und als Hauptstadt des Westgotenreichs längst untergegangen ist (manche sagen: von den Sarazenen zerstört), lebt neu auf: mit der aufkeimenden Markt- und Erwerbs-Wirtschaft und der nachfolgenden urbanen Liberalität wird das herrschende Geistesleben gezwungen, die Klöster zu verlassen und in Schulen und Universitäten auf die neuen Wirklichkeiten einzugehen, Vernunftfragen in Sachen Wirtschaft und Politik und Gesellschaft und Glauben zuzulassen und erstmals zu akzeptieren, was Abälard so formulierte: »Ohne Zweifel kein Suchen, und ohne Suchen kein Wahrheit-Finden.« Im Grunde endet jetzt das alte Feudalsystem (oh, Kurt!), in dem Grund und Boden – und nicht Arbeit – als Quelle von Reichtum galten; zum Zeichen der Zeit wird das Abrücken der Kirche von den ländlichen Bastionen, das Hinrücken ins neue kulturelle Zentrum: Tolosa wird mit einer Riesen-Bastion ausgestattet, der größten romanischen Basilika südlich der Nordgrenze Frankreichs, und die bleibt dann auch stehen als einziger ›musealer Rest‹ aus der Zeit vor der Zerstörung durch die Nord-Horden, durch die Fanatiker des alten Feudalsystems, durch die tiefgläubigen Verteidiger der »drei absolut heiligen Sachen«.

Wir haben also technologischen Fortschritt und Neuordnung der Landwirtschaft bei gleichzeitiger Neuordnung des gesellschaftlichen Lebens mit autonomen Wirtschaftsgruppen auf dem Land und Aufkeimen urbaner Liberalität im Schutz wachsender Städte, einer wachsenden Stadtkultur (der Graf von Tolosa und der Graf von Foix schreiben sich Briefe in Versen zu einer Zeit, zu der der König von Frankreich nicht einmal seinen Namen richtig schreiben kann, und Troubadoure singen von Frauen und Vögeln und Kirschen und aufbrechender neuer Zeit); gleichzeitig weht ein ganz anderer Wind, der den Resten der alten und den Anfängen der neuen Ausbeutungs-Ordnung voll ins Gesicht bläst: eine Ordnung der Dinge, bei der den einen das Ackern und Melken sieben Tage die Woche verordnet ist und den anderen die schweißtreibende Arbeit, die Früchte einzuheimsen, gilt den katharischen ›Gleichheits‹-Verehrern als »satanisch«, eine Justiz, die den Adel höf-lich behandelt und das gemeine Volk gemein, ist keine; eine Gesellschaft, in der »der Teufel immer auf den größten Haufen scheißt« und in der der kleine Mann immer klein bleibt, ist nicht zu bessern, sondern nur umzukrempeln, umzuwälzen. Eine große Ketzerei, deutlich und konzessionslos: rigorose Ethik einer aufsteigenden Klasse, angstfrei und in den Städten zuhause wie bei den Hirten auf dem Felde, auf den Bergweiden.

Unser Pilger des 12. Jahrhunderts, der losgetapert ist in Köln, Mainz, Metz oder Troyes, versteht unterwegs bald die Welt nicht mehr, ahnt den Pfahl im Fleisch der Feudalzeit. Hat er noch in *Vézelay* in Burgund, dem wichtigen Sammelpunkt unterwegs, an den Skulpturen der Kapitelle jene Bilderfolgen wahrgenommen, die für ihn wahr sind seit der Muttermilch, daß das Schwert die Welt regiert und die Majestät oben thront und daß der Mann die Frau liebt, die Frau aber den Mann zu achten hat (Achtung! Mann oben, Frau unten) – dieser arme Kerl sieht jetzt in Stein gehauene Füße und Harfenspiel, hört ›*Liura et roja*‹, ›*libre et rouge*‹ angstfrei und rosenrot, erlebt vor allem ›*paratge*‹, absolute Gleichheit von Frau und Mann, ohne soziale Ausnahme und ohne juristische Tricks: die Frau kann Verträge schließen wie der Mann, kann eine eigene, vom Mann unabhängige Haus-Wirtschaft führen, kann Liebesfreude und -lust den Vorrang geben vor Ehepflichten. Was einen Friedrich Engels dazu brachte zu bemerken, daß a) der Süden Frankreichs vom Norden so verschieden war wie (Engels wörtlich:) »die polnische Nation von der russischen«; daß b) Okzitanien damals an der Spitze der kulturellen Entwicklung Europas gestanden hat; daß c) diese Spitze besser nicht abgebrochen – worden – wäre. Im europäischen Interesse.

Toulouse

lebt innen anders, als Touristen von außen sehen. Sie sehen, machen sie einen Altstadtbummel, Fußgängerzonen mit schicken und teuren Boutiquen wie anderswo auch, sehen Klinker-Bauten wie in Münster in Westfalen, sehen sonntags wie Tucholsky: »...auf den Straßen spazieren achthundert Francs Monatsgehalt und neuer Sonntagsanzug; kalte Verlobung mit Wohnungseinrichtung; achtundvierzig Jahre Buchführung mit kleiner Pension und eigener Zusatzrente – die Leute wissen nicht recht, was sie mit ihrem freien Nachmittag anfangen sollen, sie gehen so umher: kurz, eine Stadt, wie Valéry Larbaud formulierte, où l'on sent l'après-midi une désespérante odeur d'excrément refroidi.« Auf deutsch: sonntags nachmittags riecht die Stadt zum Verzweifeln nach kalter Scheiße.

Scheiße, Kurt. Was die kleinen Leute von Toulouse mit ihrer Freiheit anzufangen wissen, belegt die Geschichte nach der Befreiung der Stadt von deutscher Besatzung: in den zerstörten Industriebetrieben werden ›gemischte Produktionskomitees‹ eingerichtet; das ›Befreiungskomitee des Départements‹ (C. D. L.) richtet basisdemokratische Verwaltungen des Transportwesens und der Versorgung mit Gas und Elektrizität ein; die Gewinne werden an Ort und Stelle reinvestiert, in Wohnungen für kinderreiche Familien zum Beispiel, oder in den Kauf von Bussen für innerstädtische Transporte. Fernab von der juristischen Obhut der Zentralmacht Paris, verwaltet Toulouse sich selbst, lebt fröhlich freiheitlich vor sich hin, bis, ja bis de Gaulle kommt. »De Gaulle en taule« lautet da die Parole: de Gaulle ins Gefängnis; der Mann ist verrückt, wird empfunden – der Mann will unsere Strukturen und Inhalte gelebter direkter Demokratie vernichten, zerstören, ersetzen durch eine Administration à la Vichy ohne die Vichy-Leute; da machen wir nicht mit. – Die Verhaftung des Gaulles scheitert an Pierre Berthaux, dem von de Gaulle eingesetzten ›Commissaire de la République‹, dem späteren Geheimdienstchef und Hölderlinforscher.

Immer wieder dies: Paris schluckt Toulouse, von 1213 bis 1944. Stellen wir uns ein einziges Mal den umgekehrten Fall vor; stellen wir uns vor, in 750 km Entfernung von der an der Garonne liegenden Hauptstadt babbelte man, zwischen Louvre und Notre Dame, okzitanisch; stellen wir uns vor, nicht Toulouse, sondern die ferne Provinz-Metropole an der Seine sei »drei Karat häßlicher als Lyon. Reste schöner Architektur stehen museal dazwischen« (Tucholsky) – was wäre daran falsch?

Richtig ist, daß Toulouse, auf halber Strecke zwischen Atlantik und Mittelmeer gelegen, alle erdenklichen Völkerwanderungen durchgemacht hat, Hauptstadt des Westgoten-Reichs war, ehe es (zusammen mit Albi) strahlendes Foyer jener antifeudalen und antipäpstlichen Zivilisation wurde, die als ›katharische‹ (d. i. ›ketzerische‹) von Paris und von Rom aus in Schutt und Asche gelegt wurde, in den sogenannten *Albigenser-Kreuzzügen*. Welche Zivilisation da in Toulouse zerstört wurde, davon kann man noch eine Ahnung bekommen, wenn man sich in dem gewaltig großen *Augustiner-Museum* einfach nur einen Saal ansieht, den Raum, in dem die romanischen Skulpturen ausgestellt

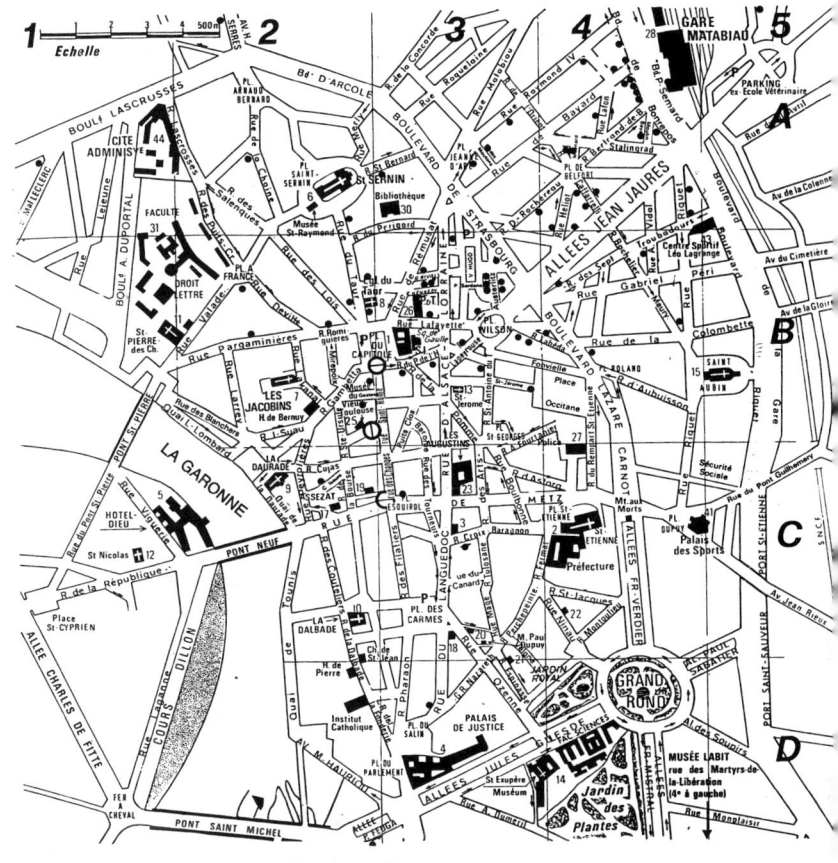

Syndicat d'Initiative
Donjon du Capitole, Square Charles de Gaulle
Toulouse

sind, die geretteten; Arbeiten wie die aus den verschiedenen Kloster-werkstätten, an denen sehr verschiedene Romanik-Epochen zu ent-decken sind (man sehe sich nur mal die drei verschiedenen ›Fußwa-schungen‹ an), gibt's im Pariser Louvre auch nicht andeutungsweise zu sehen. Und eine Kirche wie die romanische Basilika *St. Sernin*, auf halber Strecke des Pilgerwegs zwischen Massif Central und Pyrenäen gelegen, sucht man in Paris bestimmt vergebens.

Toulouse, Okzitaniens Hauptstadt Tolosa, sieht am schönsten aus abends im Sommer, von der Garonne aus, wenn die untergehende Sonne die Klinkerbauten am Ufer und den Pont Neuf in ockerfarbenes Rot taucht. Und am Abend des 13. Juli, am Vorabend des Nationalfei-ertags, an dem die Bastille erstürmt wurde und an dem die Urlaubs-Bastionen im Süden erstürmt werden, kann man viele kleine Leute in Toulouse sagen hören: »Die Franzosen kommen; morgen kommen sie, die Franzosen.«

141

Eine Pyrenäen-Fuß-Note

Trägt da nicht einer einen Schweinekopf? Sind das da nicht Weinfässer? Ist das da nicht ein Wildschwein?

Nein, den Bären habe ich nicht gesehen. Er heißt ›coureilhat‹ im *Aspe-Tal*: einer, der läuft und verschwindet und immer unterwegs ist; einer, dessen Spur heute verfolgt wird wie früher er selber: die Haufen, die er setzt, werden gesammelt, in Ausstellungen gezeigt, damit man sehen kann, was er im Mai frißt und was im September. Zehn oder zwölf soll's noch geben im oberen Aspe-Tal, zehn oder zwölf ›Ours bruns des Pyrénées‹, und wenn man jemanden sucht, der einen von ihnen gesehen hat, dann kann man bestimmt jemanden finden, der einen kennt, dessen Schwester mit jemandem bekannt ist, dessen Vater einen gesehen hat. Solange man ihn selber nicht sieht, hält man sich gern an sein Doppel, an die Bilder von ihm in der sehenswerten kleinen Ausstellung in *Etsaut* und an die schnuckligen Scheißhaufen und an die poetischen Texte, in denen es beispielsweise heißt:»Bien que son passage solitaire en cet androit fut un mystère, la certitude de sa présance se confondait avec l'espoir« – also geheimnisumwittert sein Vorüberhuschen (keiner hat ihn gesehen), trotzdem ist sicher, daß er da war, und da es ihn gibt, gibt es auch Hoffnung. Oder prosaisch: hier ist Scheiße Gold, Bären-Häufchen sind der Beweis, daß es hier wirklich noch Bären gibt.

Wir sind im *Aspe-Tal* (s. auch Wanderung S. 321), einem von drei großen Pyrenäen-Tälern, die bis zur Französischen Revolution freie und unabhängige Tal-Republiken waren (Vallée d'Aspe, Vallée d'Osseau, Barétous); keinem Feudalherrn abgabepflichtig und unterworfen, konnten sie jahrhundertelang freien Handel treiben mit Spanien und mit dem Béarn (die Pyrenäen-Republik Aspe-Tal über den Somport-Paß und über Oloron). Wir sind im Aspe-Tal und suchen den Bären, der noch einer sein will, und wollen ein Interview machen, aber wir finden ihn nicht. Dafür finden wir ein Wildschwein.

In *Oloron-Sainte-Marie* am Eingang zum Aspe-Tal, am Portal der Kathedrale, im unteren romanischen Rundbogen über dem Tympanon finden wir Wildschwein und Wein, Wurst und Käse und Lachs und Schinken, alles, was dazugehört zum ›Festin Occitan‹, zum okzitanischen Festessen. Im Faltblatt, das in der Kirche ausliegt, steht nichts darüber – da steht nur, was auch zu sehen ist: Lamm mit Kreuz und so; aber ›loe pèle porc‹, das Schweineschlachten und das Schinkenessen (eine frühe Vorwegnahme von Wilhelm Buschs ›Schinkenessen ist indirektes Schweineschlachten‹?), die Lachsfischerei und die Weinfässer mit Jurançon kommen nicht vor in dem offiziellen Text. Und eine größere, eine umfassende Monographie über diese Kirche, über dieses Portal gibt es nicht.

Was tun? Wir erfahren, daß da wirklich die Vorbereitungen zu einem okzitanischen Festmahl zu sehen sind und nicht die Hochzeit zu Kana. Im Baugeschäft nebenan gibt's eine Leiter: hochsteigen, nachsehen – ja, das sind Fässer und keine Amphoren: Jurançon-Fässer, also Béarn, Okzitanien, und nicht Jesus-Land.

Im nächsten Buchladen gibt's einen Händler: Warten Sie, ich stell'

Ihnen mal was zusammen — hier haben sie Foto-Aufnahmen, Ansichtskarten jüngeren Datums; da in dem Prospektmaterial gibt's einen kleinen Text; diese beiden Béarn-Führer, sehen Sie sich die mal durch, ob Sie da finden, was Sie suchen; in der Zwischenzeit suche ich mal meinen ›Guide des Pyrénées Mystérieuses‹, da kann ich Ihnen ein paar Fotokopien machen... Der gesuchte ›Guide‹ enthält das Gesuchte; der Mann macht Fotokopien; im fotokopierten Text steht: »... der zweite Rundbogen, der die Vorbereitungen zur Hochzeit von Kana darstellen soll, kann nur von einem Künstler aus dem Béarn stammen. Alles von hier ist da zu sehen, die Wildschweinjagd, das Schweineschlachten, die Fässer mit Jurançon, die Lachsfischerei...; hier trägt man Käse auf, da schneidet man Schinken...« — gründliche Gaumenfreuden in Aussicht. Da läuft das Wasser im Mund zusammen, steht man dann wieder vorm unteren Portal-Rundbogen, vor dieser in Stein gehauenen Ansichtskarte von damals.

Nicht nur. Da hocken ganz unten an der Mittelsäule zwei aneinandergekettete Sarazenen, die, ihr verzweifelter Sklaven-Blick verrät's, bald zusammenbrechen werden unter der Last der Säule, des Blocks mit der ganzen Festgesellschaft, der thronenden Greise der Apokalypse über dem ›Festin Occitan‹, des thronenden Christus, von Löwen umgeben, und des siegreichen Feldherrn auf seinem Schlachtroß. Ob das ›Konstantin, den Schutzherrn des christlichen Glaubens‹ darstellt, wie der ›Guide‹ meint? Warum nicht Gaston VI, den Béarn-Herrscher, der nach der Schlacht gegen die Sarazenen im Ebro-Tal hier in fröhlicher Grausamkeit über den Besiegten thront? Und daß das menschenfressende Ungeheuer auf der gegenüberliegenden Seite »den Übergang vom Tod zu einem anderen Leben symbolisieren soll«, wie der ›Guide‹ weiß, hat wohl mehr mit der Wirklichkeit einer ›christlichen‹ Wahrnehmung zu tun als mit der Wahrnehmung einer ganz anderen Wirklichkeit: beschäftigt man sich näher mit solchen romanischen Skulpturen, die ›monstres androphages‹, menschenfressendes Ungeheuer darstellen, stößt man unweigerlich auf darin überlebende Reste eines ›Heidentums‹, das nicht hinzunehmen bereit war, daß ›die da oben‹ alles auffressen, daß deren monströse Rollenidentität sogar ihre eigene Menschlichkeit frißt. — Aber das ist hier nicht so wichtig, diese Kritik an bestimmten Deutungen, die der ›Guide‹ vorschlägt. Loben wir einen Text, der nicht schweigt zu Themen, die ins Auge springen, der Gaumenfreuden und Grausamkeit gleichermaßen anspricht, der Lust macht auf genaues Hinsehen. Und loben wir vor allem einen Buchhändler, der ihn uns zugänglich gemacht hat, zum Spottpreis zweier Fotokopien.

143

Oloron Ste. Marie, Tympanon (12. Jh.)

»So werden Sie nie reich«, sagt mir doch jedesmal ein Mechaniker, wenn ich eine Reparatur, die ich selber nicht hinkriege, bezahlen will, feststelle, daß die berechneten Kosten unterm Selbstkostenpreis liegen, was drauflege. »So werden Sie nie reich«, sage ich fast dem Buchhändler, der Sachen zusammensucht und Fotokopien macht, statt teure Führer an den Mann zu bringen. Da will einer, der sich ›Händler‹ nennt, nicht seinen Kram loswerden, sondern suchen, was gebraucht wird – was ist denn hier los?

Was hier los ist, erklärt *Henri Lefèbvre*, der aus dem Nachbarort *Navarrenx* stammt und als angesehener Überbauunternehmer in der Marx-Nachfolge gilt: »Okzitanien ist ein Land, in dem noch der Gebrauchswert herrscht, in dem diese Eigenart tief verankert ist...« Henri Levebvre spricht von ›valeur d'usage‹ und ›valeur d'échanges‹, von Gebrauchs- und von Tauschwert, ohne daß das Ganze – wie so oft in deutschen Debatten – scholastisch und blutleer wird, ohne daß das Ganze abhebt. Der Buchhändler handelt – nach H. L. – nicht anders, weil er sieht, was gebraucht wird, und weil er von Kindesbeinen an lebt in einem Wertesystem, in dem sich nach wie vor die folgenden Alltagsgeschichten abspielen, Geschichten eines x-beliebigen Durchschnittsdorfs im Aspe-Tal:

Ein orkanartiger Sturm hebt Dächer im Dorf ab, zerstört zwei von acht Scheunen. Sofort muß improvisiert werden, wie und wo Vieh und Getreide untergebracht werden können; dann geht's an den Neuaufbau der Scheunen. Dazu ist unerläßlich, was hier heißt: ›faire un emprunt‹, was man zwar übersetzen kann mit ›einen Kredit aufnehmen‹, worunter man aber, will man nicht völlig schieflegen mit der – korrekten – Übersetzung, einen Human-Kredit verstehen muß: ›aufgenommen‹ wird kostenlose Nachbarschaftshilfe, die irgendwann, wenn's wieder gebraucht wird, zurückerstattet wird. Die selbstver-

ständliche Selbstverwaltung im Dorf sieht selbstverständlich vor, daß in kostenloser Nachbarschaftshilfe zunächst gute alte Eichen gefällt werden, die meist in schwer zugänglichen Tälern stehen; mehrere Pferdegespanne sind dann nötig, um die langen und schweren Stämme, aus denen solide Balken gemacht werden sollen, zum dörflichen Sägewerk zu schaffen. Das Ganze braucht eine Menge Hände und gute Organisation; noch mehr Hände werden dann gebraucht, wenn das Fachwerkgerüst gebaut und das Dach gedeckt wird. Am Ende, wenn alles vorbei ist, wird dann gemeinsam gefeiert, lange gegessen, getrunken, bis dann beim Abschied zu hören ist: »Et ce n'est pas le grand merci!« – was alles andere heißt, als bei einer wörtlichen Übersetzung herauskommt, sondern: »Auf Wiedersehen bis zum nächsten Mal; es ist natürlich klar, daß kein noch so großes Dankeschön eure Arbeit bezahlen kann; es ist natürlich auch klar, daß beim nächsten Mal, wenn ihr unsere Hilfe braucht, wir für euch da sind.«
Oder:
Eine Mähmaschine taucht auf, wo sonst und im allgemeinen mit der Sichel gemäht wird: man tut sich zusammen zum guten Dutzend, um hier das Gespann zu führen und dort die Maschine zu begleiten; vor allem die Kornbündel müssen so gestapelt werden, daß die Maschine

Hochzeit zu Kana: Festin Occitan?

Pyrenäen-Tal

immer freie Bahn hat – man tut sich natürlich sofort zusammen zum selbstverwalteten Dutzend, statt einzelfamilienweise weiter zu sicheln. Und anschließend wird wieder zusammengehockt und gefeiert, mit Schinkenessen und Jurançon-Trinken und allem, was sonst noch dazugehört und was man sich ansehen kann am romanischen Portal in Oloron.

Oder:

Das Land wird besetzt von fremden Truppen; Das Land wird wieder befreit. Die kollaboriert haben mit den Besatzern, verschwinden von der Bildfläche, ohne daß irgendein Schaden für's Land entstünde, so stark sind die Strukturen und Inhalte der Selbstverwaltung; die nicht

146

kollaboriert haben und also die Ehre des Landes gerettet, sind nicht geschützt vor Sprüchen und Parolen wie »De Gaulle en taule« (»De Gaulle ins Gefängnis«) – so stark sind die Strukturen eines Gemeinschafts-Sozialismus von unten, eines ›socialisme libertaire‹, der keine Herren erträgt, diese nicht und jene auch nicht, gar keine.

Banale Geschichten. Alltags-Geschichten eines freiheitlichen, selbstverwalteten Alltagslebens, mit dörflicher Demokratie und einem Sozialismus-Konzept ohne Massen und ohne Staat, mit freien Individuen, die sich zusammentun und Arbeitszeit tauschen und feiern und dankeschön sagen und dann wieder tauschen die gleiche Zeit.

War das nicht der Ideenkörper von Marx: Gleiches mit Gleichem tauschen, als ›Assoziation freier Individuen‹? Zeit tauschen so, daß der Gebrauchswert das Sagen hat? Keine Verhältnisse hinzunehmen, in denen Menschen unmenschlich handeln, dazu gezwungen sind? Er hat es uns nie verraten, der Kritiker der politischen Ökonomien von Lille- und Manchester-Kapitalismen, daß er seinen philosophischen Ideenkörper aus Okzitaniens Alltag hat, daß der geschichtsphilosophische Entwurf am Anfang des ›Kapital‹ aus Lescun im Aspe-Tal stammt. Da ist er in seinen kühnsten Träumen herumgewandert, zwischen *Pic d'Anie* und *Gave de Lescun*, und auf dem *Plateau de Sanchez*, wo der spätere Sturzbach im Aspe-Tal sanft aus dem Felsen tritt und Schafe und Kühe und Pferde sich laben, da hat er gefunden, daß die Natur eine einzige und umfassende Quelle von Gebrauchswert ist. Das haben die Pferde und Kühe und Schafe natürlich sofort unterschrieben.

Die beiden aneinandergeketten Sarazenen haben es unterschreiben wollen, aber nicht können. Wir finden darum bei Marx, dem Nicht-Erfinder des nach ihm benannten Marxismus, eine deutliche Warnung vor Gastmählern, bei denen »der Nektar aus den Schädeln Erschlagener getrunken« wird.

Trägt da nicht einer einen Schweinekopf?

147

GIRONDE

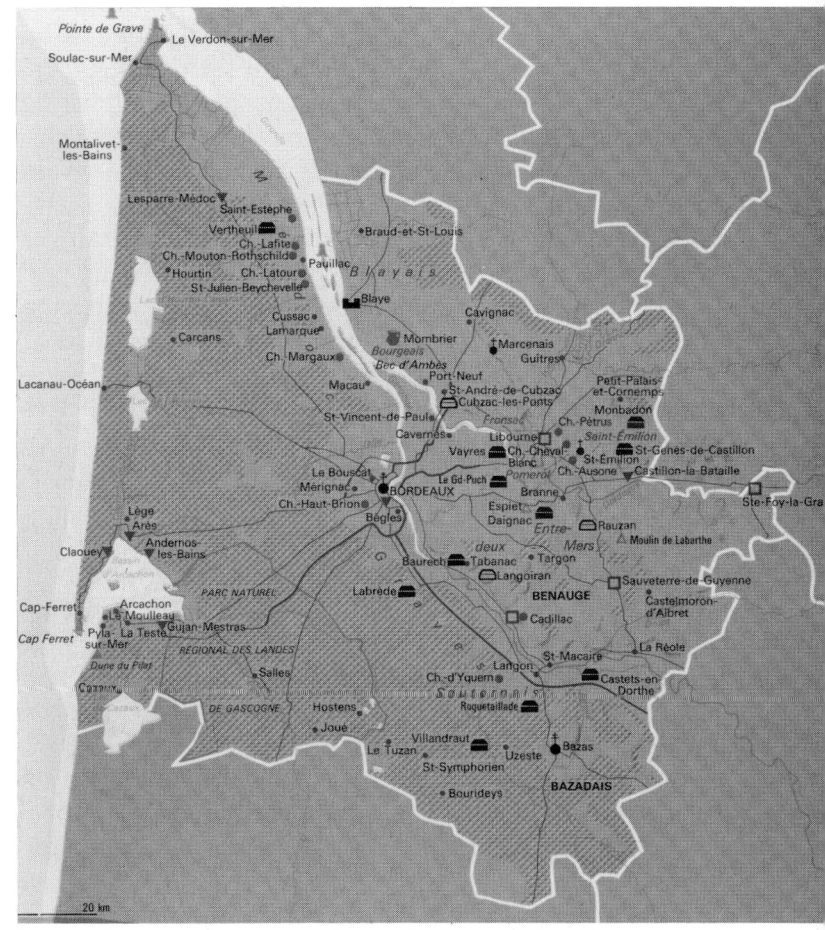

Pointe de Grave
Le Verdon-sur-Mer
Soulac-sur-Mer

Montalivet-
les-Bains

Lesparre-Médoc
Saint-Estèphe
Vertheuil
Ch.-Lafite
Ch.-Mouton-Rothschild
Hourtin
Ch.-Latour
St-Julien-Beychevelle
Pauillac
Braud-et-St-Louis
Blayais

Carcans
Cussac
Lamarque
Ch.-Margaux
Blaye
Cavignac
Mombrier
Marcenais
Guitres
Bourgeais
Bec d'Ambès
Lacanau-Océan
Macau
Port-Neuf
St-André-de-Cubzac
Cubzac-les-Ponts
St-Vincent-de-Paul
Cavernes
Petit-Palais-
et-Cornemps
Monbadon
Ch.-Pétrus
Fronsac
Libourne
Saint-Émilion
St-Genes-de-Castillon
Vayres
Ch.-Cheval
Blanc
St-Émilion
Le Bouscat
Mérignac
Ch.-Haut-Brion
Ch.-Ausone
Castillon-la-Bataille
Pomerol
Le Gd-Puch
BORDEAUX
Branne
Ste-Foy-la-Gra
Lège
Espiet
Arès
Bègles
Daignac
Entre-
Rauzan
Moulin de Labarthe
Andernos-
les-Bains
Claouey
deux
Mers
Baurech
Tabanac
Targon
Langoiran
Sauveterre-de-Guyenne
PARC NATUREL
Labrède
BENAUGE
Castelmoron-
d'Albret
Cap-Ferret
Arcachon
Le Moulleau
Gujan-Mestras
Cadillac
La Réole
Cap Ferret
Pyla- La Teste
sur-Mer
REGIONAL DES LANDES
St-Macaire
Dune du Pilat
Langon
Castets-en-
Dorthe
Salles
Ch.-d'Yquem
Sauternais
DE GASCOGNE
Hostens
Roquetaillade
Joué
Villandraut
Bazas
Le Tuzan
Uzeste
St-Symphorien
BAZADAIS
Bourideys

Gironde

20 km

Vom Wein-Geist und seinen Gesetzen

Geographische Kürzestnotizen: über eine Million Hektar Gesamtfläche, davon die Hälfte Wald, 30 % Ackerbau, 10 % Weinbau – eins der größten Départements im heutigen Frankreich; über eine Million Einwohner, davon die Hälfte in und um Bordeaux lebend. »Nirgendwo sonst in Europa habe ich so viele Bettler gesehen wie in Bordeaux«, schrieb kürzlich ein Freund; recht hat er mit dem, was er sieht, und Unrecht mit dem, was er nicht sieht: die ›Restaurants du Coeur‹, in denen man kostenlos essen kann, gibt es hier reichlich. Was ist objektive Information? 50 % Wald und 10 % Weinbau sind Zahlenangaben, die ›stimmen‹; gleichzeitig täuschen sie gewaltig über die hier alles beherrschende Wein-Kultur: wenn überall sonst, wo man Wein trinkt zum Essen, der Wein zum Essen ausgesucht wird (zu rotem Fleisch ein kräftiger Rotwein und zu Meeresfrüchten ein jodhaltiger Weißwein und so fort), wählt man hier einen Wein und dann dazu ein Gericht. Hier haben wir den umgekehrten Fall: bestellst du, beispielsweise in *Pauillac im Médoc*, einen roten Château Soundso, empfiehlt man dir automatisch dazu eine ›Entrecôte‹, ein zartes und saftiges Mittelrippenstück vom Ochsen, und wählen kannst du dann nur, ob du sie haben willst als ›Entrecôte Bordelaise‹ oder als ›Entrecôte Marchand de Vin‹. Also ein Weinland ganz und gar, bei nur 10 % Weinanbau-Fläche.

Nein, jetzt nicht wein-selig werden, nüchtern bleiben. Die beste Schule ist die Straße, heißt es bei Edith Piaf: mit dem Rad unterwegs bleiben auf Nebenwegen im Département, Umwege machen. Beispielsweise im ›Entre-Deux-Mers‹ zwischen Garonne und Dordogne: wie der Name schon sagt, fließen nicht nur die Flüsse zum Meer, sondern auch das Meer ergießt sich – zu Flutzeiten – in die Flüsse hinein; von daher ›Zwischen-Zwei-Meeren‹. Dort also kann man Entdeckungen machen wie die folgende.

Ich bin unterwegs auf Nebenstrecken zur Nationalstraße *Bordeaux-Bergerac*, habe das Neuschwanstein unter den großen Weingütern, Le Grand Puch, gesehen und im Dorf *Baron* der Familiengruft der *Montesquieu* einen Besuch abgestattet, habe befestigte Dorfkirchen zu sehen bekommen und hier und da befestigte Mühlen ausgemacht: in *Espiet, Daignac, Labarthe* zum Beispiel; in *Rauzan* wartet ein sehenswertes Stück englische Militärarchitektur aus der Zeit des 100-jährigen Krieges. Aber jetzt stehe ich in einer Talmulde zwischen *St. Quentin-de-Baron* und *Espiet* vor etwas, das ich nicht identifizieren kann: ein mit Rundziegeln gedeckter, zweigeschossiger Bau, dessen Giebelseiten den Dachfirst überragende Schildmauern verbergen; Kreuze auf den Schildmauern stehen in merkwürdiger Spannung zu den Pechnasen an den strategischen Punkten; das Ganze über einem Wasserlauf. Als ich, im Wiegetritt hoch ins nächste Dorf, nachfrage, ist das Rätsel rasch gelöst: »C'est le château«, ein altes Schloß also. Ich fahre zurück: so ein komisches Schloß habe ich noch nie gesehen, will es genauer sehen, verstehen. Und während ich jetzt ein zweites Mal das als Schloß Identifizierte in Augenschein nehme, kommt ein freundlich-gemütlicher Mann heraus, stellt sich vor und erzählt die Geschichte – der *Mühle*. Alain, Architekt und Bewohner der Mühle, erzählt, was sie an sich hat: »Sehen

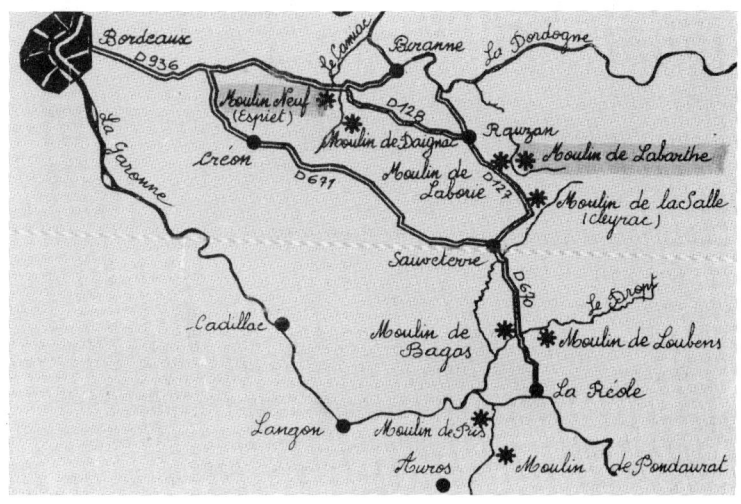

Befestigte Mühlen (›Moulins fortifiés). Moulin Neuf (Espiet).

Sie, hier vorn an der Nordost-Ecke haben wir Bausubstanz aus der Zeit der römischen Besatzung; aus dieser
Zeit stammt auch der Name ›Moulin Neuf‹, was nicht
›Neue Mühle‹ heißt, sondern ›Mühle mit Wasserrad‹:
›Moulin Neuf‹ist eine Verballhornung des gallo-römischen ›moulinève‹, und ›-ève‹ kommt von ›aqua‹, Wasser.
Dieser gallo-römische Teil blieb erhalten, als im Mittelalter die in ihrer damaligen Struktur und Funktion heute
sichtbare Mühle gebaut wurde: eine ganz gewöhnliche
Getreidemühle, wie es sie damals in dieser Gegend alle
500 Meter gab; gehen Sie mal den Camiac hoch, und Sie
werden das bestätigt finden. Welches Getreide gemahlen
wurde? Weizen. Natürlich mußten diese für die Kultur
und das Wirtschaftsleben jener Zeit wichtigen Produk-
tionsstätten gesichert werden, als die Kriegswirren in
Aquitanien auch das sonst kaum zugängliche ›Entre-
Deux-Mers‹ in Mitleidenschaft zogen − von daher die
Befestigungsanlagen hier vorn und dort hinten, die Pechnasen; aber das haben Sie auch an den Kirchen hier, wo
im allgemeinen die Apsis mit einem Wehrgang überbaut
wurde: sichere Zuflucht für Flüchtende aller Art. Tja, und

die Kreuze auf den Schildmauern: die stammen vom Ende des 14. Jahrhunderts, als zunächst Templer, dann Johanniter den Jakobsweg sicherten, der da vorn über den Camiac führte.« Er zeigt flußaufwärts auf einen Stein-Steg, der keinerlei Pilgerspuren zeigt, und auch an den Böschungen sind keine Abdrücke von Hufen der berittenen Pilger zu finden, die morgens aufbrachen in Aubeterre und abends ankamen in La Sauve-Majeure, mitten im ›Entre-Deux-Mers‹. – Ich danke Alain, dem Architekten und Amateurhistoriker, für die Art, wie er Geschichte erzählt; er wehrt ab: »Nicht ich – der Bau erzählt sie.«

Karl-Ludwig, der aus dem Nachbarort stammt, wünscht sich solche Erzählkunst: »Helft, daß man unterrichtet sei, ohne daß ich schulmeistere«, schreibt er in einem plötzlichen ›Anruf der Musen‹; wer ist Karl-Ludwig?

Karl-Ludwig hat sich einen Namen gemacht; auf Marmorbüsten und Medaillons, Öl-Portraits und Buchdeckeln blickt er kontext- und zeitlos in ferne Welten; geben wir *Montesquieu* (1689–1755) seinen Vornamen wieder.

Charles-Louis de Secondat stammt von hier; seit einigen Generationen bewirtschaftet seine Familie ein stattliches Weingut, er selbst später dann auch; die letzten von ihm geschriebenen Worte lauten: »Der Erfolg meines Buchs in England hat wohl mit dazu beigetragen, daß sich da jetzt auch mein Wein gut verkauft.« Das Buch ist jene Getrenntsammlung von Musen-Anrufen und Berichten über Organschwächen, von Ausführungen zum Thema Weinhandel und Ausschweifungen über »die Liebe als solche«, von Überlegungen zu »guten oder schlechten Überlegungen« und zu daraus hervorgehenden Freiheitssicherungen, von Denkanstößigkeiten zu Pluralismus als organisierter Toleranz und zu Gewaltenteilungen in freiheitlichen Republiken, die in überschaubaren Regionen möglich sind; das Buch ist jener bunte Strauß von Lebensäußerungen, den wir unter der Überschrift ›Vom Geist der Gesetze‹ kennen. »Mein ganzen Leben habe ich an diesem Buch gearbeitet«, gesteht Karl-Ludwig nach getaner Arbeit; dem Seufzer folgt: »Jetzt ruhe ich aus, arbeite

Karl Ludwig (Montesquieu) aus La Brède

nicht mehr.« Es hätte ihn »beinahe umgebracht«, dieses Buch, entfährt es ihm. Und im ›Anruf der Musen‹, unmittelbar nach dem Hauptgedanken des Buchs (XIX. Buch, 27. Kapitel), steht die Bitte an die Musen: »...verschleiert, was daran Arbeit ist.«

Folgen wir dem Arbeitsprozeß, auf Nebenwegen. Die literarischen Pilgerreisen in Sachen Montesquieu, ich weiß, beginnen in Bordeaux und enden im Schloß *La Brède*, wo er im Alter gelebt und geschrieben hat; meistens enden sie vor den Toren des Schlosses, das, obwohl staatliches Museum, oft zu angekündigten Öffnungszeiten verschlossen ist; einmal fand ich am Schloßtor eine Bemerkung voll berechtigten Zorns: »Unwürdige Nachfahren«. Also lieber nicht pilgern auf ausgetretenen Hauptwegen, die zu verrammelten Toren führen; lieber den Umwegen nachspüren, die Karl-Ludwig selber gemacht hat.

Unser »politischer Schriftsteller«, wie er sich im ›Geist der Gesetze‹ bezeichnet, ist zunächst einmal ein kleiner Junge, der gasconisch spricht, also einen okzitanischen Dialekt, der in Weinbergen aufwächst und spielt zwi-

155

schen Ruinenresten englischer Militärarchitektur, befestigten Weingütern, Kirchen und Mühlen; unsere Mühle mit gallo-römischem und mittelalterlichem Teil und Pechnasen und Kreuzen kennt er bestimmt. Als junger Mann, der aus reichem Haus stammt, reist er viel in der Weltgeschichte herum, flirtet hier mit einer Marquise, dort mit einer Gräfin, in Venedig mit einer Venezianerin – soll man Tristan einen Vorwurf daraus machen, daß er eben nicht Landarbeiter ist und folglich Isolde mehr sagen kann? Da er gute Gründe hat, schreibt er ein erstes Buch ›Über das Glück‹; das bricht er ab, aus Glücks-Gründen; in diesem abgebrochenen Buch, aus dem er Teile überträgt in sein Lebenswerk, findet sich der einleuchtende Satz: »Um glücklich zu sein, braucht man ein Ziel.«

Hat er ein Ziel, Karl-Ludwig? Ist er glücklich?

Er träumt von einem Diplomaten-Posten, lebt vom Ertrag seiner Weinberge und richtet sich ein zwischen La Brède und Bordeaux, wo er öffentliche Ämter übernimmt, die schon Montaigne innehatte. Überhaupt springen die Parallelen zwischen *Montaigne* (1533–1592) und *Montesquieu* ins Auge: beide leben als freie Schriftsteller; beide bekleiden öffentliche Ämter; beide sind einer gesellschaftskritischen Reformbewegung verbunden, die Fortschritte des Wissens – nicht der ›Wissenschaft‹ von Universitätsmenschen – aus Trauerarbeit über Kriegs- und Bürgerkriegs-Ereignisse gewinnen; beide sind in der hier herrschenden Wein-Kultur und -Zivilisation zuhause; beide speisen ihre geschichtsphilosophischen Entwürfe freier Menschen in freien Nationen (wie später Marx und Tocqueville) aus dem Geist okzitanischer Zivilität.

Nüchterner. Mit dem Wein beginnen, über die Trauerarbeit zum Entwurf kommen, zum Ziel: »Dem weht kein Wind, der keinen Hafen hat, in den er segelt,« heißt es bei Montaigne, und damit ist nicht der Hafen von Bordeaux gemeint.

Der Wein. Die Griechen haben ihn mitgebracht, als sie Marseille gründeten (um 600 vor unserer Zeitrechnung); die Römer haben ihn ab 122 v.u.Z. in der ›Provincia Narbonnensis‹ eingewurzelt, also in der Provence und im Languedoc. Lange dauert es, bis er den Mittelmeer-

Château Saint-Estèphe (l.)

raum verlassen kann: wie die Olivenbäume, jene anderen Mittelmeersprößlinge stoßen die Weinstöcke im Norden und Westen auf Kälteschwellen, die sie nicht überschreiten; anders als die Olivenbäume, die Mittelmeer-Kinder bleiben, machen sie Gehversuche in Richtung Norden mit wechselnden Rebsorten, zunächst das Rhone-Tal aufwärts bis Vienne, dann in großem Bogen um die Cevennen herum und das Tarn-Tal hinunter bis Gaillac, um dann von dieser wichtigen Relais-Station einer langen Wein-Wanderung ins Garonne-Tal vorzustoßen. ›Cabernet‹ und ›Merlot‹ heißen die Rebsorten, die bei Rauhreif nicht schlappmachen und härtere Minus-Temperaturen ertragen, die die lange Wanderung bis zum *Médoc* durchgestanden haben.

Der Wein. 40% ›merlot noir‹, 60% ›cabernet-Sauvignon‹, deren ›assemblage‹ – was nicht ›Mischung‹ heißt, sondern ›Versammlung‹ – ergibt einen durchschnittlichen Médoc: ich bin in *Moulis-en-Médoc*, im Ortsteil *Grand Poujeaux* im *Château Dutruch*. Das hat nichts mit einem

157

›Flirt mit der Hautevolée‹ zu tun (ich zitiere aus einer bundesdeutschen Artikel-Serie ›Flaschenpost aus Bordeaux‹) auch nichts mit einem ›Refugium des guten Geschmacks‹ oder einem ›Primus inter pares‹, wie Lateinkenner unter den Médoc-Wein-Vorstellern gern schreiben. Das hat etwas mit einem durchschnittlichen Weingut zu tun, in dem man freundlich empfangen wird, in dem man erfahren kann, daß die Weinstöcke dicht bei dicht stehen, 10 000 Stöcke pro Hektar, daß der Boden nichts ist als Kiesel und Sand, daß die Pflanzen nichts zu lachen haben. »Je mehr die Pflanze leidet, um so besser wird der Wein«, entfährt der Winzerin ein Satz, der zunächst nachdenklich macht, dann überzeugt; unglaublich niedrig strecken sich die Reben, dicht überm Schnee, kurz vor dem Rebschnitt; die jetzige Kälte im Winter muß wettgemacht werden durch die doppelte Sommerhitze, die der Sonne und die der Nachstrahlung heißer Kieselsteine.

Der Wein. Der Wein muß das Wasser sehen, das der *Gironde*, die ihre geschliffenen Steine hier abgelagert hat. Er muß geschnitten werden, zwei Zweige, drei Augen; er muß gebunden werden zweimal im Jahr, gespritzt, geerntet. Wenn der Weizen, geerntet, zur Mühle gebracht wird, bleibt der Wein beim Winzer, im Haus, im ›château‹: ein Ausdruck von Ganzheit. Jetzt fängt die Arbeit des Winzers, der ›vigneron‹ heißt und nicht ›viticulteur‹, also nicht ›Weinbauer‹, erst richtig an: 18 Monate lang dauert das Schleifen an Ecken und Kanten des Weins, bis er ›rund‹ ist; 18 Monate lang dauert das Versammeln der verschiedenen Rebsorten eines Jahrgangs und das Herausfiltern der Ablagerungen mit Eiweiß und das Ausgleichen der Unebenheiten, das ›égalisage‹ heißt. Probiert man den Wein unterwegs während dieser 18 Monate, probiert man ihn als blutiger Laie, der die Kunst des Ausspuckens nicht beherrscht, hat man den Eindruck, als räche sich die Pflanze, die nichts zu lachen hatte beim Wachsen, an Zunge und Schlund, als riebe sich ihr Innenleben wie an einem Wetzstein. Probiert man ihn später, kann man ihn genießen: gegen das Licht halten (›mirer‹) und die Farbe prüfen, ›la robe‹; sein ›bou-

Château Dutruch in Moulis-en-Médoc

quet‹, seine ›Nase‹ entdecken (›humer‹); ihn zu Mund
nehmen und kauen, um den ›Körper‹ zu schmecken
(›mâcher‹); nachdem man das erste Schlückchen genommen hat, kann man dann alle die Eigenschaften genießen, die er im Mund entwickelt hat: Charakter und
Geschmeidigkeit, Fruchtgehalt und Feinheit, Ecken und
Kanten und Rundheit. Danach kann man anfangen mit
dem Trinken, zum Beispiel einen ›Château Dutruch
Grand Poujeaux‹ aus Moulis-en-Médoc, einen ›Grand
Vin du Haut-Médoc‹ von schwerblütiger Aufrichtigkeit,
einen einfachen guten Wein von hier.

François, der Winzer, der den Wein erklärt, könnte
Charles-Louis heißen; Charles-Louis de Secondat, genannt Montesquieu, hat die Arbeit am Wein gekannt
wie das Bücherschreiben. Er hat die Geschichte des
Weins gekannt wie seine Ökonomie – was für ihn noch,
etymologisch korrekt, Haus-Wirtschaft war; er war zuhause in jener Kultur und Zivilisation des Weins, in der
Essen zum Trinken gehört wie die *Entrecôte Bordelaise*
zum einfachen guten Médoc: du nimmst 20 cl vom Wein,
gibst sie in einen Stieltopf, legst einen Thymianzweig
und ein Lorbeerblatt hinein und läßt darin 50 g kleinge-

hackte Schalotten bei kleiner Flamme garen, bis der Wein um die Hälfte reduziert ist (eine Prise Salz nicht vergessen); in einem anderen Stieltopf läßt du 80 g Butter schmoren, streust 20 g Mehl hinein und verrührst es mit einem Holzlöffel so lange, bis das Mehl goldblond ist, gießt 20 cl kochende Würfelbrühe hinzu, läßt das Ganze kurz aufkochen, ohne mit dem Rühren haltzumachen, und senkst die Temperatur auf die kleinste Flamme, auf der das Ganze 10 Minuten verbleibt; dann nimmst du Lorbeer und Thymian weg und gießt den verbliebenen Wein mit den Schalotten-Stückchen in den anderen Stieltopf, fügst einen gehäuften Eßlöffel gehackter Petersilie hinzu, und fertig ist die ›sauce bordelaise‹. Für 2 ›entrecôtes‹, 4 Personen. Nicht vergessen: die beiden Scheiben (2,5 cm dick) auf beiden Seiten mit etwas Öl bestreichen, vor dem Grillen (zweimal 3 Minuten).

Dieses Rezept fehlt im Buch ›Vom Geist der Gesetze‹, das von Gott und der Welt handelt und nicht nur vom Geist der Gesetze: 12 Jahre Arbeit; eine Summe. Hat man sich durchgearbeitet, versteht man den Musen-Aufruf: »... verschleiert, was daran Arbeit ist.« Das Verschleiern ist nicht geglückt, konnte nicht glücken bei 12 Jahren Trauerarbeit.

Die Trauerarbeit. Englisch-französischer Krieg in Aquitanien, Bürgerkriege in Frankreich, Religionskriege aller Art: konkurrierende Machtkonzepte und Fanatismen aller Art haben ihre Spuren im Land hinterlassen; der gasconisch sprechende Junge hat sie gesehen; der politische Schriftsteller spricht offen darüber, bis hin zur ausgesprochenen ›Friedensliebe‹ als Leitwort sozialer Bewegung am Ende des Buchs. Aber lassen wir das, dieses offene Buch, diesen Klassiker der Gewaltenteilung, dieses schwer atmende Werk voller Ungereimtheiten und innerer Widersprüche. Nehmen wir das verdeckte Buch.

Die Trauerarbeit. »Ein monarchischer Staat muß eine mittlere Größe haben. Wenn er klein wäre, würde er sich in eine Republik umbilden.« Immer wieder kehrt dieser Gedanke im Buch, und immer wieder ist darin das trauernde Wissen – nicht die Wissenschaft von Universitätsmenschen – darum ausgedrückt, daß Frankreich die klei-

nen okzitanischen Republiken geschluckt hat. Immer
wieder wird auf den Gegensatz Nord-Staaten – Süd-Län-
der abgehoben, und das große Verständnis, das Montesquieu für ausreichende Bewaffnung kleiner Republiken
und freier Nationen aufbringt (samt der erforderlichen
Finanzierung), erklärt sich aus seiner Analyse, daß die
militärische Zermalmung Okzitaniens durch die Truppen des Nordens die zweite Niederlage war, nach der
unzureichenden politischen Vorbereitungsarbeit. – Wie
das: da redet jemand von Okzitanien, ohne von Okzitanien zu reden? Geht das?

Das geht, wie man von deutschen Dingen reden kann,
ohne von deutschen Dingen zu reden, indem man ›vom
Geist der Gesetze‹ spricht, von Karl-Ludwig und von
Montesquieu und vom Gedankengebäude eines Buchs,
das zum Mythos geworden ist und uns als ›Schloß‹
verkauft wird, obwohl es sich um eine Mühle handelt.
Mit Substanz von hier und Substanz von da, Kreuzen
und Pechnasen, Weizen und Mehl. Nicht zu vergessen:
damit kann man Brot backen…

Man muß vergleichen, sagt Montesquieu, immer wieder vergleichen: »Die allererste Fähigkeit der menschlichen Seele ist die zu vergleichen… Es ist gut für die

Menschen, wenn sie die Dinge miteinander angemessen vergleichen.« Und er vergleicht den chinesischen Kaiser, der sich in seinem Palast einschließt und sich kostspieligen Spielchen hingibt – mit wem wohl vergleicht er sie? Mit den strengen Wertesystemen der Griechen und Römer, weiß die Professorenphilosophie der Philosophieprofessoren – und hat nichts verstanden. Und sperrt ihn ein in ein kontext- und zeitloses Gedankengebäude von Luftschloß.

Da aber ist er nicht zuhause. Er ist zuhause in einem politisch-sozialen System, an dessen Spitze eine ›gesichtslose‹ Charaktermaske steht, in dem »alle Männer häßlich« sind, weil »allmächtig«, in dem die herrschenden Gesetze nicht mit den Bräuchen übereinstimmen, vor allem nicht mit denen, die aus dem alten System des ›alleu‹ hervorgegangen sind: vom deutschen und englischen und französischen Feudalsystem sehr verschieden, war es in Aquitanien, in der alten Provinz Guyenne zuhause wie im Languedoc und in der Provence (auch in Teilen des Massif Central); darin gehörte der Acker dem, der ihn bestellte, und der Weinberg dem, der die Arbeiten am Wein tat und beherrschte, und die Freiheitsrechte der Landmenschen waren in ihrem Stückchen Land, das sie bewirtschafteten, verankert, bis hin zum Recht auf die überm Rebholzfeuer gebratene ›entrecôte‹ beim Rebschnitt im Winter. Der freie Schriftsteller ist zuhause in jener zermalmten Toleranz-Kultur des freien Meinens, das auf dem ›Mein‹ eines Stückchens Land aufbaut, auf jener Vernunft, die sich von unten durchsetzt: »Im Rahmen einer freien Nation ist es sehr oft unwesentlich, ob die einzelnen gute oder schlechte Überlegungen anstellen. Daß sie überhaupt Überlegungen anstellen, ist die Hauptsache. Daraus geht die Freiheit hervor, die vor den Folgen dieser besagten Überlegungen schützt.«

Man muß vergleichen, sagt Karl-Ludwig, dieser häßliche Polemiker gegen ausgewogene ›Extremisten‹-Beschlüsse in Ost und West...

Bordeaux

fällt auf als Bastard-Stadt: neben den steinernen Zeugen der englischen Stadt (z. B. »La Grosse Cloche«) stehen die der französischen (z. B. »La Porte Cailhau«), und die Geschichts-Bücher, nachdem sie die Römer-Gründung ›Burdigala‹ abgehandelt haben, halten sich länger auf beim 12. Jahrhundert, in dem ausgedehnter Seehandel mit England zu wirtschaftlicher Prosperität und zu einem Bevölkerungswachstum führte, der die mittelalterlichen Stadtmauern sprengte und das Gesicht der ab 1152 englischen Stadt entscheidend prägte.

1 Cathédrale Saint-André.
2 Palais Rohan, actuel Hôtel de Ville.
3 Musée d'Aquitaine.
4 Musée de peinture.
5 Musée des Arts décoratifs.
6 Le Grand Théâtre.
7 Syndicat d'Initiatives - Office du Tourisme.
8 Monument des Girondins.
9 Eglise Saint-Michel.
10 Eglise Notr-Dame.
11 La Grosse Cloche.
12 Eglise Saint-Paul - Saint-François-Xavier.
13 Place F.-Lafargue, autrefois du Vieux-Marché.
14 Place du Parlement, autrefois du Marché-Royal.
15 Porte Dijeaux.
16 Porte d'Aquitaine.
17 L'hôtel de Sèze.

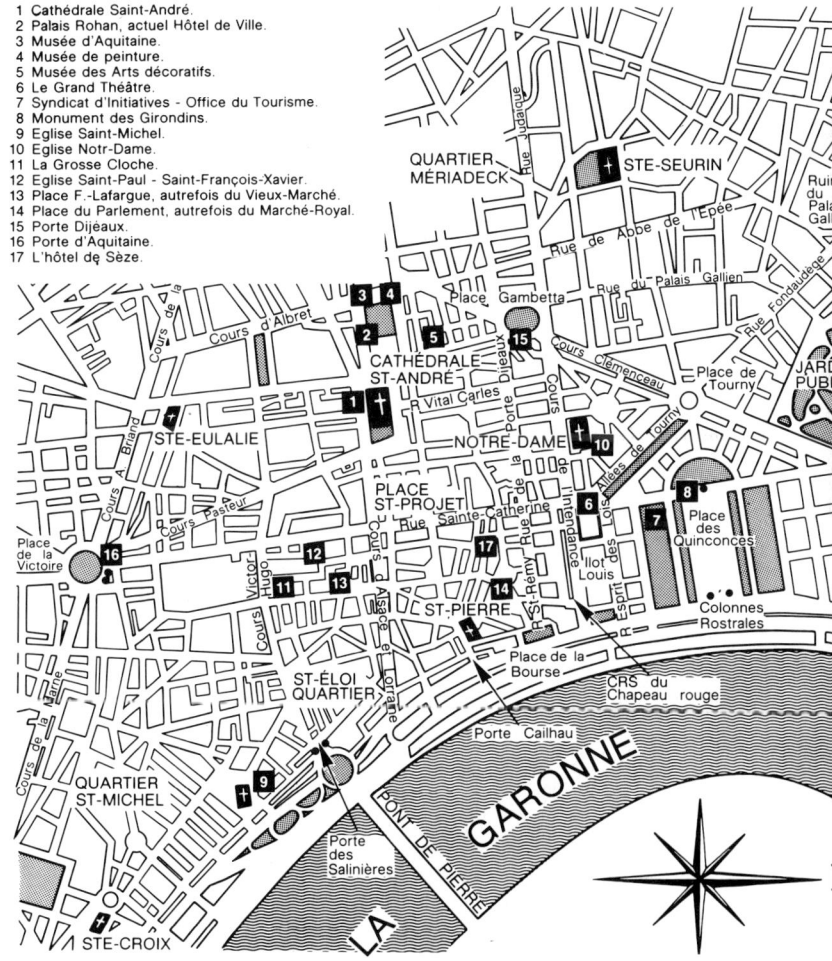

Aliénor d'Aquitanie (1122–1204), Grabmal in der Abtei Fontrevault. Sie war 1137 in Bordeaux, der Hauptstadt Aquitaniens, mit Louis VII von Frankreich getraut worden

Es ist unmöglich, bei diesem Datum nicht von einer Frau zu sprechen: *Aliénor*, Tochter von Guillaume von Aquitanien und geschiedene Ehefrau des französischen Königs Louis le Pieux, hatte in zweiter Ehe mit Henri Plantagenet den späteren englischen König geheiratet, womit die Stadt Bordeaux und das Land *Aquitanien* nach damals gültigem Recht englisch wurden. Seit dieser Zeit und mit mehr oder minder kleinen Unterbrechungen (insbesondere durch Saint Louis ermöglicht, der als französischer König ein Besitzrecht an Aquitanien der englischen Krone ausdrücklich zuerkannte), herrschte Krieg zwischen Paris und London, wovon noch heute die reichlichen ›Bastides‹ genannten Militär-Gründungen auf beiden Seiten zeugen. Über den Hundertjährigen Krieg hinaus gab es insgesamt drei Jahrhunderte lang kriegerische Auseinandersetzungen, die erst 1453 mit dem entscheidenden Sieg der französischen Truppen bei Bastillon-la-Bataille an der Dordogne endeten.

Erliegen wir der Versuchung, Bordeaux mit den Namen von Montaigne und von Montesquieu zu verbinden: beide waren hier Bürgermeister, und es lohnt sich, jeweils ›ihre‹ Stadt zu entdecken in den Spuren-Elementen, die vom ›Syndicat d'Initiative‹ (neben dem Theater) vorgeschlagen werden. Dennoch muß zu den illustren Namen hinzugefügt werden, daß Bordeaux weiterhin schwer litt unter Kriegs-Einwirkungen (z. B. Fronde-Kriege) und Steuer-Revolten (z. B. 1675), die schwere Verwüstungen anrichteten.

Das Stadtbild von heute wurde dann entscheidend geprägt im 18. Jahrhundert: Bordeaux besitzt ein Architektur-Ensemble jener Zeit von europäischem Rang; man mag es nicht mögen, aber ansehen sollte man es sich doch: die opulenten Fassaden mit den schmiedeeisernen Gittern und den barocken Figuren im *Börsen-Viertel* zum einen, die *Werftarbeiter-Viertel* stromabwärts zum anderen. Beide sind ein zwieschlächtiger Hinweis auf jenen Wirtschafts-Boom, der mit dem seit 1705 steuerfreien Seehandel mit den Antillen ausgelöst wurde: Zucker, Rum, Kakao, Kaffee, Baumwolle, Farben, Obst, Tabak wurden für gesamteuropäischen Bedarf geholt, Wein, Mehl und verschiedene Landwirtschaftsprodukte aus dem aquitanischen Becken gingen über den Atlantik. Ob es Sklavenhandel nicht auch gegeben habe, habe ich den Autor einer dieser Wirtschaftsgeschichten des 18. Jahrhunderts gefragt; die Antwort war die: ja, aber in ganz unerheblichem Maße, und zwar aus ökonomischen Gründen – da wegen der Zyklen der herrschenden Wein-Kultur die gesamte regionale Wirtschaft auf die großen Märkte von Oktober und März fixiert waren, mußten die Waren zu diesen Daten mit schnellen Schiffen über den Atlantik gebracht werden, und ein Dreiecks-Handel über Afrika hätte hier einen Strich durch die Rechnung gemacht.

Man müßte jetzt noch einiges zu Großbauten wie der *Kathedrale* oder dem *Theater* sagen; schenken wir uns das und verweisen auf einschlägige Reiseführer und Stadtbeschreibungen. Sagen wir stattdessen einen Satz zu einem kleineren Bau neben der Kathedrale, der etwas pompös ›*Centre National Jean Moulin*‹ heißt: der gaullistische Bürgermeister Chaban-Delmas, der als jüngster General der ›Résistance‹ viel mit linken zivilen Koordinations-Chef zu tun hatte, hat hier eine unpompöse Informationsstätte einrichten lassen (Eintritt frei); in einem Raum sind Arbeiten des Malers *Morvan*, die sich auf Auschwitz und Mauthausen beziehen, dauerhaft ausgestellt, und eine dieser unbeschreibbaren Arbeiten heißt ›Zeit der Kirschen‹, nach dem Titel des Liebes-, des Volkslieds.

Bordeaux, Theater

165

Girondins

hießen jene Kinder der Französischen Revolution, die von ihr gefressen wurden: in den Monaten Oktober und November des Terror-Jahres 1792 endeten die Abgeordneten des Départements Gironde Ducros, Gensonné, Guadet und Vergniaud unter der Guillotine, und mit ihnen verschiedene Einzelpersonen aus anderen Regionen, die die Exzesse der Revolution nicht ertrugen, wie z. B. die Innenministerin vom Frühling desselben Jahres, Madame Roland. »Lieber sterben als Verbrechen begehen« war ihr letzter Grundsatz, den sie der Brutus-Maxime der feindlichen Brüder entgegenhielten: »Wenn Brutus nicht die anderen umbringt, wird er sich selber umbringen«, hatte zuvor Saint-Just von den ›Montagnards‹ erklärt.

Was trennte ›Girondins‹ und ›Montagnards‹, machte aus Bruder-Fraktionen der Revolution feindliche Brüder? Klassenzugehörigkeit? Geographische Herkunft? Soziale Lage? Alter? Temperament? Alle diese Hypothesen sind in einer umfangreichen Literatur zur Französischen Revolution vorgetragen – und mit stichhaltiger Begründung wieder verworfen worden. Was also trennte sie, machte die einen zu Tod-Feinden der anderen?

Sehen wir uns die Begriffe an. Von den hohen Bergen kommen sie, die ›Montagnards‹ haben ihr Revolutions-Konzept mitgebracht wie Moses seine Gesetzestafeln vom Berg Sinai, bauen mit der gletscherkalten Konstruktionsmechanik ihrer »Tugend«-Religion von robespierrescher Göttlichkeit an ihrem irdisch vollkommenen Gemeinwesen. Die anderen kommen von unten her, von der ›Gironde‹, haben das Land mit dem Wein im Sinn und den Fluß und den Handel, essen und trinken gern und kennen Gerechtigkeit als Empfinden, nicht als Theorie. Im Parlament sitzen die einen oben, die anderen unten: allegorisches Echo auf die Symbolik dessen, was die Begriffe bezeichnen.

Sehen wir uns die Konflikte an. Es fällt auf, daß – bei welchen Konfliktpunkten auch immer – die ›Girondins‹ immer auf öffentlichen Aussprachen vertrauen, immer um Mehrheiten in der Konvention werben und immer, wenn sie die Mehrheit haben, die Minderheit respektieren und schützen. Es fällt dagegen bei den ›Montagnards‹ auf, daß sie immer dann, wenn sie eine Abstimmungsniederlage erlitten haben, sich mit außerparlamentarischen ›pressure-groups‹ verbinden, die zwar in ihren Theorien nicht vorkommen (Commune, Sans-Culottes), aber den Vorteil haben, das Gesetz des Handelns aus der Konvention wegzuverlegen, solange, bis die Konvention kein Gesetz des Handelns mehr kennt; jeglicher Minderheiten-Schutz geht dabei verloren, und es richtet sich ein eine reine Henker-Logik, nach der nur noch zählt, wer wen in der Hand hat, wer wen umbringen kann.

Das erinnert an manche Revolutionen; es erinnert auch an manche Debatten »sozialistisch angehauchter Studiosi« (Engels) nach 1968; es erinnert vor allem daran, daß Revolutionäre *alles* voneinander trennen kann, was politisch verantwortlich handelnden Menschen gemeinsam sein sollte: Ethik und Menschenbild, Republik- und Gerechtigkeits-Konzepte, Lebensgefühl und Kultur. Dies darf nicht stehenbleiben, was sich durchgesetzt zu haben scheint in der herrschenden Geschichtsschreibung: daß die »Girondins in die Politik verirrte Träumer und Künstler« waren (Louis Blanc) und die anderen ernstzunehmende Revolutionäre; erlauben wir uns in einfacher Gegenbemerkung dazu die Behauptung, die ›Montagnards‹ seien in Wahrheit in die Politik verirrte Henker. Und wenn dann geklärt ist, wem die Angst vor Revolutionären alias Henkern nützt, dann sind die Lebenskünstler-Revolutionäre von der Gironde nicht umsonst gestorben.

Strategie-Debatte der Girondins

DORDOGNE

Unterleben, Übermalen: Drei Versuche

Woran schnuppert der Hund morgens um sechs im *Tal der Vézère* im ›Schwarzen Périgord‹? – Wir sind im Süden des Départements, das offiziell ›*Dordogne*‹ heißt und zu dem jedermann ›*Périgord*‹ sagt, im Süden des Départements mit der Trüffel-Form. Was gibt es hier zu schnüffeln?

Eine Nase. Die Hundenase schnuppert an der Radwanderernase im Stroh in der Scheune in der Nähe von *Lascaux*; die Hühner gackern: raus aus den Federn! Die Pilger aus aller Welt, die kein Zimmer mehr finden, und die Autofahrer, die im Auto pennen, bilden die ersten Besucherströme. Wenn du dich nicht bald aufmachst, wenn erst die Hotels ihre Schleusen öffnen, dann sind die Besucherschlangen am Eingang von Lascaux II so lang, daß du warten mußt bis zum Nachmittag oder bis zum nächsten Tag. *Lascaux II*, die Kopie der berühmten ›Cathédrale de la Préhistoire‹, ist offen.

›Kathedrale der Vorgeschichte‹, ›das 8. Weltwunder‹, die ›Welthauptstadt‹, ›la Capitale Mondiale de la Préhistoire‹: Kunst-Europas gurgelnde Lauge ergießt sich in eine Höhle; Kunstführer aus aller Herren Länder stammeln Bewunderung für dieses verstümmelte, ja gefälschte Bild der Fauna einer Epoche. Der Höhlenbär, den es um 14540 vor unserer Zeitrechnung hier reichlich gab, kommt fast nicht vor (nur zweimal) unter den Wandmalereien, während umgekehrt die Herden Pferde, die etwa 6% der figürlich dargestellten Tiere ausmachen, in Wirklichkeit hier kaum vorkamen. Also Vorsicht beim Sehen.

(Vorsicht auch beim Lesen. In sämtlichen Kunstführern, die sich anbieten und am Markt gut behaupten, steht zu lesen, was zuletzt die Zeitschrift ›Géo‹ im August 1986 in hoher Auflage verbreitete: daß die rührende ›*Vénus de Laussel*‹, die erste figürliche Darstellung eines weiblichen Menschen, im *Schloß von Beynac* steht; felsenfest steht sie da, wird da felsenfest behauptet – aber da steht sie nicht, und fragt man im Schloß von Beynac, wo sie denn steht, wird mit den Achseln gezuckt, keiner weiß Bescheid. Also Vorsicht beim Lesen von scheinbar gesicherten Informationen, bei denen der eine vom anderen Falsches abschreibt.)

Gesichert ist dies: an einem schönen Vormittag des Jahres 14500 vor unserer Zeitrechnung passierte es, daß ein Lehrer einen Schüler ein Pferd malen ließ. Das passierte im oberen Tal der Vézère in einer der Grotten, und wie das so ist bei Schülern, die nicht rechnen wollen und nicht schreiben können: malen wollen sie, ›ein Pferd malen‹. Herr Cromagnon, unser pädagogisch gewiefter Lehrer, läßt die ganze Klasse malen: das Resultat, die Pferde von Lascaux, sehen wir heute gegen ein happiges Eintrittsgeld. – Ähnliches ist einem Kollegen von Herrn Cromagnon in Font-de-Gaume widerfahren: da sehen wir jede Menge Büffel; und die Mammut-Herde in Rouffignac ist auch nicht zu verachten. Nicht einmal eine Anregung haben sie gegeben, die Lehrer von damals, und welch ein Ergebnis!

Es gibt auch andere Erklärungsversuche, aber die sind weniger lustig. Von Kunst als Anti-Schicksal ist da die Rede, von ›ritueller‹ Darstellung und Ähnlichem. Gut, man kann für Lascaux behaupten, daß es einen Zusammenhang gibt zwischen der Häufigkeit, mit der ein bestimmtes Tier (hier das Pferd) bildlich dargestellt wird, und der Seltenheit, mit der man dessen Fleisch verzehrt. Man kann auch überall da, wo ein Pfeil zu sehen und eine Wunde eingeritzt ist, einen Penis und eine Vulva sehen, wie das jeder zweite Kommentar tut – aber warum reicht es nicht, das Sichtbare zu sehen? Warum müssen da riesige Botschaften hinter den Bildern stecken – ist nicht die kleine Botschaft, daß es sie gab, diese Maler, wunderbar genug?

Gut, es gibt immer wieder auch offene Darstellungen von Phallus und Vulva: unmöglich, sich zu vertun. Aber statt nun offen zu räsonnieren mit Lust von heute über die Grenzen von Pornographie und Kunst, liegt Nachdenken nahe über das Frieren von damals: könnte das nicht mit sehr viel Kälte zu tun haben, daß man sich sehr viel warme Gedanken machte?

Höhle von Lascaux: Erster Stier, rotes Pferd und braune Pferde

Es gab sie, die Ritzer und Maler, wie es die Höhlen-Bä-
ren und die Wildschweine gab, aber wir wissen nichts
über ihre Ängste und Hoffnungen, über ihr Essen und
Trinken; wir wissen kaum mehr über sie, als daß sie
nicht mehr ›Pithekanthropus‹ sind, jene Menschenaffen
von vor 1 Million Jahren mit dem Hirnvolumen von
1 000 cm³. Nein, sie waren ganz andere: aufrechter Gang
und Hand-Gebrauch fallen auf bei ihnen, erste Human-
Qualitäten. Die Hände fallen auf.

Eine leicht gehöhlte und eine ausgestreckte Menschen-
hand, in der weniger bekannten Höhle von *Bara-Bahau;*
das ist ein okzitanischer Name, auch wenn Georgette,
die die Höhle entdeckt hat und seither ›ihre‹ Höhle erläutert, meint, das sei ›Patois‹, mundartliche Untersprache.
Sie ist zu bescheiden, die Führerin, ist vielleicht zu beeindruckt von den Farben von Lascaux, von den 205 Mam-
muten und den 510 Büffeln und den 610 Pferden des
franco-kantabrischen Komplexes, von den überschweng-
lich besuchten Grotten nebenan. Aber ich mag diese
langgestreckte Höhle mit den zierlichen Tier-Silhouet-
ten, den zwei linken Händen; ich mag die amatörichte
Weise, mit der Georgette erzählt, wie sie einst als Kind

hier Verstecken gespielt hat, dann Zärtlichkeiten getauscht, ehe sie entdeckte, was sich noch verbarg: das teilt sie ganz mit, nüchtern und kundig und ganz ohne Theorien. Mir fallen die Hände auf, ganz ohne tiefere Bedeutung, und mir fällt auf, daß Bara-Bahau nicht einmal als Fußnote vorkommt in jenem Führer, dessen Kapitel ›Das Tal der Vézère: das größte Museum der Welt‹ überschrieben ist und dessen Unter-Überschrift lautet: ›Von Höhle zu Höhle, Pilgerreise zu den Quellen‹. Also: Georgettes Höhle liegt am Unterlauf der Vézère, am Ortsrand von *Le Bugue*, und auch und gerade für Nicht-Pilger lohnt das Reingucken. Bilder und Pilger: das Périgord ist voll davon. Du machst einen Satz nach Südosten ins *Tal der Dordogne*, legst dich kurz vor der *Burg von Beynac* in den Fluß zum Auskühlen (ja, da steht ein Hinweisschild zum Baden, und das kann man denn auch), siehst halbnackte Männlein und Weiblein vorbeipaddeln, an Josephine Bakers ›Village du Monde‹ von *Milandes*, vorbei an der feudalen Burg von *Castelnaud*, der englischen, und am französischen Beynac, vorbeipilgern an den Bastiden und Burgen, den englischen und den französischen.

Du machst einen Satz aus dem Naß der Dordogne

Höhle von Lascaux, zweites chinesisches Pferd

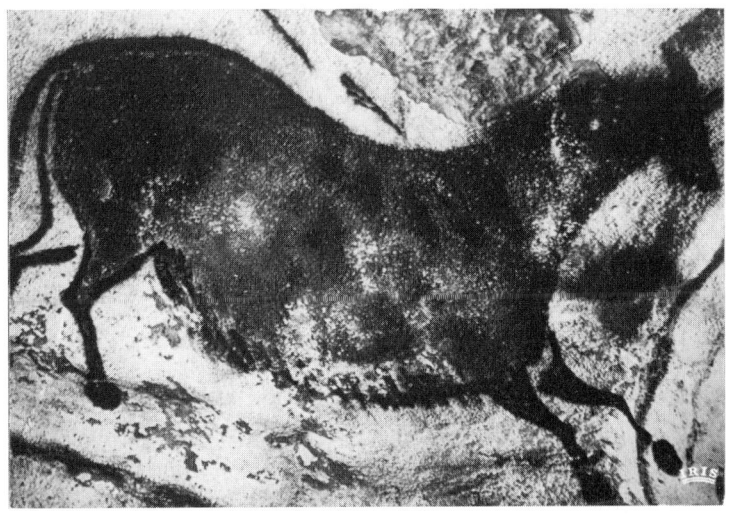

wieder nach Südwesten, gerätst 40 km südlich von Bara-Bahau in ein okzitanisches Fest: ›félibrée‹ *in Monpazier*. Dreißig- bis vierzigtausend Menschen pilgern in die blumengeschmückte Bastide, in das militärische Bollwerk der englischen Krone im Herzen des ›schwarzen Périgord‹ mit dem Blumendach über den Straßen, den blumengeschmückten Arkaden, Rinnsteinen, Hauswänden und dem Regenbogen aus Blumen über dem Eingangstor. »Wir haben 350 000 Papierblumen hergestellt, kilometerlange Girlanden«, sagt der Leiter des Organisationskomitees, und von den Parkplätzen für die zigtausend Pilger zur diesjährigen ›Felibrejada dau Peiregord‹ spricht er nicht, die haben die Bauern der Umgebung auf ihren Feldern selbstverständlich hergegeben, damit im Ort richtig gefeiert werden kann. Denn die ›Félibrée‹ ist zunächst einmal das Fest und das Werk und die Arbeit derer, bei denen gefeiert wird, also weiß die ganze Gegend, was die Presse jedes Jahr aufs Neue berichtet: »Der Bürgermeister hat die Ärmel aufgekrempelt, und die Schwestern aus dem Kloster haben mitangefaßt, und die Schüler, die Kaufleute und die Bauern haben mitgemacht. An Arbeit war kein Mangel in den letzten Monaten.« Mit dem Ergebnis, daß aus einem militärischen Bollwerk des 13. Jahrhunderts ein überwältigendes Blumenwerk des 20. Jahrhunderts geworden ist, in dem sich Leier und Geige begegnen: nie eine friedlichere Bastion gesehen.

Eine Region stellt sich dar, senkt ihre Wurzeln ein, feiert: ihre Geschichte, ihr ›Savoir Vivre‹, ihre Lebenskunst. »Das ist der Tag der Oc-Sprache (langue d'oc) und der Dichter und Sänger, die in ihr leben (félibres)«, erklärt Jean Monestier, der ›Majoral du Félibrige‹, was man am besten mit ›Dichter-Chef‹ oder ›Sänger-General‹ übersetzt. Man kann erleben, daß hier eine Gruppe mit Leiern und Geigen ihre Weisen spielt und, spazierengehend unterm Blumendach, auf eine andere Gruppe mit Geigen und Leiern trifft, die ihre Weisen spielt, und daß die beiden Weisen so zuende gespielt werden bei der Begegnung, daß zweierlei Musik ineinander übergehen in ein musikalisches Gespräch zweier Gruppen, die am Ende zu einer gemeinsamen Weise finden...

‹Venus de Lausselle‹, erste figürliche Darstellung eines weiblichen Menschen.

Château de Beynac an der Dordogne (unten), wo die Venus
ausgestellt sein soll, aber nicht
zu finden ist.

Das ist der Mythos der ›Félibrée‹: »Kummerköpfe kriegen ein Tuch vorgehängt, und Giftzungen kommen ins Pökelfaß, solange, bis das Fest vorüber ist« – so ein ehemaliger ›Majoral du Félibrige‹. Das ist die Geschichte der ›Félibrée‹: Renaissance der Oc-Sprache und -Kultur in der ersten Hälfte des 19. Jahrhunderts, Genesis des Fests 1854 zuerst in der Provence (auf Betreiben von *Frédéric Mistral*, Nobelpreisträger für ein literarisches Werk in okzitanischer Sprache), das sich als Katalysator eines historischen Gewissens okzitanischer Kultur versteht; seine Ziele sind (laut Mistral) »Wiederbelebung eines okzitanischen Nationalgefühls, Wiederherstellung der historisch natürlichen Sprache, Wiedergewinn einer verlorengegangenen Würde«. Der Funke springt über in alle Regionen Okzitaniens, so auch ins Périgord, wo seit Beginn des Jahrhunderts Jahr für Jahr, jedes Jahr an einem anderen Ort, die ›Bornatiers‹, die Hohepriester der ›Félibrées‹, das identitätsstiftende Fest veranstalten, mit ›passacarriera‹ (Umzug in Landestracht), okzitanischer Messe, ›taulada‹ (Gastmahl); dabei hält dann der ›Majoral‹ die mit Spannung erwartete Rede, deren Protokoll jeweils schon vorher geschrieben werden kann: man sei hier nicht in einem Indianerreservat und auch nicht in einem Märchenpark, sondern man sei hier zusammengekommen, um ja zu sagen zu diesem Land, in ihm leben und arbeiten zu wollen und Vertrauen zur Zukunft zu bekunden. Und in Monpazier fügt 1986 der Majoral Jean Monestier hinzu, man habe »una riquessa umana escondada per se fargar un idea novel«, einen verborgenen Schatz von Human-Qualitäten, den man nur heben müsse, um ein neues Ideal zu prägen.

Heben wir einen. Und hören wir eine Gegenrede.

François Dubot stammt aus dem Périgord, aus einer Familie von Dichtern und Sängern, die dieses Volksfest seit Generationen mitträgt, ist also keine ›Giftzunge aus dem Pökelfaß‹. Dennoch wirft er als Wissenschaftler und Soziologe einen analytischen, einen kritischen Blick auf das, was er selber »die bedeutendste okzitanische Massenveranstaltung« nennt: im Unterschied zur Provence, wo die ›Félibrées‹ immer eine von Honoratioren und

Zur ›Félibrée‹ werden Dörfer und Städte im Périgord liebevoll mit Blumen geschmückt

Notabeln organisierte apolitische Folklore-Darbietung waren, finden wir im Périgord weniger konservative Kräfte am Werk, mehr Beteiligung kleiner Leute, sogar Mitwirkung ›linker‹ Gruppen wie z. B. der ›Fédération des Oeuvres Laiques‹; von daher die ausgesprochene Lebendigkeit der ›Félibrée‹-Tradition hier, im Unterschied zu anderen Regionen, wo sie seit einigen Jahren deutlich schwächer wird. Im Abnehmen begriffen sei aber auch der Okzitanismus insgesamt, den er so definiert: eine Bewegung, die die Verteidigung der Oc-Sprache und -Kultur auf ihre Fahnen geschrieben hat wie auch das Sich-Kümmern um eine Ökonomie, der es schlecht geht und die ums Überleben kämpft (was die Hohepriester der ›Félibrées‹ nicht interessiert), nach Möglichkeit in Verbindung mit politischen Kräften, die sich aufgeschlossen zeigen gegenüber okzitanischen Themen wie Selbstverwaltung, Dezentralisierung und Foren-Demokratie. Doch in dem Maße, in dem man sich organisiert habe in bestehenden durchstrukturierten Organisationen, in linken Parteien und Gewerkschaften, habe man zwar taktische Pressions-Möglichkeiten gewonnen, aber jede strategische Handlungsmöglichkeit, jede autonome Organi-

Montpazier, eine Bastide im Périgord

sationsfähigkeit verloren. Damit sei man hin- und herge-
rissen zwischen einer regionalistischen Logik, die en
détail da zu drücken versucht, wo en gros nichts verstanden wird, und einer nationalistischen Logik, die sich
neurotisch wetzt an einem Zentralstaat, mit ihm bricht
und sich ungebrochen auf eine okzitanische Nation bezieht, die es nie gab: da ist er dann wieder, der Zentralstaat, mit seinen Gewaltstrategien. Das muß festgehalten werden: Okzitanien war immer mehr als eine Region, aber auch immer weniger als eine Nation.

Lassen wir die Gedanken, kehren wir zurück zu den
Bildern. Nehmen wir einen Bilder-Pilger, der Henry
heißt, *Henry Miller*, und lassen ihn sagen: »Frankreich
mag es eines Tages nicht mehr geben – aber dieses Land
hier wird weiterleben, wie Träume weiterleben, die
Menschenseelen ernähren.« Wie die Steinhütten, die
manchmal ›bories‹ heißen und manchmal ›gariottes‹ und
bei denen der Laie nicht sagen kann, ob sie aus dem
Neolithikum stammen (also 4000 Jahre alt sind) oder aus
dem Mittelalter oder aus dem vorigen Jahrhundert, bei
denen er sich fragt, wie man das macht: ohne Verscha-
lung oder Gerüst die Kalksteinplatten mörtellos aufzu-
schichten zu den schnuckeligen Steinmützchen obenauf,
bei denen er vor sich hinmurmelt, daß ›Hütte‹ und ›Hut‹,
›behütten‹ und ›behüten‹ zusammengehören. Wie das
Suppe-Schlürfen am Kamin, das ›faire chabrot‹ der Bauern:

178

Gänsemarkt in Sarlat

in den letzten Rest der Zwiebel- und Knoblauchsuppe
mit dem Brot und dem Gänsefett und den Eiern gibt man
Rotwein, zwei, drei Glas Rotwein – und trinkt dann den
Teller leer. Wie die Unterschlupfe im Tal der Vézère, die
– wie La Roque St. Christophe – als troglodytische Zitadellen den Cromagnon-Menschen Schutz boten wie den
Sozialrebellen des Mittelalters; sogar Partisanen der Neuzeit sollen sich hier versteckt gehalten haben. Das wiederum bringt unseren Bilder-Pilger zu einem doppelten
Glauben: »Ich glaube, daß der Cromagnon-Mensch sich
hier niedergelassen hat, weil er ›extremely intelligent‹
war«; außerdem habe er, glaubt Henry Miller, »einen
hochentwickelten Sinn für Schönheit« gehabt... Darum
die Bildfriese prähistorischer Kunst, die springenden Pferde von Lascaux hier?

Verlassen wir die ›Sixtinische Kapelle‹ der Vorgeschichte jetzt ganz, und lassen wir die Nobel-Restaurants mit
den gefüllten Truthennen, in Gänsefett gebraten, den
Trüffeln im Teigmantel und den Hirschsteaks mit den
Waldpilzen links liegen. Das Périgord von Kunst und

179

Küche verlassen wir jetzt, empfehlen den Bilder-Pilgern zum Abschied noch zwei romanische Kirchen, eine friedliche in *St. Léon-sur-Vézère* und eine trutzige in *St. Amand-de-Coly,* lassen die Kirchen im Dorf und wenden uns einer anderen Geschichte zu, der von Kriegen und nochmals Kriegen.

Bis zum 16. Jahrhundert war das Périgord von keinem der großen Kriege verschont geblieben, nicht vom *Hundertjährigen Krieg* und nicht von den *Religionskriegen.* Was das heißt für die Bevölkerung der ehedem reichen Region, kann man nur ahnen; eine Kürzestgeschichte dieser Zeit ist zu lesen als Inschrift auf einer alten Ansichtskarte der Stadt *Bergerac* am Unterlauf der Dordogne: »Die Heirat von Eleonore von Aquitanien mit Henri Plantagenet, 1154 zum König von England gekrönt, ließ die Stadt unter englische Herrschaft geraten. Unter Philippe-Augu-

180

ste kam Bergerac wieder zu Frankreich. Saint Louis übergab Bergerac und das Périgord erneut den Engländern. Mitten in diesen zahllosen Schicksalsschlägen wechselte diese unglückliche Stadt mehrfach aus englischer Hand in französische und umgekehrt, um 1452 endgültig französisch zu werden. Im Jahre 1570 schließlich wurde Bergerac zur Schutzzone für die Protestanten erklärt.« Womit wir bei den Religionskriegen wären, in deren Verlauf nicht nur ein Lager das andere bekriegte, sondern innerhalb der jeweiligen Lager es zu Auseinandersetzungen kam, mit regelrechten Bauernkriegen im Krieg: »nicht für die Messe oder die Predigt erhoben sie sich zu Tausenden, nicht für den König oder die Liga griffen die Bauern des Périgord zu den Waffen, sondern für das Recht zu leben und Menschen zu sein«, heißt es in einer ›Geschichte der Bauern‹. Und tief ins kollektive Gedächtnis gegraben sind die Hungerrevolution der ›Croquants‹, die massenhaften Volkserhebungen von 1594 und von 1637, jeweils durch Steuererhebungen von Paris ausgelöst.

Nachdenken über diese Zeit von Kriegen, Hungersnöten, Massakern und Massensterben finden wir in den ›Essays‹ von *Montaigne*. Was uns als zeitlos gültiger Gedankenflug jenes Dichter-Philosophen aus der zweiten Hälfte des 16. Jahrhunderts erscheint, ist tief verwurzelt

Château de Montaigne

181

im alltäglichen Leben und Sterben jener Zeit; nicht zufällig steht im Anfangskapitel über »Philosophieren als Ster-
ben-Lernen« dieser Satz, dieser hochpolitische: »Wer gelernt hat zu sterben, hat verlernt, Diener zu sein.« Billiger
ist eine befreite Existenz nicht zu haben: »Das Vorbedenken des Todes ist Vorbedenken der Freiheit.« Über 20
Jahre (1571–92) lang hat Michel Eyquem, Sohn eines
reichen Wein- und Fischhändlers aus Bordeaux und einer
portugiesischen Jüdin, in seinem Elfenbeinturm von
Montaigne bei Bergerac nachgedacht über sich und die
Welt, über Sterben und Leben, über Kindererziehung
und körperliche Liebe; über 20 Jahre lang hat er in einsa-
mer Extase die gefilterten Endprodukte seines Nachden-
kens, seien sie Trauerarbeit über den Tod des Freundes
La Boetie oder über die Bartholomäus-Nacht, in seinem
Elfenbeinturm mit dem Blick auf die bewaldeten Hügel
und die Weinberge des westlichen Périgord, in seinem
Arbeitszimmer mit den lateinisch und griechisch be-
schrifteten Dachbalken zu Papier gebracht. Wobei er, bei
aller Gelehrsamkeit, nie belehrend schrieb, nie didaktisch: »Ich habe nichts zu lehren; ich erzähle nur.«
Ein kleines Stück des hinreißenden Buchs sei hier
vorgestellt, ein Appetithappen zum Anbeißen: im Kapitel »Über Kindererziehung« erzählt er von der eigenen
Kindheit »in völliger Milde und Freiheit, ohne jede Stren-
ge und Zwang«, von Lernfabriken, in denen jener grobe
Unfug des »Auswendiglernens, das kein Lernen ist«, ge-
trieben wird, erzählt er, wie er seinen kindlichen Erfah-
rungshunger »im großen Buch der Welt« gestillt hat, statt
»Bücherwissen« zu horten. Und diese Art seelischer Ernährung will er weiterempfehlen an seinen Sohn: »Ich
wünsche mir, daß mein Sohn eher in Kneipen sprechen
lernt als in Schulen, die zum Sprechenlernen da sind.«
Voller »bons sens«, voller rabelaisscher Sinnlichkeit ist
diese Schreibe, auch wenn sie so tut, als entspräche sie
herrschenden Standards von Gelehrsamkeit, von akade-
mischem Zitiergehabe. Nicht abschrecken lassen von
dem Dekor von Seneca- und anderen Fremd-Worten:
immer geht es um die Sache, um die Ewigkeit des Alltäglichen, um Bürgerkriege (»A voir nos guerres civiles…«)

und Freundschaft. Apropos Freundschaft: im Kapitel
dazu findet sich der schönste Satz des ganzen Werks; er
lautet in deutscher Übersetzung: »Wenn man unbedingt
wissen will, wenn man mir Löcher in den Bauch fragt,
damit ich unbedingt sage, warum ich ihn geliebt habe,
diesen Freund (d.i. Etienne de La Boetie, Autor u.a. der
›Rede über freiwillige Knechtschaft‹), dann kann ich im
völligen Einklang mit meinem Empfinden nur sagen:
›Weil er es war; weil ich es war.«‹

Der Freund stammte aus *Sarlat*, und sein Geburtshaus,
ein sehenswertes Renaissancegebäude inmitten einer
Altstadt, in der die Stadtgeschichte mit den Renaissance-
Bauten aufgehört hat, lädt zum Besuch wie der überaus
bunte Markt und die nächtlichen Theaterfeste, die Gärten, Brunnen und Höfe, der ganze Charme der hervorragend restaurierten Altstadt.

Bergérac

183

LOT

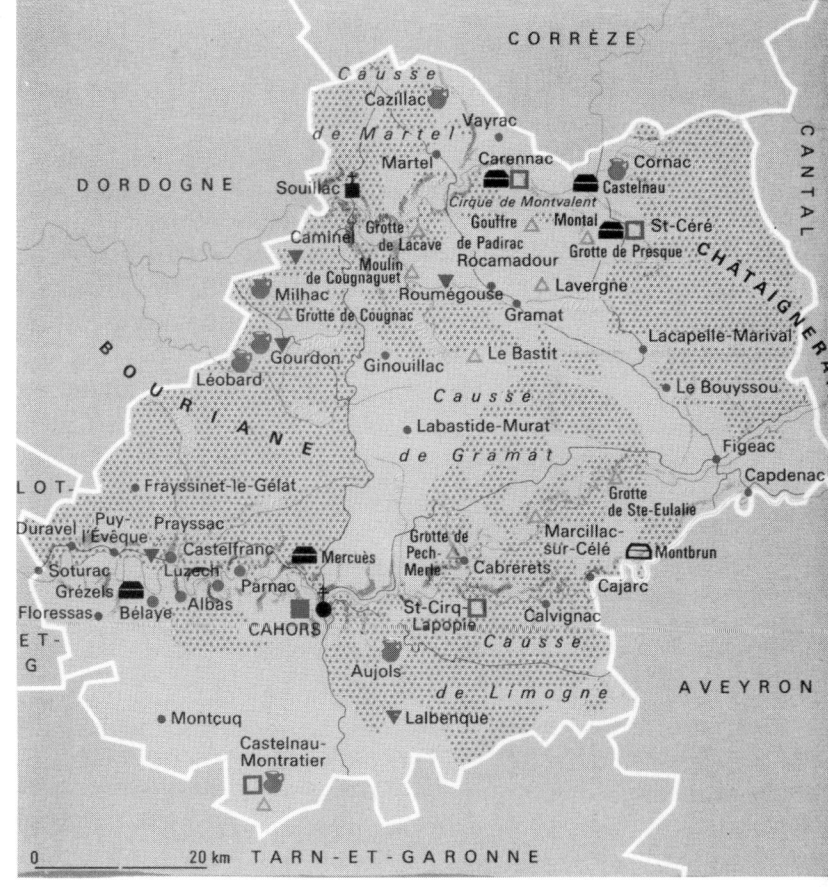

CORRÈZE

C a u s s e
de Martel

Cazillac
Vayrac
Martel
Carennac
Cornac
Souillac
Castelnau

DORDOGNE

Cirque de Montvalent
Grotte
de Lacave
Gouffre
de Padirac
Montal
St-Céré
Caminel
Rocamadour
Grotte de Presque
Moulin
de Cougnaguet
Lavergne
CHÂTAIGNERAIE
Milhac
Roumégouse
Grotte de Cougnac
Gramat
Lacapelle-Marival
Gourdon
Ginouillac
Le Bastit
B
O
U
Léobard
R
Le Bouyssou
I
A
N
Causse
E
Labastide-Murat
Figeac
L O T
de Gramat
Capdenac
Frayssinet-le-Gélat
Grotte
de Ste-Eulalie
Puy-
Duravel
Prayssac
Marcillac-
l'Évêque
Castelfranc
Grotte de
sur-Célé
Montbrun
Soturac
Luzech
Pech-
Mercuès
Cabrerets
Merle
Grézels
Parnac
Cajarc
Floressas
Bélaye
Albas
St-Cirq-
Calvignac
E T -
CAHORS
Lapopie
G
Causse
Aujols
de Limogne
AVEYRON
Montcuq
Lalbenque
Castelnau-
Montratier

CANTAL

0   20 km   TARN-ET-GARONNE

185

Eigener Sinn im Steineichenland

»Jetzt ist aber Schluß, Stefan!« Die Mutter drängt, wird energisch: es geht gegen Abend, die Heimreise dauert lange, und außerdem schließt das Museum bald; aber der Junge, der beim Gänse-Scheuchen aufgefallen war, rennt zur Schmiede, zieht von außen am Blasebalg, ruft: »On en regarde encore, le musée – wir müssen das Museum zuende angucken.« Die Mutter achselzuckend zum Vater: »Das ist das erste Mal, daß er nicht raus will aus einem Museum...«

Wir sind im ›Domaine de Cuzals‹, im Freiluftmuseum des *Lot*, aber ›Lot‹ sagt hier keiner, und überall steht der alte Name ›Quercy‹, also hier ›Musée de Plein Air du Quercy‹. Der Name ›*Quercy*‹ kommt vom Namen des Baums, der hier wächst: ›quercus‹, so nannten die Römer die Steineiche; der Name ›Lot‹ (seit der Revolution von 1789) kommt vom Namen des Flusses, der das Land von Osten nach Westen durchschlängelt, vom Rouergue kommend, in Richtung Garonne fließend. Aber hier haben wir nicht Fluß mit Schwemmland und Gemüsekulturen, sondern einen Boden, den die Steine fressen: die Kalkstein-Plateaus des ›weißen Quercy‹, die kleineren Chausses *(de Gramat, de Limogne, de Martel)*, deren Flora im allgemeinen Steineichenwald heißt, immergrün, mit ein paar Wacholderbüschen dazwischen, ab und zu ein paar Narzissen und Iris. Also ›Quercy‹, zwischen Rouergue und Périgord, am Rand des Massif Central.

Was als erstes auffällt im ›*Musée de Plein Air du Quercy*‹, ist der Gegensatz zwischen den bunten Besucher-Strömen und dem kargen, unwirtlichen Gelände: weißer Boden, farbige Kleidung. Fragt man nach Zahlen, erhält man die folgenden: 150 ha, 50000 Besucher dieses Jahr (letztes Jahr 25000, nächstes Jahr vielleicht 100000), obwohl es weder Sommer-Bobbahn noch ›Atlantic-Tobbogan‹ gibt. Gut, die berühmte Grotte von *Pech-Merle* nebenan, an der man immer wieder abgewiesen wird (die hochempfindlichen Höhlenmalereien dulden nur ganz wenige Besucher), bringt den einen oder anderen enttäuschten hierhin; was aber bringt die vielen Besucher dazu, nach den 32 Francs Eintrittsgeld am Ende des Besuchs noch einmal 10 Francs freiwillig in einen Automaten am Ausgang zu stecken, der einem auf einer Art Parkschein eine Aufbauspende, ein ›Mikro-Mäzenatentum‹ bescheinigt?

Als zweites fällt auf, daß auf den Schildern nicht steht: ›Bitte nicht berühren‹, sondern das Gegenteil: ›Actionnez‹, bitte berühren, in Gang setzen, bewegen. Stefan, der nicht gehen will (obwohl er eine Woche lang kostenlos wiederkommen kann), will noch ›Lou Faouré‹ sehen, den Schmied und die Schmiede, will dem Hinweis ›Actionnez‹ folgen, will den Blasebalg betätigen, will sehen, was wird, was herauskommt. Wunderbare Lektion der Dinge, die man ansehen, anfassen, bewegen kann. »Wir haben gewollt, daß die Dinge, die wir ausgestellt haben, genutzt und gebraucht werden«, erklärt Jean-Luc, der Nestor; »so überleben sie, und so überleben wir« (»cet usage, cette usure, sont une solide promesse de se régénérescence, de la nôtre également, et de celle de tout visiteur«). Am Brunnen, an dem um 16 Uhr Manon, die Eselin, zu einer Vorführung lädt, kann man bis dahin selber den Esel spielen; »Faites l'âne!«, wirbt ein Schild, und der Besucher legt sich ins Zeug, dreht seine Kreise um den Brunnen, holt das Wasser herauf.

Zwölf Jahre Vorbereitung, und nun dieses Anti-Museum. »Man muß sich die Zeit zum Ansehen nehmen, um zu verstehen: wir haben hier, grob vereinfacht gesagt, ein Stück angewandte Lithographie so ins Bild setzen wollen, daß der Betrachter einen sinnlichen Eindruck gewinnt vom Übergang von der Neuzeit zur neuesten Zeit, mit dem Ende des traditionellen Landwirtschaftslebens und dem Beginn der industriellen Revolution. Dazu haben wir jahrelang Sächelchen und Sachen gesammelt, vom einfachen Salznapf bis zur Ernte-Maschine. Das hat lange gedauert, aber nicht viel gekostet: die Leute, die alte Stücke besitzen, haben ja die Wahl zwischen wegwerfen, aufheben und verkaufen, und da wegwerfen für

›Gariottes‹ im Quercy und Périgord

sie undenkbar ist und aufheben keinen Sinn hat, bleibt
das Verkaufen; da aber Verkauf als Verrat empfunden
wird, verkauft man zu einem symbolischen Preis, so daß
wir das meiste zu Spottpreisen, fast geschenkt bekommen. Das nützt allen: den alten Besitzern, die es ein
bißchen bleiben, dem kollektiven Gedächtnis und den
neuen Besuchern, die davon profitieren.«
Profitieren wir: Im Bahnhofshäuschen am Eingang,
das die nationale Eisenbahngesellschaft gestiftet hat,
wird die Fahrkarte gelöst, und ab geht die Reise zu Fuß
über steinigen Boden zum Brunnen, zum Bauernhof linker Hand (von vor 1789) und zum Bauernhof rechter
Hand (ein bewirtschafteter Hof mit Gänsen zum Scheu-
chen), zu den Stein-Bauten, die ›gariottes‹ heißen und
um das 1943 niedergebrannte Schloß herumstehen, zum
Feuer-Museum in der Scheune und zum Wasser-Museum neben dem Wasserturm, zur Schmiede und zur
Schreinerei, zu ›Lou Foustié‹ und ›Lou Cousino del Porc‹,
zu all diesen merkwürdigen Namen und geheimnisvol-
len Dingen, die man ansehen, anfassen, anmachen kann,
mit den Händen begreifen. Man kann anfassen, und man
kann es sein lassen; man kann das Wasser-Museum
wählen oder das Feuer-Museum oder beide oder beide
links liegen lassen: völlige Freiheit; man kann Päuschen
machen und ein mitgebrachtes Picknick-Essen verzehren
oder ein angebotenes Quercy-Gericht; man kann im
Buchladen Spiele angucken oder Bücher schnacken las-

sen oder in Zeitschriften stöbern. Und dabei entdecken: »Der Fremde wird sich *seinen* Quercy zurechtbauen, der Einheimische wiederum den *seinen*: bei gleichem Baumaterial hat jeder doch andere Bauanleitungen, andere Spielregeln. Nur ist unsere Spielregel die, die Freiheiten der Besucher nicht anzutasten, möglichst wenige Vorführungen anzubieten, noch weniger Theorien, am wenigsten Wissenschaftshörigkeit. Warum soll nicht jemand, der einen Pflug sieht, darin ein ästhetisch schönes Objekt sehen, ein anderer ein bukolisches Symbol, ein Dritter ein verbesserungsfähiges Instrument, wieder jemand anderes einen Beweis für die Härte und Schwere des Landlebens, oder warum soll nicht jemand denken dürfen, wie wenig fürsorglich die Verantwortlichen des Museums handeln, indem sie ihn nicht in eine Vitrine stellen, sondern unter freien Himmel, ihn Wind und Wetter

›Musée de Plain-Air du Quercy‹, Domaine de Cuzals, (nahe der Grotte Merle) geöffnet täglich 10–19 Uhr (Juni bis Sept.)

189

St. Cirq Lapopie (s. auch Wanderung S. 315)

und Regen aussetzen?« (Revue ›Terrain‹ Nr. 6, März 86)

Sie lassen fast alles im Regen stehen, die Mauern aus ungefugtem Kalkstein ebenso wie die Brunnen, die runden Steinhütten mit den runden Trichterhüten ebenso wie die Bauernhöfe, den alten und den neuen. Aber jetzt, im Hochsommer, wo das Licht, das vom Süden kommt, sich am Kalkstein wärmt, erzählt dieses Land nicht die Geschichte vom Regen, sondern das von der Sonne und vom Stein-Paradies: nirgendwo anders, sagt mir *mein* Quercy, haben Menschen schönere Steinhütten gebaut; nirgendwo anders ist der Mensch schöner behütet, behütet als in der ›gariotte‹ oder ›cazelle‹ des Quercy. Nirgendwo anders wachsen die Steine wie Gras, schießen die Steinhütten wie Pilze aus dem Boden, sind die Häuser so verwurzelt in der Anatomie des Landes.

»Jeden Morgen beim Wachwerden habe ich das Gefühl, als blickte ich aus dem Fenster auf die Landschaften der ›Très Riches Heures‹, nicht nur der Kunst, sondern auch der Natur und des Lebens«, notierte André Breton

1951 in *St. Cirq-La Popie*, seiner Wahlheimat: einem Dorf, das 10 km weit wegliegt. An einem Kalkfelsen über einer Schleife des Lot erbaut, hat dieses Dorf mit dem französischen Peitschenhieb im Vornamen und der okzitanischen Streicheleinheit dahinter seit Beginn des Jahrhunderts Dichter und Maler, Musiker und Schriftsteller in seine Mauern gezogen, nachdem die alten Bewohner, ökonomisch ruiniert, die alten Häuser verlassen hatten. Architektur als Chronik: in St. Cirq-La Popie erzählen die gut erhaltenen Handwerkerläden und Verkaufsbuden die Geschichte eines regionalen Handwerkszentrums, der Kunsttischlerei, aber auch der Drechslerei; zu den Wäsche- und Geschirrschränken (Schreibtische und Kommoden gab es hier nicht) gehörten im allgemeinen gedrechselte ›Käse-Füße‹, Füße in *Mimolette*-Form*. Architektur als Chronik: die ältere Bausubstanz erzählt die Geschichte einer politischen Vernunft-Heirat, bei der sich Adelsfamilien der Region und Bauernfamilien in den Mauern des Wehrdorfs zusammenfanden, so daß wir noch heute das ›noble‹ Logis und die ›gemeine‹ Bleibe nebeneinander finden. Architektur als Chronik: Mauerreste und Wehrkirche und Burgruine erzählen die Geschichte des hundertjährigen Krieges (in dem die Herren des Ortes ›ausgezeichnete Franzosen‹ waren und also unter englischer Artillerie zu leiden hatten), der Religionskriege (in denen die einen gute Katholiken waren und die anderen gute Protestanten, solange bis die feste Burg dem Erdboden gleichgemacht war), des Wirtschaftsaufschwungs im 19. Jahrhundert mit den Handwerkerläden und Verkaufsbuden im Unterdorf. Wie gesagt: Architektur als Chronik, mit dem letzten Blatt zur Scharnier-Zeit zwischen vergehender Handwerker- und Bauern-Kultur und Zweibeincomputer-Zeitalter.

Damit sind wir wieder in unserem Anti-Museum, beim Inventar einer vergehenden Zeit, im sozialen Raum einer Landschaft zum Anfassen. Man kann sie anfassen im Wasser-Museum neben dem Wasserturm, auf Knöpfe drücken und den Schweizer Käse sehen, die Löcher im Kalkstein und das Regenwasser, das oben verschwindet und unten seitwärts wieder heraustritt.

---

* (ein Käse aus der Schweiz)

Die Kalkstein-Terrassen, die im Südwesten des Massif Central massiv hinabgleiten in Richtung Geronne-Tal, enthalten ein dichtes Netz unterirdischer Wasserwege, die geräumigen Höhlen und Grotten und Schlünde (wie dem ›Gouffre de Padirac‹ z. B. oder der ›Grotte de Pech-Merle‹), und irgendwo tritt dann das Wasser wieder aus und zutage, wie in *Cahors*. Den keltischen Cadurkern, die sich im Innenraum der Lot-Schleife, in der die Hauptstadt des Départements liegt, niedergelassen und angesiedelt hatten, war diese so geheimnis- wie wasservolle Quelle als mysteriös, als göttlich erschienen, und wenn die Stadt in der gallo-römischen Zeit ›Divona‹ hieß, dann wegen der Quelle, die sich in den Lot ergoß und die den Cadurkern als Zeichen der Götter galt.

Divona Cadurcorum, eine der großen Städte des gallo-römischen Reichs, mit ihren Theatern, Forum, einer 72 km langen Wasserleitung, mit blühendem Weinbau und einer Viehzucht, von der das Bild vom ständigen Gänse-Marsch in Richtung Rom in vielen Veröffentlichungen kolportiert wird. Es folgen Völkerwanderung und Massaker, Zerstörung der Stadt im 6. Jahrhundert (Merowinger), Wiederaufbau im 7. und Wiederzerstörung im 8. Jahrhundert (Araber), Wiederaufbau und Wiederzerstörung (Karolinger, Normannen, Hunnen) in dichter Folge vor der Jahrtausendwende.

Die mittelalterliche Stadt, die nun Cahors heißt, fällt nach außen durch ihre soliden Befestigungen auf: zu Zeiten, als Paris keine einzige Steinbrücke kennt, hat Cahors deren drei – drei gotische Wehrbrücken über den Lot, von denen der Pont Valentré, zwischen 1308 und 1355 erbaut, mit seinen 6 Pfeilern und 3 Türmen heute als Wahrzeichen der Stadt gilt. Im Innern fällt auf, daß die Stadt, die 1986 22 000 Einwohner zählt, damals 40 000 in ihren Mauern beherbergte, viele Leinweber, nicht wenige Studenten, seit eine vom damaligen Papst Johannes XXII. gegründete Universität wirtschaftlicher Prosperität (Leinweberei) und demographischem Aufschwung kulturelle Ausstrahlung folgen läßt.

Es gibt zwei Stadtviertel in Cahors, die einen Bummel lohnen: das ›Quartier des Badernes‹ um die Kathedrale

Der Lot in Cahors

herum, das Herzstück der mittelalterlichen Stadt mit vergleichsweise hochgewachsenen Häusern, von denen manch eines von oben herab seinen ›soleilho‹ grüßen läßt, seinen offenen Speicher mit einfachen Holzbalustraden; das ›*Quartier des Soubirous*‹ um den *Palais Duèze*, um den riesigen Papstpalast herum, im Norden der Altstadt: hier, wo einst blutige Schlachten zu Zeiten der Religionskriege geschlagen wurden, haben sich die unvermeidlichen Mode-Boutiquen und Antiquariats-Läden einquartiert. ›Chic et choc‹ wohnen hier, und die Preise lassen fast den unleugbaren Niedergang der Stadt vergessen; zusammen mit den Hotelzimmerpreisen haben sie den Anschluß an Pariser Niveau gefunden. Nach Möglichkeit also hier nicht übernachten, dafür aber unbedingt ›plouf‹ machen, sich niederlassen in einem Straßencafé am Boulevard Gambetta, der Nord-Süd-Achse, die die Stadt teilt: Midi-Atmosphäre mit Blech-Karawanen, unterm Platanendach die Omeletts mit Trüffeln.

Die Küche des Quercy, so erfährt man bald, ist rustikal, siehe Omelett, aber auch raffiniert, siehe Trüffel. Daß sie

193

insgesamt gut sein muß, sieht man dem Bauch des *Léon Gambetta* an, dessen Carduker-Haupt mit dem Marx-Bart nicht zu trennen ist von dem Bauch: so steht er da, der große Sohn von Cahors, auf dem Asphaltplatz im Zentrum der Stadt, und alles an ihm erinnert an die Beschreibung von Jesus im Neuen Testament (Lukas 7, 34), vom Gern-Viel-Essen über's Gern-Reichlich-Trinken bis zum Freunde-Haben unter den kleinen Leuten, unter den ›Sündern‹.

Daß die kleinen Leute allemal ›Sünder‹ sind, davon wissen die vielen Sozialrebellen-Revolten im Quercy ein Lied zu singen, die Revolten der ›Croquants‹ und der ›Tard-Avisés‹ und wie diese sonst noch heißen mögen: immer haben sie was zu stänkern, immer erheben sie sich gegen irgendwelche Vertreter der staatlichen Ordnung. Nehmen wir die Revolte von 1624: eine schlichte Verwaltungsreform sieht vor, daß die Steuern nicht mehr von Funktionären aus dem Quercy, sondern von Abgesandten des Königs in Paris eingetrieben werden – und schon bilden die Bauern Banden, fordern Steuersenkungen und nehmen den verhaßten Fremden das ab, was sie ihnen eigentlich geben sollten: am Ende gehen sie glatt zum offenen Klassenkampf gegen alles über, was adlig und reich ist, bis zur blutigen Repression, zum Massaker. Oder nehmen wir die Revolte von 1636: wieder wird von Paris aus die Steuerschraube angezogen, und wieder regt sich der ›Contr'un occitan‹, der alte, markante Anti-Zentral-Geist, der sich speist aus historischen Spuren-Elementen von unbekanntem Königtum, lokalen Autonomien und regionalen Freiheitsrechten, Demokratien der Foren und Traditionen von Selbstverteidigung; gleitet da Armut in Elend ab, wird zu den Waffen gegriffen. Und daß Elend herrscht unter der Steuerlast, die der fremde König im fernen Paris aufzwingt, ist einem internen Pariser Bericht von 1633 zu entnehmen, in dem es deutlich heißt: »Das Landvolk, das Steuern zahlt, hat seit einigen Jahren soviel Pest, Krieg, Erntelosigkeit und Plündereien durch marodierende Soldaten erlebt, daß es völlig überfordert ist, völlig überlastet (surchargé) von den zusätzlichen Mitteln für die Affairen des Königs.« Da

Souillac (Lot), Abteikirche (12. Jh.), Detail am Portal

195

kommt es dann vor, daß nicht nur politische Manifeste entstehen, in denen Massaker von Steuereintreibern festgeschrieben und veröffentlicht werden – da passiert es auch hin und wieder, daß ein ›Pariser‹ (›Parisien‹ wird zur Haß-Vokabel) umgebracht und geviertelt wird, daß die Gliedmaßen ausgestellt und an Stadttoren befestigt werden, zur Warnung an alle. – Verständlich, daß der König die Quelle allen Übels sofort erkennt und seiner glänzenden Analyse die Tat folgen läßt: die Universität in Cahors wird geschlossen.

Niedergang einer Stadt, mit den Stationen: Hundertjähriger Krieg, Religionskriege, von Paris aus organisierter Bauernkrieg – Niedergang eines Landes, mit Mißernten, Pest, Phylloxera-(Reblaus)-Krise, die den Weinbau ruiniert. Sozialrebellen-Revoluten, immer wieder blutig niedergeschlagen: roter Midi, trauriger Midi, immer wieder besiegtes Land. Was bleibt, sind die Sonne und das Lied der Grillen, die Troubadoure und die Köche, Esclarmonde und Adelaide, Jaurès und Gambetta. Der steht an der Spitze der Bewegungs-Partei, die Napoléon III stürzt und die Republik ausruft; der steigt in den Fesselballon im von preußischen Truppen umzingelten Paris, um von südlich der Loire aus den Widerstand gegen die Okkupanten zu organisieren; der entwirft ein republikanisches Verfassungskonzept, ein radikal antizentralistisches, und scheitert als Regierungschef in Paris, natürlich. Erzählen wir noch in einer Kürzestgeschichte das Ende dieser Symbolgestalt des Republikanismus, dieses Nicht-Erfinders sämtlicher ›Boulevards Gambetta‹. Gambetta-Passagen und -Plätze in Frankreich: mit der linken Hand hantiert er mit einem Revolver, schießt versehentlich in die rechte, Blutverlust und Abwehrschwächen. Roter Midi, trauriges Land.

»Wenn alles, was langsam vonstatten geht, zum Leben gehört«, heißt es an einer Stelle im Feuer-Museum im ›Domaine de Cuzals‹ , »dann ist Feuer im Spiel«: Feuer zum Wärmen, zum Essenmachen, zur schwersten Arbeit, für die alle andere nur Vorbereitung sein kann: zum Liebhaben von Mensch zu Mensch. Okzitanisches Feuer: Feuer einer uralten, ungealterten Kultur-Nation, die vielleicht wiederaufersteht aus dem Schutt und der Asche, in die sie die brandschatzenden Horden des Nordens einst legten.

Wie 1944 zum Beispiel, als das Quercy sich selber befreite, als das Département Lot im Monat Mai *vor* der alliierten Landung sich wieder befreite, als erstes Département in Frankreich. Da übernahm sofort die regionale Befreiungsorganisation C.D.L. (Comité Départemental de Libération) die politische Macht, organisierte das Land basisdemokratisch, wie im Widerstand, unter Führung von Christen und Sozialisten, von Regionalisten und Autonomisten. Und alles ging gut: die Verteilung von Lebensmitteln, das Ankurbeln von Landwirtschaft und Handwerk, Handel und Industrie, die Inbetriebnahme des zerstörten Verkehrsnetzes – bis de Gaulle kam Mitte September, mit dem Vorwurf, der ›Rote Midi‹ sei ›sowjet‹-ähnlich organisiert, müsse sich nun nach Pariser Richtlinien richten, wieder einmal. Der Zentralstaat setzte sich durch, wieder einmal, und der Ruf der Rebellen, die keine Revolutionäre waren, steht nicht einmal mehr als Fußnote in den Geschichtsbüchern: ›De Gaulle en taule‹, de Gaulle ins Gefängnis.

»Quora tornarà l'alba?«, fragt der Dichter: wann kommt es wieder, das Morgenleuchten.

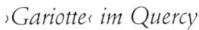

›Gariotte‹ im Quercy

Lot-et-Garonne

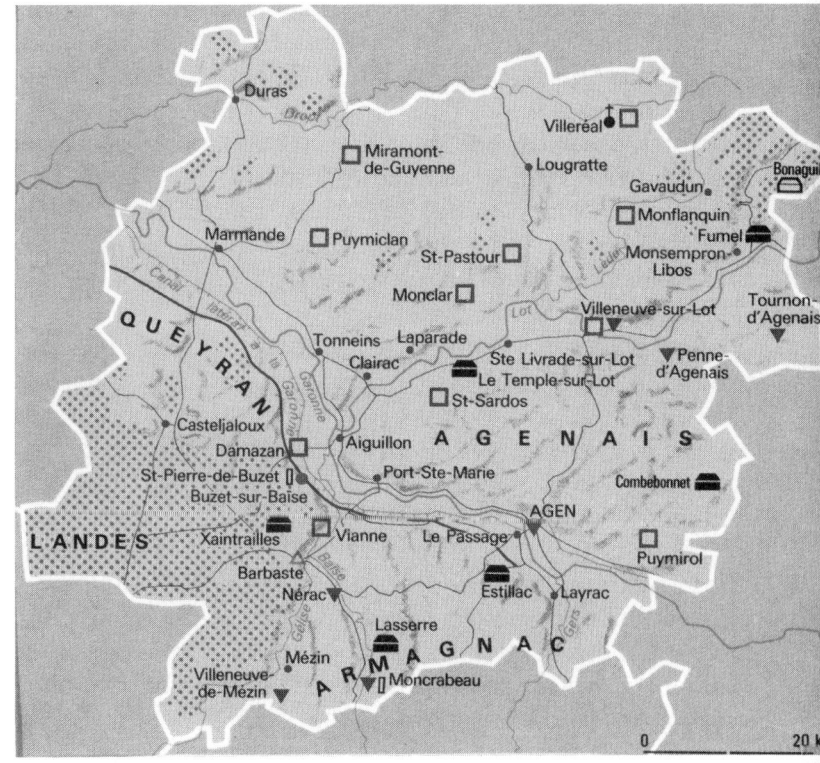

Duras

Brouch

Villeréal

Miramont-
de-Guyenne

Lougratte

Gavaudun

Bonagui

Monflanquin

Fumel

Marmande

Puymiclan

St-Pastour

Monsempron-
Libos

Monclar

Villeneuve-sur-Lot

Tournon-
d'Agenais

Q U E Y R A N

Tonneins

Laparade

Clairac

Ste Livrade-sur-Lot

Penne-
d'Agenais

Le Temple-sur-Lot

St-Sardos

Casteljaloux

Damazan

Aiguillon

A G E N A I S

St-Pierre-de-Buzet

Buzet-sur-Baïse

Port-Ste-Marie

Combebonnet

L A N D E S

Xaintrailles

Vianne

Le Passage

AGEN

Puymirol

Barbaste

Nérac

Estillac

Layrac

Lasserre

A R M A G N A C

Mézin

Villeneuve-
de-Mézin

Moncrabeau

0   20 k

199

Wo die Provinz am tiefsten ist

Castagnade in Montpezat, *Montpezat d'Agenais*: es gibt viele Montpezat in Okzitanien, aber nur eins im *Agenais*, in der Region von Agen. *Agen*, das gilt in Paris als Inbegriff von Provinz: Pflaumen, Melonen, sonntags Rugby, vielleicht noch:»On va voir Garonne«, gehen wir Garonne besuchen (nicht: *die* Garonne). Und kommt man dann auf dem Rückweg an jenem Platz vorbei, an dem die Haupt-Achse der Stadt abzweigt von der Route Nationale Bordeaux – Toulouse, kommt man an dem größten Platz der kleinen Provinz-Hauptstadt vorbei, sieht man *Jasmin*, den hier verewigten Sohn der Stadt: nein, das hünenhafte Standbild in der Mitte des Platzes ist keinem Marschall und keinem Prinzen und keinem Staatspräsidenten gewidmet, sondern einem Friseur und Poeten aus dem letzten Jahrhundert, zufällig entdeckt und bekannt gemacht von einem Reise-Schriftsteller aus dem Norden, der sich hier rasieren ließ. Und die Bürger von Agen, die ihrem Barbier und Dichter dieses Denkmal errichteten, ehrten sich selber, als sie ihm zu seinen Füßen den folgenden Spruch in okzitanischer Sprache andichteten: »Hätte mir jemand gesagt, daß man mir hier ein Denkmal errichten würde, nie hätte ich's geglaubt.« Voilà Agen.

Castagnade in Montpezat. Montpezat d'Agenais: das ist da, wo im ›*Pays de Serres*‹, im Hügelland zwischen Lot und Garonne nördlich von Agen, einst ein Handelsweg vorbeiführte an einer festen Burg, wo die Bürger nach der Revolution von 1789 sich massive Häuser bauten aus den Steinen der Burg, weshalb man heute keine Festungsmauern mehr sieht zwischen dem Häuserkranz unterhalb und der oben isolierten Kirche. In einem Saal gegenüber dem Häuserkranz aus der vorletzten Jahrhundertwende gibt es jedes Jahr, wenn die Pappelvorhänge in den Tälern ihr spätherbstliches Goldgelb dem Steineichengrün mit den rostroten Ahorntupfern entgegenhalten, die ›*Castagnade*‹, ein Volksfest mit gegrillten Eßkastanien und Federweißem, dem ›Vin Nouveau‹. Aber in Montpezat haben wir's nicht mit dem alten Familien- und Nachbarschaftsfest zu tun, das mit dem letzten Krieg und dem nachfolgenden Fernseh-Frieden so gut wie gestorben ist, sondern mit einer – wie die Zeitung ›Sud-Ouest‹ in ihrer Ausgabe vom 11.11.86 richtig über- schreibt – ›Castagnade ressuscitée‹, mit einer wiederauf- erstandenen Castagnade, jetzt auf neuer Stufe. Das heißt: Seit 6 Jahren trifft sich das ganze Dorf einmal im Jahr im alten Festsaal, um zusammen zu sein und gemeinsam zu feiern; man kennt sich inzwischen, weiß, daß man sich darauf verlassen kann, daß die Alten Geschichten erzäh- len und die Kinderwitze, daß Pierre den ›Hummelflug‹ spielt auf seinem Akkordeon und Serge die Kreide zur Hand nimmt, um lustvolle Schülergeschichten an die Tafel zu bannen, daß die Oma mit dem weißen Haar ein Gedicht spricht und der Sechziger mit der Baskenmütze ein Liebeslied schmettert. Jeder macht mit, gibt etwas zum Besten, während im Hintergrund die dreißig Kilo Eßkastanien in drei Kastanienpfannen (mit Löchern im Boden) vor sich hin schmoren: gegen Mitternacht kann man dann eine Schale voll haben für 10 Francs; den Wein gibt's umsonst.

Eine Idee von Marcel Michel, dieses dörfliche Fest ins Leben zu rufen. »Was habe ich mich geschlagen, das so hinzubekommen«, berichtet er anderntags ›dans le rai- sin‹: unser Bauer und Fest-Schöpfer ist gerade im Wein- berg und nicht im Maisfeld, beim Vieh oder im Pflaumen- Garten; »für ein Dorf-Fest waren sie alle, aber fast alle meinten, es müßten Bands her und laute Musik und irgendwelche Stars – aber was soll das: Stars?« Die Ratlo- sigkeit diesem Fremdwort gegenüber, das eine fremde Sache bezeichnet, steht ihm ins Gesicht geschrieben, ins buschige Bauerngesicht über dem gedrungenen Körper. Er kann auch mit Politikern in Paris nichts anfangen und ebensowenig mit Industriellen, die Landwirtschafts-Ma- schinen bauen lassen, die den Boden bis zu 60 cm aufrei- ßen, mit tod-sicheren Folgen für den Boden; er selber berät ein kleines Unternehmen in der Nachbarschaft, das geeignetes Gerät für das ›pays de Serres‹ herstellt, ein

Hügelland mit Lehmböden, so ganz verschieden von der
Beauce im Norden, für die jene Maschinen gebaut sind
und deren Böden sie, unser Bauer sagt's ruhig vor sich
hin, auch zerstören. Nein, wir machen selber, was wir
brauchen, wissen selber, was gut ist, warum nicht? Und
dann fragt er, warum es wohl keine Industrien hier gibt,
und warum wohl bei Wahlen die einen Le Pen wählen

Eine der typischen frei-
stehenden Kirchen
im Agenais

und die anderen Marchais und er selber Männchen malt auf den Wahlzettel.

Eine Bauern-Perspektive?

Ich muß an Cécile denken, seine Frau, die die Kastanien-Pfannen versorgte, während Marcel das Mikrophon in der Hand hielt, an ihre Geschichte. – Ein Bauer besichtigt die Sixtinische Kapelle, zeigt sich sehr interessiert an den nackten Gestalten, vor allem aber an den Wein-Blättern an strategisch wichtigen Punkten; »den Mildiou«, entfährt es ihm, diese das Blätterwerk zerstörende Weinberg-Krankheit »müßte es hier geben, das wäre schön...«

Eine Bauern-Perspektive? Was ist das?

Wenn der sozialistische Landwirtschaftsminister in seinem Vorwort zum Landwirtschaftsbericht des sozialistischen Abgeordneten aus dem Département Lot-et-Garonne schreibt, auch die Landwirtschaft müsse sich permanent anpassen, um wettbewerbsfähig zu bleiben, und dabei »die 200 Jahre alten Ideale von Gerechtigkeit, Solidarität und Freiheit verteidigen«, ist das eine Bauern-Perspektive? Wenn der sozialistische Autor von »Tradition und Moderne in der Landwirtschaft«, Pächter-Kind, Anwalt und Bürgermeister der Garonne-Stadt Marmande, in seiner kritischen Analyse juristische Widersprüche zwischen gesteigerten Produktivkräften und traditionellen Produktionsverhältnissen entfaltet, ist das eine Bauern-Perspektive?

Die Philosophen vergessen oft, daß vor den klaren Gedanken die Träume liegen und daß beide oft nichts miteinander zu tun haben. »Voilà la démocratie des forums en germe«, das ist im Kern die Foren-Demokratie, sagt Marcel Michel beim Abendessen am Abend nach dem Fest: man kennt sich, versteht sich; jeder teilt sich mit; alles ist klar und verstehbar. Und dann teilt er sich mit in Sachen ›culture orale‹, daß die okzitanische Kultur immer eine ländliche und mündliche Kultur gewesen sei, die weiter lebendig ist und nur organisiert zu werden braucht, um fühlbar und spürbar zu werden.

Mir fällt auf, daß die Bauern am Tisch beim Geschnetzelten und beim mitgebrachten Rotwein das alte Wort ›Seele‹ gebrauchen; sie verständigen sich rasch darüber,

daß Essen und Sprechen Leib und Seele zusammenbrin-
gen, daß die Castagnade mit der wiedergefundenen alten
Sprache die alte Seele hat wiederfinden lassen. Vom
Geist der Toleranz und von den Freiheitsrechten ist die
Rede, die seit den mittelalterlichen Städte-Gründungen
der ›villeneuves‹ in allen Kantonen des Départements
herrschen, von geschriebenen Charten und gelebten
Bräuchen. Von der okzitanischen Schule und von Schülern, die Comics in Oc-Sprache lesen, ist die Rede wie
von der okzitanischen Sommer-Universität im Raum
von Villeneuve-sur-Lot, nicht weit weg vom Bilderbuch-
Ort *Penne d'Agenais*.

Vor den Demokratie-Gedanken die Träume, das Volksfest. Castagnade in Montpezat: unser Völkchen feiert,
ohne -tümlichkeit und ohne Folklore. Und wenn Serge
den hiesigen Volkssport, das Spiel mit dem eiförmigen
Ball, so zu einem Spielbericht verdichtet, daß es eine Lust
ist zuzuhören, wenn er den weiblichen Fan im Rugby-
Stadion von Agen ›Touche!‹ rufen läßt, was hier ›Ein-
wurf!‹ heißt, was er aber als vorgeblich Zugereister französisch korrekt für sich mit ›Anfassen‹ übersetzt, wenn
er dann ›Essay!‹ rufen hört, was in der Rugby-Sprache
soviel wie ›Tor‹ heißt, für ihn aber ›Versuch's doch!‹,
wenn er dann den weiblichen Fan neben sich nach soviel
heftiger Aufforderung anfaßt und küssen will und sich
eine Ohrfeige einhandelt und nichts mehr versteht, dann
biegt sich das Völkchen im alten Festsaal von Montpezat,
wie es sich bei keinem professionellen Spaßmacher oder
Star-Barden böge.

Reine Volkspoesie, von unserem Bauern wachgeküßt
und auf eine neue Stufe gehoben. Volkspoesie, wie die
Berichte über die Küche von einst, gesammelt zum Beispiel in ›La Cuisine des Mémés‹: »Am wichtigsten für
uns war, daß bald die graue Winterzeit zuende sein
würde, daß mit den ersten Knospen Großmutter ›les
merveilles‹ zubereiten würde, ein ›wunderbares‹ Kuchen-
gericht mit drei Pfund Mehl und anderthalb Pfund Roh-
zucker und soviel Zubereitungszeit, daß die Kinder beim
Zuschauen nur noch Augen haben für alles, was rein-
kommt, den Regen draußen vergessen und sich ganz

Prayssas

konzentrieren auf den Karneval in der Küche mit Armagnac, Schmalz und Eiern, und der Vanille-Zucker am Ende kommt nicht nur über den Kuchen, sondern auch ins Gesicht, als Maske…

»Traurigkeit ist eine grobe Unhöflichkeit hier«, sagt die Köchin am Kaminfeuer in Poudenas. *Poudenas*, das liegt ca. 40 km südwestlich von Agen Richtung Mézin, schon in der Gascogne: ›A la Belle Gasconne‹ heißt die ›Auberge‹, die Marie-Claude und Richard Gracia hier betreiben, im restaurierten Haus des Müllers neben der Weizen-Mühle im Tal der *Gélise*, mit einer Bronzetafel am Eingang, auf der sämtliche Großmeister aquitanischer Spitzen-Küche die »außergewöhnliche Kochkunst der Köchin« loben. Als ich das erste Mal herkam, hatte ich Herzklopfen, eine solche Schwelle zu überschreiten, und mein Kopf sagte mir: unter hundert Mark weniger kommst du da nicht heraus – aber mein völliges Verknalltsein in dieses vom Rand des *Landes*-Waldes bis zur romanischen Brücke terrassenförmig abfallende mittelalterliche und doch nicht museale Dorf schob mich ganz unaufhaltsam zu zwei Alten mit Baskenmütze und Blaumann auf einer Bank am Fluß, und die beiden wußten genau, daß man da ruhig rein könnte, daß die Leute drinnen liebe Leute seien. Also rein, trotz Herzklopfen.

Drinnen viel Betrieb, fast alle Tische besetzt – und der ›patron‹ setzt sich zu mir, läßt ein Glas Schweppes bringen für die trockene Kehle, schreibt ein paar Rechnungen, ehe er einen Stapel von Dokumenten und Büchern holt: Dokumente zur Dorfgeschichte, -Ökonomie und -Architektur, Bücher zur Regionalgeschichte, zur Bauernhaus-Architektur und zur Korkeichen-Ökologie, zur untergegangenen Korkwirtschaft der Region. Ich merke, wie ich Mühe habe, das alles zu verarbeiten, den spontanen Empfang und das Zeithaben trotz Betriebsbelastung, die vielen Unterlagen auf dem freigehaltenen Tisch, das Interesse an der Person, am Gast, der nicht wie ein lohnender Kunde aussieht. Und als ich Notizen machen will, merke ich, daß immer nur Bilder aufsteigen, Bilder von Rosen und Geranien draußen, von Balken und Steinen drinnen, von den Spargel-Feldern und den Pinien-Wäldern, dem kleinen Fluß und dem Dorf. Die Notizen lauten: im Arkaden-Bau nebenan, an dem in großen Lettern ›Hostellerie du Roy‹ geschrieben steht, ließ Henri IV zwischen Pau und dem Norden erstmals die Pferde wechseln; wenn die Korkeichen unter den Pantoffeln um einen halben Fuß geschwollen waren, waren bei Rabelais die Trinkgrenzen erreicht; in der Stadt Nérac, in der Henri IV seine Jugendjahre verlebte, wurde nach der Revolution ein burgundischer Herzog zum Bürgermeister gewählt. »Alle Gedanken gehen vom Magen aus«, lese ich irgendwo in einer der ausliegenden Zeitschriften, und als ich gehen und mein Glas Schweppes bezahlen will, werde ich mein Geld nicht los: »Sie sind mein Gast.« Und: »Kommen Sie wieder, wenn meine Frau da ist, wenn wir beide etwas Zeit haben.« Ich staune, denke an ›Kiepenkerl‹ und ›Haus Berge‹…

Abschied des marodierenden Hilfsarbeiters, der im Nachbarort *Mézin* einen Blick auf den Jakobs-Pilger in Stein im Treppenhaus des Altenheims mitnimmt und einen zweiten auf den ›kleinen Prinzen‹ von *St. Exupéry*, der einen Steinwurf weit weg gelebt hat auf dem Hof ›Parron‹, einen dritten auf den in Stein gehauenen ›Lügner-Stuhl‹ im Nachbar-Dorf *Moncrabeau*, das nicht nur die Hauptstadt sämtlicher Einwohner von Moncrabeau

Mézin, Pilgerkirche und Pilger (12. Jh.)

ist, sondern auch Sitz einer weit über die Grenzen Moncrabeaus bekannten ›Lügner-Akademie‹, in der sich einmal im Jahr die besten Unwahrheitsgeschichtenerzähler treffen, um den zu suchen und zu finden und zu krönen, der ›am wahrsten‹ erzählt, was nicht stimmt. Einen vierten und fünften und sechsten Blick nimmt er mit auf die Burgen und Bastiden und Wehrkirchen der Region; unter den romanischen Kirchen fallen ihm die aprikosenfarbene von *Moirax* auf und die mausgraue von *Aubiac*, winzig, dafür aber mit sehenswerten ›*modillons*‹ unter der Schuppen-Kuppel bestückt, darunter eine gebückte Figur mit einem phantastischen Penis.

Über Agen zurückgekehrt zu seiner befreundeten Bauern-Familie, gerät er in Diskussionen über Bauernnöte, über Trockenheitskatastrophen und Beschlagnahmen von Höfen, über Prognosen, daß es in 10 Jahren wohl nur noch halb so viele Bauern hier geben wird. In *Prayssas*, der runden Bastide in der Nähe, haben dieses Jahr gut 50 Bauern ihre Beiträge zur Kranken- und Altersversicherung nicht bezahlen können; völlig unklar, wie es mit den Steuern wird. Voilà das Hügelland zwischen den Tälern von Lot und Garonne: hier die Not und die Sorgen, dort die Plantagen von Obst und Gemüse, von Äpfeln, Pfirsichen, Pflaumen, Erdbeeren, Melonen und Kiwi, von

Tomaten, Auberginen, Paprika und Tabak – will man irgendwo überleben in Frankreich, kommt man zur ersten Erdbeerernte und braucht nach der Weinernte immer noch nicht zu gehen. Überleben ist möglich in diesem ›Garten Frankreichs‹, auch wenn natürlich algerische und marokkanische Pflückerhände eher genommen werden als die von deutschen Bleichgesichtern; was Hölderlin ›Unterleben‹ nennt, geht am besten bei einer ›castagnade‹ in Montpezat oder einem Gast-Mahl in Poudenas.

Ich komme wieder: zu zweit, bestelle einen Tisch für den Abend – scheiß der Hund auf das schmale Portemonnaie: wer nie verrückt spielt, ist nicht so vernünftig, wie er denkt, und wer hier nicht schwach wird, der hat keine Stärken. Mit dem Mut des heiteren Zweifels rein in die gute Stube.

Am Kaminfeuer ein Paar, das uns empfängt, ein Kaffee, der unter unseren Augen mit Handdruck hochgefiltert wird, und ›tuiles d'amandes‹, ein Mandelgebäck des Hauses, das das Feuer des Kaffees im Magen abmildert, nachdem es die Zunge hat schwellen lassen. Und während ›la patronne‹ die Schürze umbindet, um ins Allerheiligste abzuwandern, packt ›le patron‹ die jetzt schon schwelgenden Gäste ins Auto, um ihnen Poudenas zu zeigen und zu erzählen.

An dem kleinen Platz, wo das Auto steht, zwischen ›Auberge‹ und ›Hostellerie‹, führen zwei Straßen hoch, beide in respektvollem Abstand und fast parallel zu den Außengrenzen des Ortskerns. Aber beide, erklärt er, verlieren sich in Fußgänger-Treppen, und die Touristen, die im Sommer mit dem Wagen hochwollen zur Burg und zur Kirche, kommen wütend im Rückwärtsgang wieder herunter, manchmal als Schlange, und wenn ihnen dann irgendein Dorfalter nahelegt, sich nicht aufzuregen und andere Straßen zu nehmen, passiert ihnen dort das Gleiche – mit dem kleinen Unterschied, daß dann unten kein Einheimischer mehr zu sehen ist... Also: kein Sackgassenhinweis legt einem nahe, außen herum zu fahren nach oben, die alte Umfassungsmauer entlang bis zum Wald oben, um von rückwärts durch den Park an der sibirischen Ulme vorbei ans Burgtor zu kommen, um die Kirche herumzustromern, die Zypressen-Allee entlangzuschlendern bis zum Pilgerbrunnen oder seitwärts hinterm Friedhof den italienisch anmutenden Pachthof in Augenschein zu nehmen. Erste Etappe.

Zweite Etappe: Am ›lavoir‹ vorbei (»Den Waschplatz haben wir als erstes restauriert; das war ein in seiner Bedeutung kaum zu überschätzendes Forum«) mit seinem neuen Dach und den frischen Blumen geht die Reise über den Fluß ins Hinterland, zu den 680 ha Ackerland und den 246 ha Weinbergen und den 90 ha Wiesen, zu den Höfen mit der starken Gliederung und den integrierten Tauben-Türmen des Quercy hier und den ausladenden Flachbauten mit den Holzkonstruktionen und den breiten Dachhauben der Gascogne dort, bei freistehenden Tauben-Türmen (»Das waren die Symbole freier Menschen, und der Taubenmist ist immer noch geschätzter Dung.«). Aber hier verläuft nicht nur eine Architektur-Grenze: geologisch gesehen liegt Poudenas in einem Übergangsgebiet mit großer Relief-Verschiedenheit zwischen einem Kalkrücken oben und fruchtbarem Schwemmland unten, weswegen wir im Tal Gemüse-Kulturen aller Art, an den Hängen Getreide und Wein, oben dann Pinienwald finden. Aber er beschreibt nicht sein Dorf, er erzählt es; an der Art, wie er erzählt (»Die Post ist natürlich ganz wichtig für die Alten, und Sie

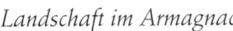

Landschaft im Armagnac

An der Gélize: Befestigte Mühle von Barbaste (14. Jh.)

hätten die Freude in ihren Augen sehen müssen, als wir
an der Treppe ein Geländer angebracht haben!«), wird
klar, daß er der Bürgermeister ist. Und er zeigt das Rathaus und das Jugendzentrum mit Küche, die frisch reno-
vierte Lehrerwohnung (»damit er sich wohlfühlt und
bleibt«) und die Ausstellung über das Dorf, das Gesell-
schaftsspiel ›loto‹ mit den Maiskörnern und die alte Mühle, die gerade restauriert wird. »Unsere Investitionsausga-
ben sind viermal so hoch wie in Gemeinden vergleichba-
rer Größenordnung; Poudenas hat nur 300 Einwohner.«

Dritte Etappe: ›A la Belle Gasconne‹, bei Marie-Claude
und Richard. Sie haben beide die gleiche Koch-Ausbil-
dung, haben 12 Jahre lang in der Provence ein mehr als
gut gehendes Restaurant betrieben, sind aber hierhin
zurückgekehrt, ›à cause de l'authenticité‹, der ›Authentizität‹ wegen; ich kann das nicht übersetzen, kann nur in
der Fußball- und Rugby-Sprache erläutern, was damit
gemeint ist. Nehmen wir Platini, den französischen Fuß-
ball-Künstler, dessen Interview-Äußerungen sich zu denen eines Franz Beckenbauer oder Rummenigge verhalten wie Pommes Frites zu Bratkartoffeln, dann haben

wir an der Spitze des Wertesystems des derzeitigen Spitzenfußballs ›la roublardise‹, die Fähigkeit, den ausgeklügeltsten Taktiken des Gegners mit intuitiver Gerissenheit trickreich zuvorzukommen, einstudierte Taktiken also durch antizipierendes Reagieren ins Leere laufen zu lassen; diese Erfolgs-Philosophie, negativ strukturiert und an Unsummen gekoppelt, macht Freund und Gegner das Leben mehr als schwer. Nehmen wir dagegen Albaladejo, den Rugby-Nationalspieler, der sich auch als Kommentator und Sportjournalist einen Namen gemacht hat, dann gibt es noch im härtesten ›Männerkampf‹ wechselseitigen Respekt voreinander, und der Höhepunkt jeder Rugby-Begegnung ist die berühmte ›3. Halbzeit‹, das gemeinsame Trinken und Singen und Feiern der ›Rugby-Familie‹ nach dem Match.

Wir sind bei der ›Authentizität‹ von Lebensäußerungen, und Marie-Claude und Richard vergeben sich nichts dabei zu sagen, daß sie sich in der Küche nicht verstehen, daß sie getrennte Zuständigkeits- und Macht-Bereiche haben, die aber keineswegs dem Schema ›Frau Innen-‹ und ›Mann Außen-Politik‹ entsprechen: die Köchin verhandelt zur Zeit häufig fern von Poudenas in Sachen Mühlenrestauration, und der Bürgermeister hat täglich seinen vollen Arbeitstag in der ›Auberge‹. Und während er darüber schmunzelt, daß er ›Küchen-Verbot‹ hat, ›Berufs-Verbot‹ als gelernter Koch (und von der gestrigen Ratssitzung berichtet, daß er sie viermal unterbrechen mußte, weil die Ratsmitglieder mit ihren Gedanken und Worten immer wieder bei den ›palombes‹ waren, bei den Ringeltauben, die dieses Jahr offenbar ausbleiben), fragt sie mich sehr direkt und für mich völlig überraschend nach meinem Verhältnis zur Küche. Ich hole tief Luft, sage holzschnittartig, daß es da zwei grundverschiedene Abschnitte gibt, einen deutschen und einen französischen, daß die aber beide nicht der Rede wert seien angesichts ihrer Kochkunst – da will sie es aber wissen, zeigt sich stark interessiert, drängt: und ich erzähle, wie ich in einer Wohngemeinschaft gelebt habe mit drei jungen Frauen, die alle drei feierlich erklärten, daß sie ›emanzipiert‹ seien und ›nie eine Küche betreten‹ wür-

Agen, Place Jasmin (s. auch Wanderung S. 327)

den, daß ich mir da ein kleines Repertoire erwarb und
bestimmte Techniken, um beliebig Suppen zusammen-
zukochen und Pfannengerichte brutzeln zu können; fern
der Heimat sei das alles ganz anders geworden, gäbe es
kein Repertoire und keine Technik, die über vieles hin-
weghelfen und -täuschen, die aber nicht helfen, wenn es
einem mal wieder nicht gut geht, bis in die Wurzeln
hinein abgeschnitten von jedem Stoffwechsel mit der
alten Liebesheimat; da hilft dann nur, in grundsolituder
Einsamkeit, das Ansprechen einer Pfanne, das langsame
Füllen eines Kochtopfs, der Dialog mit der werdenden
Suppe, die die kaltgewordenen Lebensgeister langsam
wieder aufwärmt. Kaum so gesagt, kommt mir das schon
als seltsame Selbstfreigabe eines unsicheren Kantonisten
vor, hier in der Fremde, einer fremden Frau und Köchin
gegenüber – die aber nimmt das ganz warm auf, erzählt,
daß sie sich einschließt in der Küche, wenn sie den
›cafard‹ hat, also Trübsal bläst, daß sie dann langsam
irgendeine Suppe vor sich hin kocht, vielleicht ›le tourin‹,
eine Knoblauch-Suppe, vielleicht eine andere, jedenfalls
eine Suppe, deren ›clapotage‹, deren langsam-geräusch-
volles Vor-sich-hin-Plätschern sie wieder mit Lebenswol-
len erfüllt: ›ça ravigote‹.

Die Betonung liegt auf ›langsam‹, auf ›sanft‹: nie wirft
sie Gemüse in kochendes Wasser; nie setzt sie Fleisch

212

siedendem Öl aus; sie verabscheut, was sie »Aggressionen durch kochendes Wasser oder siedendes Öl« nennt. Dann geht sie zu einer kleinen Nachtmusik ihrer Saucen über: »Eine Sauce, die gekocht hat, hat ihren Charakter verloren – sie muß, will sie Sauce bleiben, das Innere ihres Bauchs bewahren.« Klar, daß da kein Mehl hineinkommt, keine überflüssigen Füllereien und keine Gewürze, die man außen herausschmeckt. Klar auch, daß die Verbindung zum Fleisch, das Blut, drinbleibt. Philosophie einer Köchin.

An einer Wand hängt ein Foto, das Marie-Claude zeigt und einen Staatspräsidenten, der hier gespeist hat. Auf den ersten Blick sieht man den hochgewachsenen Gast, spürt den anerkennenden Gestus, die Komplimente, das Lob. Auf einen zweiten Blick sieht man die hochgewachsene Köchin, den skeptischen Blick der Frau. Marie-Claude sagt zwischendurch: »Wirklich gut kochen kann ich nur dann, wenn ich weiß, für wen ich koche, und wenn der Gast weiß, was er wünscht.«

Kommt der große Augenblick, das Essen. Durcheinander vor Freude wie Kinder, wissen wir nicht, was wir wünschen, sind wunschlos glücklich. Die ersten Gäste kommen, Marie-Claude geht nach hinten, wir bestellen bei Richard, was beide für gut dünken. Läuft ein Märchen-Film ab: junge Frauen kündigen an und tragen auf ›Pâte chaude fourrée de mousse de foie‹, also Leber-Schaum im warmen Teig-Mantel, ›Pain fantaisie avec du beurre baratté à l'ancienne et beurre de saumon‹, zu deutsch: Phantasie-Brot mit handgebutterter und Lachs-Butter, die berühmte Enten-Leber des Hauses mit gegrilltem Brot und als Wein ein Sauternes; dann ein ›Civet de canard engraissé, entièrement debarassé et dans sa sauce liée au sang‹, also Enten-Klein ohne Knochen und Haut in Blut-Soße, dazu ein ›Vin de Pays‹, mit ein paar Kartoffelscheiben, die allein für sich schon ein Gedicht sind; schließlich, nach ein paar verschiedenen Käse-Stücken, wird hereingefahren ›la Charette des Gourmandises‹, ein tischgroßer Doppeldecker voller Leckereien, darunter ›schwimmende Inseln‹, die über mehr-Schokolade-als-Kuchen gegossen werden…

Niemand raucht beim Essen, niemand fragt nach Salz oder Pfeffer oder nach andern Gewürzen, Richard lugt, ob's auch überall aussieht nach aufgehobener Zeit, Marie-Claude kommt zwischendurch aus der Küche und fragt, ob's schmeckt. Ich versuche den Scherz: man kann nicht meckern – der bleibt mir aber sofort im Halse stecken, und heraus kommt verlegen: »Was soll man dazu sagen?« Was soll man dazu sagen!

Mir gehen Sätze aus dem Gespräch am Kaminfeuer durch den Kopf, die ich notiere: »Dies ist eine Bastardregion zwischen Gascogne und Guyenne, zwischen den endlosen Wäldern über den trockengelegten Sümpfen und den Tälern von Gélise und Baise im reicheren Armagnac, am Rande des Départements Lot-et-Garonne; aber wie der Name schon sagt, sind Bastarde Kinder der Liebe.« – »Man muß wählen: entweder will man viel Geld machen, dann muß man woanders hin gehen; oder man will lebenswert (en bonne qualité) leben, dann wählt man diesen Ort hier.« – »Das klingt so traurig, was Sie sagen; Sie müssen wissen: Traurigkeit gilt in dieser Region als grobe Unhöflichkeit.« Mir gehen die Sätze durch den Kopf und das Essen durch den Magen, und ich bin bereit, jeden Preis für beides zu zahlen.

Dazu kommt es aber nicht. Im siebenten Himmel erreicht uns die Nachricht: »Sie sind unsere Gäste.« Wir versuchen zu sagen: das geht nicht, aber das kommt nicht raus; wir versuchen zu schweigen, aber das geht nicht; wir versuchen, dankeschön zu sagen – und sagen den unmöglichen Satz: »Wir akzeptieren unter einer Bedingung: daß es einen echten Tausch gibt, daß Sie sich zu einem deutschen Essen einladen lassen.«

Das spottet natürlich der Dimension. Aber die beiden nehmen sofort an, freuen sich.

Bocage

heißt ein Landschaftstyp, den es in ganz Westeuropa gibt (von Norwegen bis zum Baskenland); in Okzitanien gibt es Bocage im Limousin und im Poitou. Damit ist es mit der Klarheit aber auch schon vorbei, und das große Rätselraten beginnt: wie und wann ist er entstanden, was kennzeichnet ihn? »Das Problem des Bocage«, so heißt es etwa beim Historiker Marc Bloch, »ist heute das Haupträtsel unserer Landwirtschaftsgeschichte.«

Die meisten Theoretiker stellen den Landschaftstyp des Bocage dem nordfranzösischen des ›Openfield‹ (der Beauce beispielsweise) gegenüber, betonen also das Unoffene, Umschlossene von Weideland und/oder gelichtetem Acker: Hecken und Zäune, Erdwälle mit Büschen und/oder Bäumen, Steinwälle. Sie entwickeln dann meistens für die Menschen, die in diesem Landschaftstyp arbeiten und leben, die Theorie vom Charaktertyp des ›bocain‹, der sich auszeichnet durch Mangel an Weltoffenheit undsoweiter undsofort. Ich halte solche Grundannahmen für so problematisch wie z. B. die These, daß Schillers ›Tell‹ ein Anti-Obst-Stück sei: es stimmt zwar das Detail, daß auf ein Stück Obst, auf einen Apfel geschossen wird, aber der große Rest ist leere Konstruktions-Mechanik. So stimmt zwar, daß man beispielsweise im Limousin immer wieder anläuft gegen Hecken und Zäune und Haingehölz, durch das man nicht durchkommt, aber die Offenheit der ›Häuser und Herzen‹, wie es in einem Gedicht heißt, ist sprichwörtlich, und die Weltoffenheit der Troubadour-Kultur ist mehr als Legende.

Ändern wir die Blickrichtung. Vermutlich in der zweiten Hälfte des ersten Jahrtausends vor unserer Zeitrechnung begannen mit dem Seßhaftwerden der ehemaligen Jäger und Sammler die ersten systematischen Rodungsarbeiten; vermutlich gibt es mehr als nur einen etymologischen Zusammenhang zwischen den Worten ›bosc‹, was soviel wie ›Busch‹, ›Wald‹, ›Gehölz‹ heißt, und dem Wort ›bocage‹, was das dem ›bosc‹ durch Roden abgerungene Land meint. Es gilt als sicher, daß die Umgrenzungen der mehr als unregelmäßigen Parzellierungen, daß die künstlich aufgebauten Erdwälle und Böschungen mit den Baum- und Gebüschreihen in der Zeit vom 10. bis zum 13. Jahrhundert entstanden sind; unsicher ist wieder, wer die Landschafts-Gestalter waren, die da Erdwälle anlegen und bepflanzen ließen und ob sie dies aus ökologischem Bewußtsein taten: sie bereichern Flora und Fauna, regulieren die Wasserläufe, beschützen das Vieh — was man von einfachen Zäunen nicht sagen kann.

Heutige Versuche, in den Bocage-Gebieten des Westens großflächige ›Openfield‹-Systeme zum höheren Ruhme größerer Anbauflächen und -erträge zu schaffen, stoßen auf erbitterten Widerstand der gesamten Landbevölkerung und sind weitgehend zum Scheitern verurteilt. Das hat im kleinen zu tun mit der Verteidigung von so winzigen Dingen wie Bienen und Hummeln, von denen man weiß, daß sie beispielsweise zur Verteidigung von Kleefeldern unerläßlich sind (und die mit dem Verschwinden der ›lebendigen Hecken‹ des Bocage verschwänden), aber auch im großen mit dem Erhaltenwollen einer vertrauten Arbeits- und Lebensweise, in der Nachbarschaftshilfe und Solidarität über den Familienverband hinaus selbstverständlich sind. Und wenn es in allen Bocage-Gebieten des Westens immer wieder Sozialrebellen-Revolten gegen Entscheidungen aller Art aus Paris gegeben hat, dann hat das nach meinen Recherchen und Erfahrungen wenig bis nichts zu tun mit einer von den meisten Theoretikern behaupteten ›Rückständigkeit‹ dieser Regionen, sondern viel bis alles mit jenem Urgestein von gewachsener Nachbarschaftshilfe und Solidarität und ökologischem Bewußtsein und ökonomischer Arbeitsweise.

Bocagelandschaft zwischen Agenais und Corrèze

ar uen
uert ela
ug lo
gel pel b
tre ior q
cozate t
nois em
eis ein
omes
uosen

que no uol ior eamor auer. Cu
es falegre fesbaudeia.

ano ereau querde ior mi re
lais damar perdan cauer en fo
no ai gos empoder quieu men
mozs ma faill quem fobzem
En fu ma mar qual queil pla
fieu am fo que nom ten escai
moz nisu fai uaffallage.

CORRÈZE

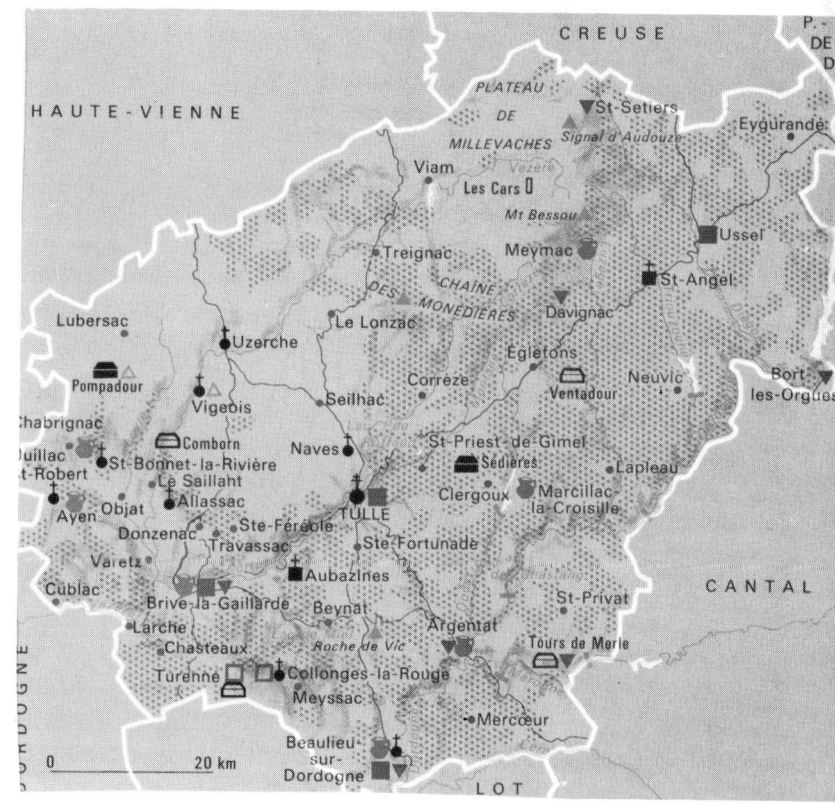

CREUSE

HAUTE-VIENNE

P.-DE-D

PLATEAU
DE
MILLEVACHES

St-Setiers
Signal d'Audouze
Eygurande

Viam
Les Cars
Mt Bessou
Vézère

Meymac
Ussel

Treignac
St-Angel

CHAÎNE
DES MONÉDIÈRES

Le Lonzac
Davignac

Lubersac
Uzerche
Corrèze
Neuvic
Bort-les-Orgues

Pompadour
Égletons
Ventadour

Vigeois
Seilhac

Chabrignac
Comborn
Naves
St-Priest-de-Gimel

Quillac
St-Robert
St-Bonnet-la-Rivière
Sédières
Lapleau

Le Saillaht
Clergoux
Marcillac-la-Croisille

Ayen
Objat
Aliassac
TULLE

Donzenac
Ste-Féréole
Ste-Fortunade

Varetz
Travassac

Cublac
Aubazines
St-Privat

Brive-la-Gaillarde
Beynat

Larche
Argentat
Tours de Merle

Chasteaux
Roche de Vic

Turenne
Collonges-la-Rouge
Meyssac

Mercœur

0   20 km

Beaulieu-sur-Dordogne

DORDOGNE

CANTAL

LOT

219

Auf der Suche nach einem
verschwundenen Troubadour

*Léon Billet gewidmet,
der als stiller Mitarbeiter
kurz vor Vollendung dieses
Buches im 93. Lebensjahr starb*

»Das Fahrrad erweitert das Herz, schult die Nase, verwöhnt die Augen«, steht in einer Literaturzeitschrift, die ein Freund aus der Bundesrepublik geschickt hat. Recht hat er, Deutsches nach Frankreich zu schicken.

Das französische Fernsehen hat gerade, während Gorbatschow und Reagan in Genf verhandeln, eine Direktschaltung eingerichtet zum Großereignis des Tages: der *Prix Goncourt* wird heute verliehen, und die Frage, ob ›Die barbarische Hochzeit‹ den Preis bekommt oder ›Die Geburt einer Leidenschaft‹ wird gründlicher diskutiert als die von Krieg oder Frieden; ein Jammer, daß Tolstois ›Krieg und Frieden‹ nicht zur Diskussion steht. Diskutiert wird dann noch der gerade erschienene 2. Teil der De Gaulle-Biografie von Lacouture, der mit der ›Libération‹ beginnt, mit dem Empfang der Großschriftsteller nach der Befreiung, mit dem Empfang von Malraux, Gide und Mauriac durch den General, der nun nicht mehr Rebell ist, sondern Politiker, der sich politischen Rat bei Schriftstellern holt. Noch den ärgsten Gegner der schreibenden Zunft, Sartre, wird er später schriftlich mit »Cher Maître« ansprechen, während sein bundesrepublikanischer Amtskollege die Bezeichnung ›Pinscher‹ wählt.

Literatur und Politik in Frankreich: das Großereignis ist die Goncourt-Preisverleihung, und das Publikum wird genauestens vorbereitet darauf, erfährt, daß die Endberatung nicht in Paris stattfindet, sondern in der Gegend von Brive-la-Gaillarde im Département *Corrèze*, einer Art Sauerland. Da gibt es in dieser Jahreszeit leckere Pilzgerichte und vor allem gibt es dort den *Clafoutis*, einen Kirschkuchen, der warm serviert und gegessen wird; die Bedeutung solcher Tafelfreuden wird man nicht unterschätzen dürfen, wenn man nach den Gründen fragt, warum eine

Goncourt-Jury ausgerechnet hier tagt – wie gesagt: Sauerland.

Kommt man von Süden her ins südliche *Limousin*, so kommt man von Cahors und vom oberen Quercy her, hat zwischen Périgord und Auvergne die Dordogne überquert und stößt unweigerlich auf *Turenne*, strategische Anhöhe mit Resten einer trutzigen Burg (ca. 20 km südl. von Brive an der D8): wer Turenne hielt im Mittelalter, kontrollierte den Zugang zu vier Provinzen, und noch heute kann man vom phallischen Turm aus insgesamt 10 Burgen übersehen, die alle ›fiance‹ (Treue) und ›ost‹ (Waffendienst) schuldeten. Leicht übersieht man dabei *Collonges-la-Rouge*, ein ›Märchen‹-Dorf ganz in rotem Sandstein gebaut, von smaragdgrünem Weinlaub umrankt, von Kastanienwäldern umgeben und mit Walnußbäumen bestandenen Wiesen. Hier, wo Dornröschen und Zorro einst Hochzeit hielten, dürfte unsere Goncourt-Jury die ›Noces Barbares‹ gekürt haben, bei einer ›Terrine Forestière‹ (hier mit frischen Waldpilzen), feingeriebenen Knoblauch-Kartoffeln und Walnußkuchen oder Clafoutis als Nachspeise.

Nördlich von Brive liegen zwei andere Orte mit klingendem Namen: *Pompadour* (31 km, D 901) und *Ventadour* (ca. 60 km auf der N 89 bis Egletons, dann D 991). »Pompadour pompe, Ventadour vente, Turenne règne« sagte einst ein geflügeltes Wort – was etwa heißt: Pompadour feiert, Ventadour bläht sich auf, Turenne herrscht. Turenne haben wir gesehen, das Schloß und die Madame und den Haras lassen wir links liegen, Ventadour nicht: ein Abstecher lohnt, auch wenn der schwer in die Radfahrerbeine geht. Das Problem ist nur: steht man vor den Ruinen auf der Granitkuppe, dann steht man wie der Ochs vorm Berg – keine Hinweisschilder, keine Broschüren im Ort *Moustiers-Ventadour*, nichts, was einem weiterhilft bei der Suche nach Spuren von *Ebles II*, dem Grafen von Ventadour und ›Cantador‹, Sänger; vor allem kein Hinweis auf *Bernard*, den Troubadour des 12. Jahrhunderts, der von so ziemlich allen Troubadour-Forschern als der bedeutendste angesehen wird. Wie kommt man an ihn heran?

Es gibt mehrere Möglichkeiten, darunter ein paar unorthodoxe. Man kann z. B. am Fuß der Burg, da, wo die Kuppe am steilsten abfällt ins Tal der Luzège, sich auf den Hosenboden setzen und runterrutschen bis zur alten *Mühle am Pont Roudal*: da wurde Bernard vermutlich geboren; die Mutter war Müllerein; wer der Vater war, darüber streiten die Gelehrten von der mittelalterlichen Chronik (danach war er ›fournier‹, sorgte also dafür, daß das Brot auf Ventadour nicht kalt gebacken wurde) bis heute (hartnäckig hält sich das Gerücht vom unehelichen und verleugneten Grafensohn); einig sind sie sich darin, daß Bernard ein Kind aus dem Volke war. Halten wir hier fest, daß die ersten Blicke aus der Granithütte hinaus, die nicht den Eseln mit dem Korn auf dem Rücken, den Forellen im Bach und den Eichhörnchen galten, steil nach oben ging zu dem imposanten Gemäuer, von dem man munkelte, daß es dort ein Kaminfeuer gäbe und manchmal sogar fahrendes Volk, das Lieder sang und die Herzen wärmte.

Dann kann man in der kleinen Stadt *Egletons*, dem Hauptort des Kantons, bei jemandem anklopfen, der auch am Fuß des Burgbergs geboren wurde und wie Bernard in Moustiers-Ventadour aufgewachsen ist, der aber keine Liebeslieder ›gefunden‹ hat (Troubadour kommt von ›trobar‹, ›finden‹), sondern viele liebe Worte zu einer Biographie über »Bernard de Ventadour, Troubadour des 12. Jahrhunderts. Sein Leben, seine Liebeslieder«. Darin sind sämtliche, ursprünglich in ›langue lemousine‹ verfaßten Gesänge aus dieser okzitanischen Volkssprache in die französische Hochsprache übersetzt. Als ich das erste Mal – voller Herzklopfen – bei ihm anklopfte, war er einundneunzig und las im Licht einer Tischlampe im handgeschriebenen Tagebuch eines Priesters, der in einer Höhle im Tal der Luzège die Französische Revolution überlebt hatte, wobei er sich nicht von den Mäusen ernährte, die regelmäßig an seinem Manuskript nagten, sobald er schlief, sondern von heimlich zugetragenem Essen, über drei Jahre lang; das werde wohl sein letztes Buch werden, meinte unser alter Poet schmunzelnd hinter seiner starken Brille.

Man kann also bei Léon Billet anklopfen, erleben, wie er siebzig wird, wenn die Sprache auf Bernard kommt, wie er die Fünfzig streift, wenn er hört, daß eins von den vier Justiz-Kreuzen jetzt unter Dornengestrüpp liegt, wie er an die Fünfunddreißig herankommt, wenn man ihn fragt nach den »obscenae«, nach den genitalerotischen Darstellungen an den Dorfkirchen von *Liginiac* und *St. Hilaire* und *Mauriac*, wie er zwanzig wird, wenn er sein liebstes Liebeslied »Can vei la lauzeta mover« einfach nur vorträgt und beinahe singt, das mit der Lerche und dem Abschied von Ventadour: »wenn ich sehe, wie die Lerche vor Freude ihre Flügel gegen die Sonnenstrahlen schwingt und sich vergißt und sich fallenläßt...« Léon braucht nicht so lange wie andere, um jung zu werden, und beim Abschied muß ich versprechen, nächstes Jahr wiederzukommen: da will er mich mitnehmen nach *Soudeilles*, will die Geschichte von Ebles, dem ›Cantador‹, erzählen, dessen in Stein gehauene Geschichte in dem romanischen Kirchlein zeigen.

Schließlich kann man den nüchternen akademischen Weg gehen, sich Bücher besorgen in *Tulle* oder *Brive*, sich den Kopf vollbaggern mit Informationen und Interpretationen, mit Texten wie diesem: »Die lyrische Poesie der Troubadoure entspringt aus der verblüffend-bezaubernden Verbindung einer hochentwickelten poetisch-musikalischen Formensprache und einer raffinierten Erotik...«, deren soziales Paradox darin bestand, daß sie grundsätzlich einer verheirateten Frau, einer ›domna‹ galt; am Anfang des ›fin' amor‹, der sublimierten Liebe, standen Geduld und Liebesleid, das ›sofrir‹ – am Ende vielleicht der ›assag‹, der ›essai‹: nein, nicht der geglückte Abschluß wie beim Rugby und auch nicht der Essay, der schöne Versuch, sondern die schlichte Versuchung; eine charmante Gräfin hat den ›essai‹ als einzige Frau für die Nachwelt beschrieben: der ›fin' amant‹, unbekleidet, liegt neben ihr, unbekleidet, in ihrem Bett; sie gibt ihm, der ihre Brust kost, einen Liebeskuß; damit endet die Streicheleinheit. Heraus kommt als Kind der – im damaligen Verständnis moralisch perfekten – Liebe, was im okzitanischen Wertesystem ganz obenan steht: ›joi d'amor‹ oder einfach nur ›joi‹, Freude. »Joie ai de lui«, ich freue mich an ihr, heißt es immer wieder bei Bernard, und er zupft das ›oi-ai-ui‹ auf seinen Saiten, auf den Darmsaiten über der selbstgeschnitzten Holzschale aus Eichenholz; die Melodie kommt aus der Sprache heraus und die Form kommt von selber. Eins seiner Lieder beginnt, ehe es zu »joi ai de lui« übergeht, so: *»Can l'herba frescha' s'lh folha par / E la flors boton'el verjan, / E'l rossinhol autet e clar / Leva sa votz e mou so chan, / ...,* also mit frischem Gras und ersten Blättern und Blumen auf der Obstwiese und der Stimme der Nachtigall und allem, was man sonst noch mit eigenen Augen am Fuße von Ventadour sehen kann jeden Frühling, und man versteht leichter den folgenden gelehrten Text: »Wesentlich ist für den ›fin' amant‹, jenes erotisch-poetische Hochgefühl zu bekommen, das ›joi‹ heißt und im allgemeinen im Frühling beschworen wird, wenn zugleich mit der wiedererwachenden Natur der Wunsch zu lieben, zu ›finden‹ wiedererwacht.« Das Problem dabei ist, die ›balansa‹ zu

Ma Dame a tout mon coeur et tout moi-même

I

Can vei la lauzeta mover
De joi sas alas contra'l rai,

Que s'oblid'e's laissa chazer

Per la doussor c'al cor li vai,
Ai! tan grans enveya m'en ve
De cui qu'eu veya jauzion,
Meravilhas ai, car desse
Lo cor de dezirer no'm fon.

II

Ai, las! tan cuidava saber
D'amor, e tan petit en sai!
Car eu d'amar no'm posc tener

Celeis don ja pro non aurai

Tout m'a mo cor, e tout m'a me,

E se mezeis e tot lo mon;

E can se'm tolc, no'm laisset re

Mas dezirer e cor volon.

VII

Pus ab midons no'm pot valer

Precs ni merces ni'l dreihz qu'eu ai
Ni a leis no ven a plazer
Qu'eu l'am, ja mais no'lh o dirai.

Aissi'm part de leis e'm recre;
Mort m'a, e per mort il respon,

E vai m'en, pus ilh no'm rete,

Chaitius, en issilh, no sai on.

VIII

Tristans, ges no'n auretz de me,
Qu'eu m'en vau, chaitius, no sai on.
De chantar me gic e'm recre,
E de joi e d'amor m'escon.

I

Quand je vois l'alouette balancer
Joiyeuse ses ailes contre les rayons
                                    du soleil
Au point de s'oublier et de se laisser
                                    tomber
Par la douceur qui lui va au coeur,
Hélas! Si grande envie m'en vient
De ceux que je vois heureux,
Je trouve merveilleux qu'aussitôt
Mon coeur ne fonde pas de désir.

II

Hélas! Je croyais tant savoir
D'amour et si peu j'en sais!
Car moi je ne peux m'abstenir
                                    d'aimer
Celle dont je n'aurai jamais de
                                    faveur
Elle a tout mon coeur et m'a tout
                                    entier
Et elle m'a moi-même et le monde
                                    entier;
Quand elle me prit, elle ne me
                                    laissa rien
Sinon le désir et le coeur avide.

VII

Puisqu'auprès de ma dame ne me
                                peuvent compter
Ni prières, ni pitié, ni le droit que j'ai
Et qu'il ne lui fait pas plaisir
Que je l'aime, jamais plus je ne lui
                                en parlerai
Ainsi je m'éloigne d'elle et me retire;
C'est un mort qu'elle a, et c'est un
                                mort qui lui répond,
Je m'en vais, puisqu'elle ne me
                                retient pas
Pitoyable, en exil, je ne sais où.

VIII

Tristan, vous n'aurez plus rien de moi,
Je m'en vais, pitoyable, je ne sais où,
Je cesse de chanter et je m'éloigne,
A la joie et à l'amour je renonce.

Aus: Léon Billet, Bernard de Ventadour, Troubadour du XIIe siècle.
Sa vie, ses Chansons d'Amour, 1979, Lied XVI, S. 203f., Vers 1, 2, 7, 8
(links okzitanisch)

›Salvetat‹-Steine bei Ventadour.
Sie verhießen Schutz für Verfolg-
te und Rebellen

schaffen zwischen der kurzen Hochstimmung und der vergleichsweise langen Niedergeschlagenheit, die Balance zu halten zwischen der Kurz-wie-die-Liebe-Freude und der Lang-wie-die-Arbeit-Trauer, dem ›süßen Übel‹; Bernard muß, darin sind sich die Experten einig, ein Meister der Balance gewesen sein, ganz zu Hause zwischen poetischer und Gesellschafts-Ordnung, Wertesystem und Lebenskonzept, Finden von Liebe, Text und Musik.

Irgendwann mußte er gehen, Ventadour verlassen. Irgendwann muß er zu weit gegangen sein, und sei's nur in den Augen des Burgherren; mit dem Bild von der Lerche, die aufsteigt und »sich vergißt und sich fallenläßt«, endet der Ventadour-Zyklus.

Die Trennung von Alice von Ventadour hat ihn zerrissen, machte ihm sein Sterben in ihr klar und das ihre in ihm, den doppelten Tod (»Mort m'a, e par mort li repon«); er spricht von »issilh«, Exil. Wohin soll er gehen? Wovon soll er leben? Soll er eine Saisonarbeiter-Existenz führen und bei der Roggenernte auf dem Plateau von Millevaches mitmachen oder Schafe hüten in den Moné-dières? Er mag seine Heimat sehr: die Wälder mit den Raubvögeln und den Eichhörnchen, die durch die Baum-kronen wieseln können von Brive bis Limoges, ohne Bodenberührung zu haben; die Dörfer, in denen es alles gibt, was man zum Leben braucht, in denen nur die Verbindungsstraßen nach außen fehlen; die Feste und die Kohlrouladen mit Schinkenscheiben, Eigelb und Landbrot. Ihm kommt lächerlich vor, den Körper in ein fremdes Land zu bewegen, wo seine Seele doch hier zu Hause ist, beim ›Chou farci‹ und bei den Milchkühen und den Obstwiesen. Wie Léon Billet schreibt: »Bernards Lieder geben den Charakter der Landschaft um Venta-dour wieder; sie sind mit Maß komponiert, mit nüchter-ner Natürlichkeit geschrieben, elegant, ohne jemals affek-tiert zu sein.«

Also finden wir den leichten Granitboden und die Hügel mit den abgerundeten Kuppen, die Täler mit dem sprudelnden Wasser und den oft azurblauen Himmel wieder im darauf folgenden Liederzyklus, der in einer ganz anderen Landschaft entstanden ist: im Poitou, am Hof der *Aliénor von Aquitaine*. In seiner Sprache, der ›langue lemousina‹ von Ventadour ist er zu Hause, als er mit Aliénor und ihrem Hof nach London zieht, wo der Londoner Zyklus entsteht, fern der Heimat. Noch im letzten Liederzyklus, im Pays de Sault im Pyrenäenvor-land entstanden, werden Landschaften besungen, die es dort gar nicht gibt, sondern nur im südlichen Limousin.

Was steckt hinter all diesen Exilstationen? Ein Damen-poker, wie Léon meint? Eine Schwäche für starke weibli-che Persönlichkeiten? Daß Aliénor von Aquitaine eine starke Persönlichkeit war, dafür spricht schon, daß sie sich von zwei Männern abwandte, mit denen sie Kinder hatte und die beide Könige waren, König von Frankreich (Louis VII) und König von England (Heinrich Plantage-net). Daß Esclarmonde von Foix eine überragende okzita-nische Frauengestalt war, dafür spricht die Tatsache, daß sie es war, die die Verteidigung der Katharerfestungen befehligte. War es Verrücktheit des Herzens, wie Bernard meint, die ihn trieb? »Findet mal einen Verrückteren als mich«, schreibt er in seinem ersten Gesang an Aliénor: »Trobatz mais fol mas can me?«

›Trobatz‹, findet mal einen; ›trobar‹, finden. Finden wir mal den Troubadour Bertrand de Born, den man in Deutschland ein bißchen besser kennt dank Uhland und anderen: der »Herr von Altafort«, romantisch verklärter Feudalherr in deutschen Gedichten, war nicht ›verrückt‹ wie Bernard, sang keine Lieder von Frauen und Vögeln, Kirschen und Frühling und aufbrechender neuer Zeit; Bertrand de Born sang ›vernünftige‹ Lieder wie dieses: »Was ich mag, sind die Schilde dicht an dicht, purpurrot und azurblau, die Wappen und Fahnen; was mir gefällt, wenn Lanzen kaputtgehen, Schilde ein Loch kriegen, Helme gespalten werden; nichts schöner als dies: Schläge austeilen und Schläge abkriegen... Mein Herz ist da zu Hause, wo Menschen und Vieh um ihr Leben rennen, wo Burgen belagert und Befestigungen eingerissen werden... Nichts genieße ich mehr, nicht einmal essen und trinken und schlafen, als zu hören den Ruf ›Vorwärts!‹ auf beiden Seiten, das Wiehern der Pferde und die Schreie ›Zu Hilfe! Zu Hilfe!‹, als zu sehen, wie Groß und Klein in die Gräben fällt, auf den Feldern verreckt, ein Stück Lanze im leib und ein Fähnchen daneben.« Ein Haudegen, heißer Krieger, Blutsäufer?

Wer Feudalherr war, hielt die freiheitlich-feudalistische Grundordnung für vernünftig; Kriege und Beutezüge, die als erquickliche Nebenerwerbszweige natürlich dazugehörten, waren vernünftig. Ein Bertrand de Born, der diesen bedrohten Inhalten und Strukturen der Feudalzeit Troubadour-Ausdruck gab, sang vernünftige Lieder, Lieder im herrschenden Zeitgeist.

Bernard dagegen, der Bastard aus dem Luzège-Tal am Fuße von Ventadour, sang verrückte Lieder von den bunten Flügeln der Lerche, der Liebe. In einer geschichtlichen Umbruchszeit, von der er nur eine Ahnung haben konnte, gab er einer schwierigen existentiellen, sozialen und wirtschaftlichen Lage mit Mitteln, die uns fremd sind, so poetischen Ausdruck, daß wir uns heute noch bei ihm zu Hause fühlen, bei seiner Fähigkeit, Glück zu empfinden und heulen zu können, um glücklich zu sein. Ein Mann mit weiblichen Möglichkeiten, ein Klangkörper, der seine Zeit abhorcht auf Zukunftsklänge und diese ›findet‹.

Klingender Körper, durchtöntes Wesen: per-sona? Das Person-Konzept, wie wir es heute kennen von den Menschenrechts-Erklärungen bis zur ›Würde des Menschen‹, die ›unantastbar‹ ist, sei durch das Christentum ins Abendland gekommen, wird oft behauptet. Das ist es nicht. Es ist durch die Troubadoure zu uns gekommen und nicht durch die, denen der Schlachtenlärm der Kreuzzüge das Herz höher schlagen ließ. Es ist durch Randfiguren wie den Bastard vom Pont-Roudal zu uns gekommen, durch die okzitanischen Nachfahren jener arabischen Poeten, die plötzlich und überraschend gesellschaftlich fixierte Spielregeln verletzten und, wie wir heute auf gut deutsch sagen würden, »make love, not war« einem expandierenden Islam ins Stammbuch geschrieben hatten.

Adel des Herzens, höf-liche Liebe: ist die neue Bewegung im Limousin und im Toulosain, in der Gascogne und in der Provence von den Höfen ausgegangen? Man könnte es meinen, wenn man sich die ersten Troubadoure, die des 11. Jahrhunderts, ansieht: *Guilhem de Peitieus* z.B., der als der erste gilt, war Graf (von Poitou) und

Bauernhaus mit Taubenturm an der Dordogne im Département Corrèze

Herzog (von Aquitanien), und entsprechend hören sich an die selbstgeschriebenen Lieder von höflicher Liebe, voller Zynismen und Melancholie. Nein, man muß wohl die Höfe der Feudalzeit als das ansehen, was sie ihrer Funktion nach waren: Kommunikationsorte ihrer Zeit, teilweise auch Massenkommunikationsmittel und damit historische Vorläufer der Kanzeln der Neuzeit und der Bildschirme von heute. Bernard hat da gesungen wie Georges (Brassens) aus Sète im Fernsehen, und man kann nicht sagen, daß Georges' Lieder vom Fernsehen ausgingen!

Man kann wohl sagen: Ebles II, Graf von Ventadour und Sänger zur Zeit von Bernard. Wie man sagen kann: François II, Herzog von Gallien und Schriftsteller zur Zeit von Georges. Oder auch: Helmut II, Pfalzgraf bei Rhein und Redner zur Zeit von Hein(rich Böll).

Es kommt auf die Zeit an, in der man was sagt, und auf den Raum: Geschichte hat es mit beidem zu tun. Heute wissen wir, daß die kleine Randfigur von Ventadour der wohl größte Troubadour seiner Zeit war; aber damals, als er ins ›issilh‹, ins Exil mußte, kam er sich kurz und klein vor: nie in der Muttersprache reden, nie in den vertrauten Codes sich bewegen, oder in der Fußballsprache: nie ein Heimspiel. Das Londoner Publikum kannte nicht die Kühe des Limousin, findet sich nicht in den Liedern von leichtem Granit und Azurblau; Freunde, mit denen man reden könnte über die Torbögen der Bauernhöfe von Darnets oder den Schrank von Aubazine, gibt es nicht. Der heute ›große‹ Bernard fühlte sich oft sehr klein, elend.

Aber wir singen jetzt nicht das Lied vom Exil in London und nicht das von den hehren Taten des Troubadours in den Katharer-Kämpfen im Pays de Sault und auch nicht das von den Jahren fern der Heimat; wir singen auch nicht das Lied von der Beinahe-Rückkehr an den Rand des Limousin (ganz zurück durfte er nie mehr), von den Stunden, die verletzen, und der letzten, die tötet; wir singen jetzt einfach das schönste Lied im Exil, das von der ›garison‹, von der Heilung.

Ausgangspunkt: Bernard ist down, ganz down in London; seit Monaten keine Post aus Ventadour; nichts geht mehr. Jeder Mensch braucht zum Leben, was er braucht, denkt er sich, und ich hab' hier nicht mal einen Quatschkreis, in dem ich ins Unreine reden kann; die Frau, die mich hält hier, hat jetzt auch ihre Probleme, seit ihr Mann den Becket aus dem Weg geräumt hat* und nur noch »Scheiß-Politik« sagt. Polit-Monster, Nebel und Regen: was will ich hier? Jeder hat Hunger nach Sonne, Leben und Erfahrungen; jeder möchte, einmal im Leben wenigstens, richtig satt werden. – Da hat er das Stichwort: satt werden. In der Küche liegt die Würze, fährt es ihm durch die Rippen, und schon liegt er waagerecht in der Luft: Kartoffeln stiebitzt, geschält, kleingerieben und rein in die Pfanne, ein paar Schinkenspeck-Würfel drunter gemischt und ein paar Meersalzkörner drübergestreut, und worin braten wir die ›farcidura lemousina‹? Olivenöl hat nur die ›domna‹, also schreiben wir der Königin ein Gedicht, am besten den Zweizeiler »Komm doch ran, / Dschingis Khan!«. Aliénor ist begeistert, spendiert Olivenöl, Knoblauch und geriebenen Käse, läßt sich einladen zum Pfannengericht zwischen Bratkartoffeln und Reibekuchen. Und was machen die beiden nach dem okzitanischen Abendessen fern der Heimat? Was machen die ›domna‹ und der ›fin' amant‹? Sie essen zum Nachtisch Milchkastanien mit ›Crème Anglaise‹.

Das verraten wir nicht: daß Bernard ein begeisterter Koch war und dazu der Verfasser des Bestsellers ›Liebe geht durch den Magen‹; daß der Mensch drei Dinge braucht zum Leben: ein Instrument, eine Pfanne, ein Fahrrad; daß Glück nicht ein großer Wurf ist, sondern ein kleiner Schmetterling.

---

* Am 29. 12. 1170 wird Thomas Beckett, Vertrauter Heinrichs II. Plantagenet, in der Kathedrale von Canterburry ermordet. König Heinrich soll der Auftraggeber zu dem Mord gewesen sein, da Becket unbotmäßig handelt, indem er als Erzbischof die kirchlichen Machtansprüche gegen den König verficht. Aliénor wendet sich endgültig von ihrem Gemahl Heinrich ab, der sie gefangen setzen läßt. Erst 15 Jahre später, nach seinem Tod, kommt sie wieder frei und nimmt ihre Geschäfte als Königin ungebrochen wieder auf.

Eine Ausschweifung: Kirchenschmuck

Sie stehen in keinem Baedeker und in keinem französischen blauen oder grünen Reiseführer, die kleinen Kirchen im Département Corrèze; sie sind nichts Besonderes, die romanischen Dorfkirchen in den Lichtungen in den immensen Waldgebieten. Zwar stößt man hier und da auf Hinweise, daß spätere Päpste in ihnen als Priester gewirkt haben (z.B. *Les Rosiers* bei Egletons) – aber ihre architektonische Gebärde ist zu bescheiden, als daß sie auffielen, und ihr Kapitell- und anderer Schmuck aus romanischer Zeit trifft selten auf mehr als höfliches Fachinteresse.

Einer, der nicht vom Fach war und großes Interesse an den Skulpturen im Département hatte, war André Malraux; der agnostische Kulturminister und Kunstschriftsteller (dem ganz nebenbei eine der besten Studien über die ›Pietàs‹ im Limousin zu verdanken ist) widmete sich besonders ›dogmatischen‹ Themen, wie sie beispielsweise in den Dorfkirchen von *Vigeois* oder *Seilhac* zum Ausdruck kommen. »Die romanische Schöpfung ... hat ihren tiefsten Grund darin, Zeichen in Symbole zu verwandeln und ihnen dadurch Leben zu verleihen, daß sie eine geistige Wahrheit zum Ausdruck bringt«, heißt es in der ›Metamorphose der Götter‹ – ein Satz, der verständlich wird, betrachtet man jene Skulpturen von *Seilhac*, in denen Engel und Löwe, Stier und Adler die vier Evangelisten symbolisieren. Ein anderer Satz aus demselben Buch, der angesichts von ›Peter und Paul‹ in *Vigeois* einleuchtet, lautet: »Keine Kunst, in keiner Zivilisation, hat je soviel Menschliches durch Übermenschliches zur Sprache gebracht, hat je soviel Übermenschliches durch Menschliches ausgedrückt.«

Als Faustregel kann gelten: ›dogmatische‹ Themen findet man im Innern, ›freie‹ Themen an der Außenhaut romanischer Kirchen, meist an der Apsis. Um ›ganz freie‹ Themen zu entdecken, ist man auf mündliche Tips intimer Kenner (wie Léon Billet) angewiesen, die man wohl nur unter katholischen Priestern findet: bis heute habe ich kein einziges Bild- oder Textdokument dazu gefunden, außer in Fußnoten versteckte Hinweisen auf ›obscenae‹. Schade.

Versteckt werden oft auch die weltberühmten Reliquienkästchen aus dem 12. und 13. Jahrhundert, seit massenhafte Diebstähle in den ungesicherten Dorfkirchen das nahelegten. Wer z.B. die kostbare ›Châsse de St. Etienne‹ in Gimel sehen will, muß sehr lange beim dortigen Priester anklingeln und warten; wer nicht soviel Geduld hat, dem empfehle ich den Weg nach Lapleau, wo ein paar dieser Schmuckstücke aus den Dörfern ringsum in der unansehnlichen Kirche zusammengesammelt und diebstahlgesichert ausgestellt sind.

Okzitanischer Kirchenschmuck
Reliefskulptur in Seilhac (Corrèze): Engel und Löwe als Symbol der Evangelisten Matthäus und Markus, 12. Jh. (oben). Reliquienkästchen (Châsse de St. Etienne) in Gimel (Corrèze), 12./13. Jh.

Haute Vienne

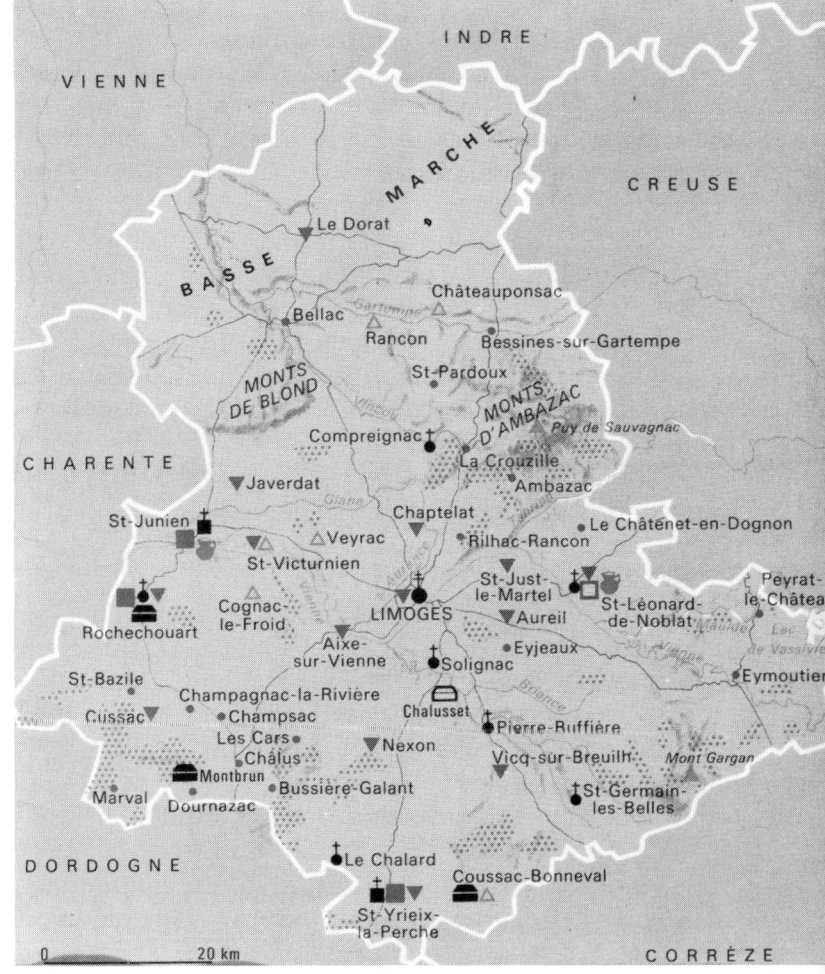

INDRE

VIENNE

MARCHE

CREUSE

Le Dorat

BASSE

Châteauponsac

Bellac

Rancon

Bessines-sur-Gartempe

St-Pardoux

MONTS
DE BLOND

MONTS
D'AMBAZAC

Compreignac

Puy de Sauvagnac

La Crouzille

Javerdat

Ambazac

CHARENTE

Chaptelat

St-Junien

Le Châtenet-en-Dognon

Veyrac

Rilhac-Rancon

St-Victurnien

St-Just-
le-Martel

Peyrat-
le-Châtea

Cognac-
le-Froid

LIMOGES

Aureil

St-Léonard-
de-Noblat

Rochechouart

Aixe-
sur-Vienne

Eyjeaux

Lac
de Vassivie

St-Bazile

Solignac

Eymoutier

Champagnac-la-Rivière

Cussac

Champsac

Chalusset

Pierre-Buffière

Les Cars

Vicq-sur-Breuilh

Mont Gargan

Châlus

Nexon

Montbrun

St-Germain-
les-Belles

Marval

Bussière-Galant

Dournazac

DORDOGNE

Le Chalard

Coussac-Bonneval

St-Yrieix-
la-Perche

0   20 km

CORRÈZE

Ein Aquarell auf Blut und Boden

»Fotografiere blühende Auberginen am Rand von Vignols«, sagen die alten Notizen, »werde von hinten angesprochen: Mechaniker-Meister, in seiner Freizeit Sportflieger und Fotograf; zeigt mir sein Dorf von oben, sein Dorf im Krieg (›Die Deutschen, die waren gute ·Flieger…‹), sein Dorf beim Tanzen ganz aus dem Häuschen nach der Befreiung.

Kommt *Limoges*. Von weitem sichtbare Zigarrenkisten-Architektur von Essener Charme – bei näherem Hinsehen ergibt sich, daß hier die Städtebau-Vernunft des aufgeklärten Absolutismus zugeschlagen hat: Stadtmauern abgerissen, Verkehrsachsen angelegt, gleichzeitig mit den ersten Porzellanmanufakturen (Turgot, der hier Intendant war, hatte seine Hand im Spiel), Verwaltungszentralen gebaut und Finanzamt und Justizpalast, neben den Kirchen. Die Revolution hat hier im wesentlichen die Manufaktur-Bauten aus Holzgerüsten, die immer wieder abbrannten, ersetzt durch Fabriken mit feuerfesteren Öfen und größeren Arbeitshallen mit ersten Stahlkonstruktionen; die heute sichtbaren Fabriken aus Eisen und Stein stammen vom Ende des vorigen Jahrhunderts. Hauptstadt des Limousin? Ein einziger Fremdkörper für die Augen, die kohlenpottentwöhnten.

Ja, die Hauptstadt. Aber erzählen wir nicht die Uralt-Geschichte der Stadt von der Gründung am Oberlauf der Vienne bis zur jüngsten Emaille-Biennale; erzählen wir die Geschichte des Landes, die die Stadt einkreist.

»Kein Heu für die Deutschen«, steht im Herbst 1942 auf heimlich gedruckten Flugblättern im Umkreis von Limoges; Truppen der Wehrmacht haben Limoges besetzt, haben aus kriegsökonomischen Gründen die Kautschukfabrik Wattelez vereinnahmt. Im Dezember 1942 gibt's einen Anschlag auf den Bahnhof von Eymoutiers; im August 1943 gehen in fünf Dörfern gleichzeitig von den Besatzern requirierte Heumähmaschinen hoch: Zei-

Limoges, die Hauptstadt des Limousin. Die ›Moschee‹ im Hintergrund ist der Bahnhof

chen der Zeit, Hinweise darauf, daß das herrschende Klima der Angst umschlägt. Dahinter steckt wer?

Ich erinnere mich an eine leidenschaftliche Fernsehdebatte aus Anlaß eines Films, der ›Terroristen im Ruhestand‹ heißt und Widerstandshandlungen wie die obengenannten mit kaum bekannten Widerstandskämpfern zur Sprache brachte. Ich erinnere mich, wie der gaullistische Ex-Premier und gegenwärtige Parlamentspräsident Chaban-Delmas und die legendäre kommunistische Widerstandskämpferin Lucie Aubray gemeinsam leidenschaftlich darauf bestanden, daß die Bezeichnung ›Terroristen‹ für damalige Widerstandskämpfer völlig fehl am Platze sei, daß man die damaligen Ereignisse nicht im Lichte heutiger Meinungsverschiedenheiten sehen könne, daß sie bis ans Ende ihrer Tage *›Résistance‹*-Bruder und -Schwester sein würden, der Gaullist und die Kommunistin. Ich erinnere mich, wie ich mir im Anschluß daran eine ähnliche Szene im westdeutschen Fernsehen ausmalte, eine mit – sagen wir – Helmut Kohl und Ellen Weber, gewissermaßen Arm in Arm.

Gaullisten und Kommunisten gehörten zur Résistance, haben Widerstandsgeschichte geschrieben: lassen wir das so stehen. Aber erwähnen wir auch, daß neben Kommunisten auch Freimaurer und Juden vom Vichy-Regime gejagt und geschaßt wurden, und daß sie alle mit kaum bekannten Widerstandskämpfern zur Résistance gehörten; Bauern und Funktionäre, Arbeiter und arbeitslose ›Maquisards‹.* Dahinter steckte mit *Georges Guingouin* ein ›Präfekt des Maquis‹, der schon im August 1940 einen ›Aufruf zum Kampf‹ verfaßt hatte, heimlich und gar nicht im Einklang mit seiner Partei, der KP. Der »Verrückte, der in den Wäldern lebt« (so Gabriel Roucaute, ein nationaler KP-Führer), war mit seinem Kampfaufruf zum de Gaulle des Limousin geworden, mit allem, was das zur Folge haben mußte: Isolation und Diffamierung, Gefährdungen und Mythenbildungen, auf die man sich bezieht. Zur Realität seines Widerstandskonzepts gehört das Abfassen von Tagesbefehlen in okzitanischer Sprache; ein Beispiel: »Qué lous maquis quê nô baillien lou pô blanc«, also die Müller sollen möglichst weißes Mehl liefern. Mit solchen Tagesbefehlen, unterzeichnet von ›Georges Guingouin, Préfet du Maquis«, etabliert sich allmählich eine regional anerkannte Gegen-Macht zu Vichy, und über das Ersetzen von Bürgermeistern, die von Vichy ernannt waren, und das Bezahlen von Landarbeitern durch die neue Administration schlägt die Sympathie der nun nicht mehr ängstlichen Bevölkerung in aktive Unterstützung um: die Besatzer bekommen kein Heu und kein Vieh mehr, und die Maquisards kriegen mehr selbstgestrickte Strümpfe als sie gebrauchen können. So geht das – und kommt nicht vor in den offiziellen ›Résistance‹-Geschichten.

Man wird sagen dürfen, daß der de Gaulle des Limousin, ›der Verrückte, der in den Wäldern lebt‹, am 21. August 1943, dem Tag seines Einmarsches in Limoges an der Spitze von 20 000 Leuten diese Region lange vor der Landung der Alliierten an der Küste der Normandie befreit hat. Und man wird sagen dürfen, daß das, was die Nazi-Deutschen ›Klein-Rußland‹ nannten, gut funktio-

---

* s. am Ende dieses Kapitels

nierte und sehr viel anders als die Sowjetunion. Geben wir Georges Guingouin dazu das Wort: »Die Selbstverwaltung war möglich, sie hat in gut einem Drittel der französischen Volkswirtschaft funktioniert. Selbstverwaltung im großen Stil hat es nicht nur in Großstädten wie Toulouse oder Limoges gegeben, sondern auch, was weniger bekannt ist, in kleineren Städten wie Montauban, Montluçon, Carmaux, Bort-les-Orgues. Die politischen Parteien haben nichts kapiert, weil sie auf Regierungsmacht und Staatsapparat fixiert waren. Aber damals verstanden die Bauern und Arbeiter sofort, daß es um die Wirklichkeit ihres Alltags ging, um das, was Marx ›Assoziation freier Arbeiter‹ nennt.« Fügen wir noch hinzu, daß der ›verrückte‹ Marx-Kenner in den fünfziger Jahren aus der KP ausgeschlossen wurde und daß die politische Linie, für die sein Name steht, so ausgeschlossen nicht ist für die KP Frankreichs, wie es nach außen den Anschein hat: die ›Fédération Haute-Vienne‹ steht an der Spitze jener Entwicklung, die in der KP von den einen als ›Erneuerung‹, von den anderen als ›Liquidierung‹ bezeichnet wird. Ende der Einkreisung.

Da gibt es das *Tal der Vienne*, die mitten durch's Département fließt, die Berge von *Blond* und *Ambazac* im Norden, das bergige *Pays Arédien* und das auch nicht platte Land der Faßbinder, das ›*Pays des Feuillardiers*‹ im Süden.

Limoges, Altstadt

Sehen wir uns das einmal näher an, am besten vom *Puyconnieux* aus: der ist mit seinen 496 Metern Höhe zwar kein beeindruckender Gipfel, aber eine sehr interessante Höhe: man überblickt von da ganz gut das waldreiche Guerilla-Land bis Limoges im Osten, und nach Westen schnuppern die Augen schon Cognacdüfte vom Nachbardépartement Charente her. Im übrigen kann man im unmittelbaren Umkreis dieser hervorragenden Picknickstation ›Verrückte, die im Wald leben‹, entdecken: an der durch Kastaniengehölz sich schlängelnden Straße liegen zeltähnliche Holzhütten, die ›loges‹ heißen, und hier und da kann man einsame Männer ausmachen, die weder Waldläufer noch Guerilleros sind, sondern Faßbinder. Ja, hier werden die jungen Kastanientriebe gespalten zu den leicht biegsamen Latten, mit denen die Cognacfässer aus Eichenholz umbunden werden, und der eine oder andere Waldarbeiter flicht Körbe und Stuhlrücken-Schalen oder spitzt Weinbergpflöcke und Grenzpfähle zu. Sieht man sich eine dieser Waldwerkstätten dann näher an, staunt man über die Bauweise der zeltähnlichen Hütten: das Holzgerüst wächst tatsächlich aus

Château de Montbron

›Feuillardier‹, Faßbinder, uralter Beruf im Limousin (s. Wanderung S. 324)

dem Boden heraus; zwei 2 bis 4 cm dicke ›feuillards‹, die aus zwei verschiedenen Kastanienstümpfen herausgewachsen sind, werden in Über-Kopf-Höhe zusammengebunden, und fertig ist der Eingang zur Loge! Man glaubt sich im Mittelalter – und erfährt, daß diese sympathische Holzindustrie gar nicht im Aussterben begriffen ist. Umso besser.

Gleich in der Nachbarschaft liegt dann auch die alte Burg *Montbron*. Kommt man vom Puyconnieux her, sieht man sie gleich doppelt: einmal ›in natura‹ und mit ihrem stolzen romanischen Bergfried in der Mitte, einmal im Burgteich gespiegelt, aber ohne den Bergfried – der kurze Teich schneidet ihn ab. In jedem Fall lohnt das Besteigen bis zum obersten Zinnen-Carré des viereckigen Turms: zwar sieht man nicht sehr weit, keineswegs so weit wie von der Puyconnieux-Kuppe (obwohl das hier mal ein wichtiger militärischer Beobachtungspunkt war); dafür sieht man aber sehr gut nach unten, z.B. auf die alte ›Motte‹, die einmal der Vorläufer der Burg war, mit Erdhügel und Palisadenzaun drumherum und Holzturm mittendrin, zum Schauen gedacht. Steht man dann hinterher da, wo der Holzturm gestanden hat und wo jetzt eine Tanne aufragt, fragt man sich, was man von da aus sehen konnte außer Kastanienbäumen. Besucher werden dann noch mit der Person und Geschichte von *Richard Löwenherz* bekanntgemacht: Montbron hat er belagert; im benachbarten kleinen Ort *Chalus*, dessen Burg er auch belagert hat, traf ihn der tödliche Pfeil, von dem sämtliche Geschichtsbücher, die Geschichten großer Männer erzählen, die mächtigen Folgen genüßlich ausbreiten: ohne den Tod des Rivalen kein starker Philippe-Auguste; ohne den starken Franzosen-König kein Sieg bei Bouvines gegen die Deutschen, keine gestärkte französische Nation. Meistens fehlt da aber der Kreuzzug der Nord-Truppen gegen den Süden, warum wohl?

In einem okzitanischen Gedicht von hier heißt es: »Estranges e vesis, chabatz d'entrar chaz nous, nostres cuers sount deiberts comma nostras maisous.« Das heißt soviel wie: kommt endlich rein zu uns, Fremde und Nachbarn – unsere Herzen sind offen wie unsere Häuser. Und es ist wahr, daß man, durchstreift man diese ›Bocage‹-Region* mit Haingehölz und Weideland und Kastanien und braunen Kühen des Limousin und fragt nach geschichtlichen Spuren, immer wieder aufgefordert wird, ins Haus zu kommen, vor den ›cantou‹, was die überdimensionierte Kaminfeuerstelle ist: da wird im Winter drinnengesessen und sich gewärmt (ja, im Kamin!); da wird sonst davorgesessen und erzählt. ›Lou Cantou‹ ist der Ort, an dem man sich austauscht, überall im Limousin.

Natürlich heißen hier viele Restaurants und Hotels ›Lou Cantou‹. So auch ein kleines, empfehlenswertes Hotel-Restaurant an der *Glane*, einem Flüßchen, das Corot gemocht und immer wieder gemalt hat, etwas außer Sichtweite von *Oradour*.

Damit sind wir in Oradour.

»Da wollte er hin, der Radwanderer; zu den Gräbern von Oradour.

Es gibt einen Ort, der heißt Oradour-sur-Glane. Da stehen Häuser, die stehen da nicht länger als die Bäume, und ein junger Schäferhund kurvt um die Bäume am quadratischen Dorfplatz im Regen, dem ersten seit Wochen.

Es gibt einen anderen Ort, der heißt Oradour-sur-Glane,

der liegt einen Steinwurf weit weg. Da war unser Pilger zuerst: die verkohlten Mauerreste, die Hinweisschilder: ›Hier wurden erschossen...‹, ›Hier wurden verbrannt...‹, die Bilder der Kinder auf den Gräbern und die in Stein gemeißelten Klagen. Heulen und weg: der erste Regen seit Jahren.«

Da sitzt man nun da bei der Endredaktion, sieht die alten Notizen und fragt sich, ob es weitergehen kann mit der Geschichte. Kann man weiterschreiben nach Oradour?

Man kann lesen. Man kann das Buch von Kruuse lesen oder die Prozeßakten des Prozesses von Bordeaux: man verliert die Sprache. Es gibt Grade humaner Grausamkeit, die solches Entsetzen zur Folge haben, daß grenzenlose private Trauer politisches Handeln ganz lähmt.

Man kann studieren. Studiert man die Sprache der Täter, studiert man den ersten Bericht über das Massaker der SS vor einem deutschen Gericht (FAZ 125, S. 9/10 vom 1.6.83), stößt man auf Sätze wie diesen: »Nach meiner Meinung waren sie alle tot durch diesen massiven Beschuß.« Sätze wie dieser stoßen dem, der Täter sucht, der verantwortlich handelnde Subjekte oder unverantwortlich handelnde Exzeß-Täter aufspüren möchte, vor den Kopf: es gibt sie nicht; getötet hat niemand, es sei denn, ein ›Beschuß‹. Man faßt sich an den Kopf, spürt den ›massiven Beschuß‹ anonymer Worte, hat Angst vor solchen Sätzen.

Man kann hören. Sie waren nicht alle tot, und einen Überlebenden kann man berichten hören beim Begehen und Sehen von Oradour; was er sagt und wie er klingt, kann man nicht wiedergeben; man erinnert sich an Namen, Daten, Hintergründe, an eine schwer wiederzugebende Atmosphäre von pathosfreier Nüchternheit und Geheimnislosigkeit, was die einzelnen Täter angeht, wie sie heißen, wo sie leben und was sie beruflich machen, wo sie begraben liegen. Man hört das und schämt sich: man weiß, daß man keinen Täter belangen wird, daß man sich verstecken wird hinter ›der Justiz‹, diesem anonymen Subjekt.

Man kann fernsehen. Man kann die Bilder von Bitburg

sehen und in den Gräbern, von denen sich ›Freie-Welt‹-Mächtige verneigen, die Massaker-Helden von Oradour; man kann nachprüfen, wie sämtliche französischen Zeitungen am 29.4.85 die ›New York Times‹ zitieren, die »gestern morgen bestätigte, daß mehrere Verantwortliche und Ausführende des berüchtigten Massakers von Oradur-sur-Glane, ›soldats de la deuxième division Waffen SS Panzer‹, in Bitburg begraben liegen.« Man kann fernsehen und Ekel empfinden vor solchem Polit-Spektakel, vor solchen Bildern von Kriegsbeil-Begraben vor Mörder-Gräbern.

»Am 9. Juni 1944 erreichte die 3. Kompanie des Angeklagten den Ort St. Junien bei Limoges und nahm dort in einer Schule Quartier. Es war bekannt, daß französische Widerstandskämpfer den Kommandeur des III. Bataillons des Regiments ›Der Führer‹, Sturmbannführer Kampffe, kurz zuvor entführt hatten...« (FAZ-Bericht)

Der Tagesablauf des 6. Juni 1944 an der normannischen Küste ist bekannt: »Die erste wellenförmige Kampfbewegung erreichte Utah-Beach genau um 6.30 Uhr... Bei Omah-Beach, den Stränden von Vierville und St. Laurent, ist für die 1. und die 29. US-Division der Kampf von Anfang an hart und schwierig...« (Ouest-France-Bericht)

Die beiden Ereignisse gehören zusammen. Sie gehören zeitlich zusammen. Und sie gehören kausal zusammen: ohne die alliierte Landung an der normannischen Küste keine Befreiung Europas vom Nazi-Joch, und ohne die französische Résistance keine geglückte Landung der Alliierten. Mag sie, die französische Widerstands-Bewegung, noch so militärisch unorganisiert und politisch uneins gewesen sein: nach General Eisenhower lag ihr Kampfwert bei 7 oder 8 Divisionen, gerade genug, um genügend Kräfte des Gegners zu binden, gerade genug, um die Landung glücken zu lassen.

Unser Glück heute: der Marine-Infanterist aus Arizona, der zum ersten Mal in seinem Leben den Fuß auf Europas Boden setzte, bis zum Hintern im Wasser, im Kugelhagen von oben gestorben, den Geschmack von verdrecktem Salzwasser unter der Zunge. Unser Glück

Generalstabsmäßige Planung eines blutigen Weges: General Lammerding (r.) bei der Vorbereitung in Montauban (1944)

heute: der Bauer aus Oradour, der nie weiter gekommen ist als zum Stadtmarkt von Limoges, auf dem die Nachbarschaftshilfe und der Tausch des ›bocage‹ ihre natürliche Grenze fanden, und der, mit der Waffe in der Scheune erwischt, abgeschossen wurde wie Vieh.

Das Hunnen-Blutbad von Oradour war die Nazi-Antwort auf die doppelte Herausforderung außen und innen, auf die alliierte Landung an der normannischen Küste und die Widerstands-Handlungen im ›bocage‹ des Limousin.

Übervergeltung. Wegen des Anfangs vom Ende, wegen der Eroberung der Stahlbeton-Burgen an der Atlantikküste, wegen der geglückten Landung. Die karolingischen Träume waren ausgeträumt, aus und vorbei; widerlegt von den Widerstands-Divisionen vorn und hinten waren die Stahlbeton-Theorien von Herrenmenschen aus Deutschland: heute Europa und morgen die ganze Welt. Aus und vorbei der Alptraum, der noch einmal auflodern sollte an den Kindern von Oradour, die verbrannten als Brandopfer zwischen Altar und Rückwand der Kirche, unter den schützenden Leibern der Mütter:

245

so fand man die verkohlten Leichen – und abseits in den Scheunen fand man die ›durch diesen massiven Beschuß‹ niedergemähten Väter: Blut und Boden der Tatsachen.

Wir leben darauf, auf Blut und Boden von Oradour, auf Blut und Boden der normannischen Strände. Tatsachen – für Geschichtsbücher?

Taten. »Die Geschichte tut nichts, … sie ist nichts als die Tätigkeit des seine Zwecke verfolgenden Menschen«, heißt es bei Marx. Ein gefährlicher Satz, mißbrauchbar, mißbraucht: mit ›Geschichte‹ als Subjekt kann man alles machen, nicht nur in Oradour. Menschen tun. Taten.

»Es sind aber doch Menschen wie du und ich – wie können sie tun, was sie tun?« war der Satz, den Sartre in Erinnerung rief während des Algerienkriegs, als Folterungen und Massaker bekannt wurden, von Franzosen begangen. »Während des Krieges, als im englischen Rundfunk und in der Untergrundpresse von Oradour die Rede war, sahen wir uns die deutschen Soldaten an, die friedlich und unoffensiv in unseren Straßen spazierengingen, und wir sagten uns manchmal: Es sind aber doch Menschen wie du und ich – wie können sie tun, was sie tun? Und wir waren stolz auf uns, weil wir nicht verstanden.«

Haustyp im Limousin

Blüten und Früchte des ›Erdbeerbaums‹

Maquis, Maquisard

Wie bei ›garrigue‹, denkt man bei ›maquis‹ an immergrünes und undurchdringliches Gebüsch und Gestrüpp irgendwo im Süden, wo man sengender Hitze ausgesetzt ist und sich verbergen kann; ›prendre le maquis‹ hieß und heißt in Besatzungszeiten: untertauchen mit oder ohne Waffen, unter Guerilla-Bedingungen leben.

Im täglichen Sprachgebrauch werden sie oft durcheinander gebracht und verwechselt, ›garrigue‹ und ›maquis‹, obwohl sie ganz gut zu unterscheiden wären: ›garrigue‹ haben wir nur auf Kalkstein-Böden, ›maquis‹ auf allen anderen, also sandigen und kristallinen Böden. Auch wenn die Entstehungsgeschichte des Maquis der Garrigue im wesentlichen gleicht, unterscheidet sich die Vegetation doch deutlich, was man am besten im Spätherbst und Winter erkennen kann: von Oktober bis Februar blüht der ›arbousier‹, der seiner erdbeerfarbenen Früchte (fast gleichzeitig mit den Blüten) wegen auch ›arbre à fraises‹, ›Erdbeerbaum‹ genannt wird; von Januar bis Mai blühen weiß oder rosa bestimmte Heidekrautarten, die übermannshoch werden können. Das Gebüsch und Gestrüpp des Maquis ist also wesentlich höher als das der Garrigue, weswegen z. B. die Bienen hier eher in Augenhöhe arbeiten und dort in Kniehöhe; wer je eine ›Erdbeerbaum‹-Konfitüre (oder gar einen ›arbousier‹-Schnaps) angeboten bekommt, kann sicher sein, daß der Anbieter im ›maquis‹ lebt und nicht in der ›garrigue‹.

Wer ›im Maquis lebt‹, heißt ›maquisard‹ –, im Wortsinn wie im übertragenen. Die beste Defintion des ›maquisard‹ im übertragenen Sinne gab vielleicht *Malraux*, als er schrieb: »Ce non du maquisard obscur collé à la terre pour sa première nuit de mort suffit à faire de ce pauvre gars, le compagnon de Jeanne et d'Antigone… L'esclave dit toujours oui.« Das kann man nachlesen in Stein gemeißelt an ›Résistance‹-Orten; eine freie Übersetzung lautet so: »Dieses Nein des namenlosen Maquisard, das für ihn Freiheit oder Tod bedeutet, macht aus ihm den Weggefährten von Jeanne d'Arc und von Antigone… Der Sklave sagt immer ja.«

CHARENTE

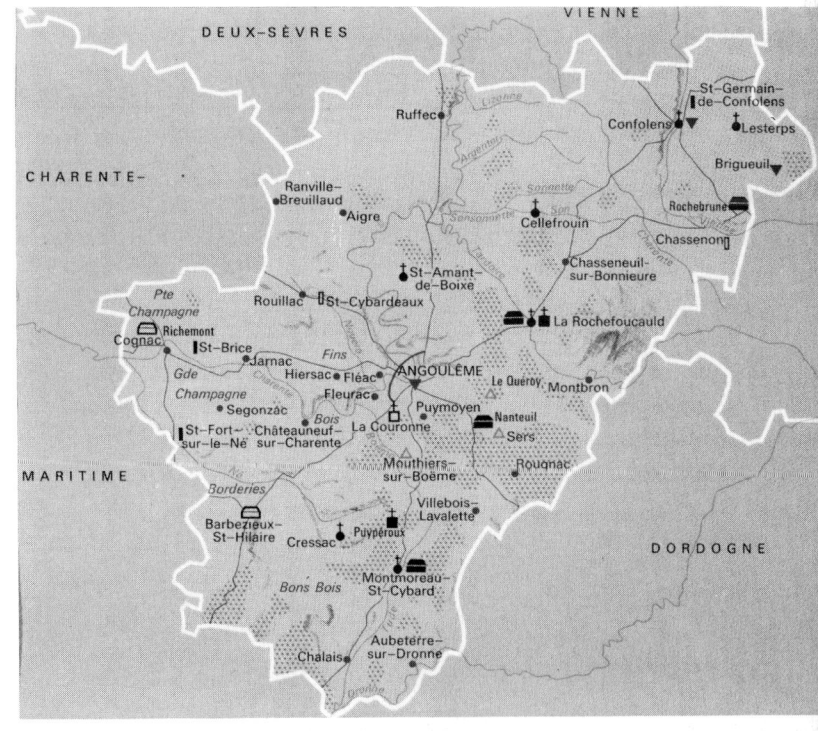

Mit den Händen (be)greifen
im Cognac-Land

»Nach dem Hundewetter am Abend in Oradour gleich wieder am anderen Morgen die alte Sonne«, wissen die alten Notizen, und festgehalten haben sie dann noch »merkwürdige Schilder an der Département-Grenze: ›Charente: des usines dans la campagne‹, Fabriken auf dem Land. Ich sehe nur eine Werkstatt, da gibt's eine Schraube und Mutter ersetzt – als ich bezahlen will, meint der Meister, in einer Autowerkstatt habe man keine Fahrradtarife; nicht mal ein Trinkgeld werde ich los. Trinkt man hier nicht?

Augen gerieben und Nasenlöcher aufgemacht: es riecht nach gemähten Wiesen und geschlagenem Holz, Eichenholz. Deutsche Eiche, schießt es in den Sinn, und das Oberstübchen sagt ›Tinnef‹, aber im Keller meldet sich Bauer Beisenbuschs deutsche Wiese, frisch gemäht und herrliches Fußballgelände, bis der Bauer kommt und mit dem Knüppel winkt. Wie gesagt: deutsche Eiche und Brotsuppe und Omas Saucen und Opas Tabak, gefundene Zeit.

Flachstrecke, wiedergefunden ab *Confolens*: wieder die Lust auf Fahrtrausch und Reifenmusik. Bis die Sonne eins überbrät: *Civray* hat ein Freibad, da quillt es und schwillt vor Leuten, also rein ins Wasser; leichter gesagt als getan. Auskühlen lassen, weiter in Richtung Niort, Nantes.«

Aber jetzt fahren wir erst mal nicht weiter, jetzt bleiben wir erst mal ein bißchen in der Charente, im Cognac-Land. Wir waren da öfter, das Fahrrad und die Gepäcktaschen und der Wandervogel-Zigeuner, im Sommer, im Winter: sozusagen eine feste Adresse. In den Notizen vom zweiten Sommer in Frankreich heißt es: »Heute Regen, Pause. Leiser, langer Landregen, Möglichkeit zum Schreiben. Bis gestern heiß, Arbeit. Arbeiten im Weinberg: Zweige hochstecken, Drähte neu ziehen, Bodentriebe entfernen. Keine aufregende Arbeit – immer die gleiche, jeden Tag neun Stunden, von acht bis zwölf, von zwei bis sieben. Manchmal von sieben bis zwölf und von drei bis sieben: wenn's zu heiß ist.

Es ist Juli und heiß in der Charente. Als ich herkam von Nantes mit dem Rad, bremste vor La Rochelle der geschmolzene Straßenbelag. Als ich hier ankam, war ich entsetzt über das Gesicht im Spiegel. Die ersten Tage dann Zähnezusammenbeißen unterm Strohhut, Stundendurchdulden mit wechselnden Handbewegungen, den Körper ganz zugedeckt gegen die Sonne – trotzdem Magen- und Kopfschmerzen: mindestens 10 Grad zu heiß. Aber jetzt ist ›poussée‹: die Triebe sind hochgeschossen nach dem kräftigen Juniregen und müssen neu gesteckt und mit den Drähten verflochten werden – das geht nur per Hand; jede Hand ist gefragt. Ich habe Arbeit und kriege den ›smic‹, den gesetzlich vorgeschriebenen Mindestlohn...

Als ich die Arbeit bekam, lag der ›smic‹ bei 15 Francs. Jetzt liegt er 10% höher: eine der ersten Entscheidungen der neuen Regierung. Linke Regierung, historischer Wahlsieg, erste Entscheidungen: Arbeitsplätze schaffen in Krankenhäusern, sozialen Einrichtungen, bei der Post; Löhne erhöhen, Kaufkraft erhöhen, Wirtschaft ankurbeln; ein neues soziales Netz knüpfen. Nichts Neues also für den, der sich noch an den Bonner Frühling erinnert.

Die Linke an der Macht: nichts Neues in Frankreich – auch kommunistische Minister nicht. Alle 10 bis 12 Jahre gibt's eine ›poussée‹, einen Links-Ruck in Frankreich: 1924, '36, '46, '56, '68, '81. Mal ist's ein Strohfeuer, das schnell verbrennt, mal gibt's ein Wurzelschlagen in der Regierung, das aber auch nicht lange dauert, nie länger als drei Jahre. Man macht Fehler, ziemlich happige wirtschaftspolitische Fehler. Und findet sich in der Opposition wieder, über lange Jahre. Zuletzt über 20 Jahre.

Die Linke an der Macht: kurz wie die Liebe – lang wie die Arbeit: die Linke in der Opposition. Hoffentlich hat sie gelernt, die Linke in Frankreich.« Soweit die alten Notizen.

Hat sie gelernt? Was hat sie gelernt?

Im heutigen Licht gesehen fällt auf, daß man inzwischen so argumentiert, wie man es damals dem politischen Gegner vorhielt: ›la crise‹, die Krise in der französischen Ökonomie sei kein nationales Problem, sondern ein internationales; man müsse international wettbewerbsfähig bleiben und darum den eigenen Produktionsapparat erneuern; der Zwang, wettbewerbsfähig zu bleiben, zwinge zu Rationalisierungsmaßnahmen, zum Abbau von Arbeitsplätzen. Das mag diejenigen beruhigen, die immer schon hofften, die Links-Regierung werde wirtschaftspolitische Vernunft annehmen, oder die (wie eine Vernünftler-Fraktion des Arbeitgeber-Verbandes, die den Präsidenten stellt) voraussahen, daß man Marx und seinen Reproduktions-Schemata recht geben muß, daß das institutionelle Profil der französischen Volkswirtschaft trotz aller ›Änderungs‹-Parolen im Wahlkampf im wesentlichen erhalten bleiben werde. Es beruhigt aber gar nicht jene manuellen Arbeiter und anderen sozialen Gruppen auf den untersten Stufen der französischen Einkommenspyramide, denen im Wahlkampf erklärt wurde, ›la crise‹ sei Giscard zu verdanken, sei hausgemacht – und die heute unter Mitterand erleben, daß die Arbeitslosenrate schneller wächst als der ›linke‹ Kandidat im Präsidentschafts-Wahlkampf dem ›rechten‹ unterstellte. Das ist nicht vergessen, und die nun arbeitslos sind und anderen sozialen Abstieg erfahren, fühlen sich nicht nur nach Spezialdemokratenart beschissen, sondern sind auch um eine durchschnittliche Verzweiflung reicher.

Ich habe nachgelesen, was Mitterand sagte im Fernsehduell mit Giscard; er antwortete auf die Frage, was er denn nun, der ›changement‹-Verheißung entsprechend, konkret ändern wolle, wörtlich: »Wir werden nach einer Logik handeln, die Sie nicht verstehen.« Das kann man als arrogante Ausrede abtun, als Floskel von jemandem, der nicht weiter weiß – das ist aber mehr, ernster. Hat man Mitterands politische Texte gelesen, dann ist einem klar, daß da jemand nicht nur Marxens ökonomiekritische Interpretationen des Bienen-Gleichnisses von Erasmus von Rotterdam kennt, sondern auch sehr genau weiß aus dem 3. Band des ›Kapital‹, daß es jene »Logik, die sie nicht verstehen« nicht gibt. Es gibt sie nicht, wie Hilferding und andere in Deutschland, wie Raymond

Aron und andere in Frankreich nachgewiesen haben, und wer sie wider besseres Wissen beschwört, um zusätzliche Wählerstimmen zu bekommen, handelt der nicht im Wortsinne demagogisch?–

Ich schreibe das also als jemand, der sein Handeln auf Marxens kategorischen Imperativ und philosophischen Entwurf aus dem ›Kapital‹ bezieht, über Politfamiliengrenzen hinweg dem demagogisch Geschlagenen, der ein selbstkritisches, unselbstgerechtes Buch vorgelegt hat, nach längerem Rückzug. Der schreibt zurück, daß er sich gefreut hat, bietet Hilfe für einen Freund im Gefängnis in Prag an.

»Den Rand halten in Frankreich, arbeiten in einem Weinberg in der Charente, in der Gegend von Cognac: Zweige hochstecken, Drähte neu ziehen, Bodentriebe entfernen. Keine aufregende Arbeit, eigentlich immer dieselbe, die jedes Jahr neu gemacht werden muß, vier Wochen Ende Juni und Anfang Juli. Immer dieselbe Arbeit unter immer derselben Sonne, neun Stunden am Tag, mit Hoffen auf Wind. Etwas Wind unterm Strohhut, das lüftet, etwas Wind auf der Haut, das kühlt; etwas Wind durch das Weinlaub, das mindert die Zahl der Bienen: jetzt blüht der Wein.

Die Frau des Patron freut sich, wenn wir gemeinsam den Tisch decken. Sie freut sich vor allem, daß der eine Sohn, der lange arbeitslos war, jetzt endlich Arbeit in Cognac hat. Die Frau des Patron versorgt Haus und Garten und Tiere und Menschen mit Essen und Fressen und Wäsche und Lächeln.

Der älteste Sohn des Patron schafft mit im Weinberg, ist vorneweg bei der Arbeit. Der jüngste Sohn, der sonst mitschafft, ist zur Zeit Soldat und hat leichte Schwierigkeiten, sein Vaterland mit kommunistischen Ministern in der Regierung gegen mögliche Angriffe von Seiten Liechtensteins und Luxemburgs zu verteidigen. Der mittlere Sohn, der in einem Büro in Cognac angestellt ist, erklärt mir die große ›Phylloxera‹-Krise: enormer Aufschwung der Weinwirtschaft unter Napoleon ›dem Kleinen‹ (Victor Hugo), da sämtliche Steuerlasten abgeschafft werden; im großen Stil wird gebaut, werden die alten einstöckigen Häuser aus gebrochenem Stein mit den rotbraunen Rundziegeln abgerissen und durch villenähnliche Hochbauten aus geschnittenen Blöcken ersetzt; da kommt ein winziges Tierchen in Scharen und frißt den Wein und vernichtet eine blühende Wirtschaft, vernichtet Existenzen. Ende der Weinwirtschaft in der Charente – und nicht nur da – im Jahre 1876. Übrig bleibt nur das große Kapital in den Eichen-Fässern von *Cognac* ...«

Und wie ist es dahin gekommen?

Es gibt viele Versionen. Folgt man z. B. der des Hauses Hennessy, dann war es Richard, »der jüngste Sohn von Charles Hennessy, dem Herren von Ballymacmoy in der Grafschaft Cork«, der sich in Cognac niederließ, »wo er das milde Klima und die herrliche Umgebung ganz nach seinem Geschmack findet. Geschmack findet er auch an dem Weindestillat, das in der Gegend von Cognac bereits Ruhm erlangt hat.« Ein dummer Zufall also, der dazu führt, hier ein Handelshaus zu gründen?

Die These vom dummen Zufall läßt sich belegen für den *Pineau*, das andere Gaumenfreude-Produkt von hier: irgendwann im 16. Jahrhundert passiert einem Weinbauern das Mißgeschick, in ein Faß, daß noch einen Bodensatz Cognac enthielt, Weinmost zu schütten; sauer über die Panne und sicher, daß nichts fermentieren würde, stellt er daß Faß ganz weg, abseits in einen toten Winkel des Kellers. Irgendwann später will er wissen, was aus dem Mist geworden ist – und entdeckt ein mildes und fruchtiges Getränk, einen wahren Nektar!

Nichts davon bei dem Weindestillat, das heute als Cognac in aller Welt bekannt ist, das aber bis zur Phylloxera-Krise so bekannt oder unbekannt war wie die anderen Weindestillate aus dem Tal der Charente, wie der Jarnac zum Beispiel. Kein dummer Zufall, mitnichten: längere wirtschaftsgeschichtliche Entwicklung.

Machen wir's kurz: Die Römer waren da, brachten Waffen und Wein mit, gründeten Landwirtschafts-Siedlungen, Weiler; die römischen ›acum‹ finden sich wieder in den Endungen -ac von *Cognac, Jarnac, Archiac* und hundert anderen, in den Endungen -ay von *Aulnay, Tonnay, Fontenay* weiter nördlich (hier verläuft die Sprach-

grenze zwischen ›oc‹- und ›oui‹-Sprache). Die Araber
waren da, brachten Waffen und Destilliertechniken mit,
bauten erstmals jene Getrenntsammlung von Feuerstelle,
Kupferkessel, Brennblasendeckel, Schwanenhals und
Kühlwasserzylinder auf, die wir als Gesamtkunstwerk
mit dem arabischen Namen ›alambic‹ bestaunen, bewundern. Die Englander waren da, brachten Waffen und
Schiffe mit, waren scharf auf die Handelswege mit dem
weißen Gold, dem Meersalz an der Charente-Küste und
dem Wein, den man in Hamburg, Danzig und Nowgorod
trank (im Unterschied zum Bordeaux, der nur bis London
bekannt war); sie wurden aber aufs Haupt geschlagen,
und man könnte den Vertrag von Taillebourg am Ende
des Kriegs etwas salopp auf die Formel bringen: die

255

Engländer behalten die Billigwein-Gegenden des Medoc und um Bordeaux herum, die großen Weine der alten Provinz Saintonge (Saintes, Cognac, Angoulême) bleiben in einheimischer Hand. Kam die Zeit des großen Freihandels: die Hanse-Städte ließen Schiffe los, mischten sich massiv ein in den Salztransport von der Atlantikküste (La Rochelle) in aller Herren Länder, aber auch von den Salzteichen über die Charente ins Landesinnere; damit bekam ein Ort wie Cognac, Umschlagplatz vom Wasser- zum Landweg (über Limoges bzw. Périgueux) strategische Bedeutung: Schiffe mit Salzladung hin, mit Weinladung zurück. Als sich herausstellte, daß der Wein zwar den Transport an die Ostsee vertrug, nicht aber die Reise zum Indischen Ozean oder zum Chinesischen Meer, als also Probleme der Haltbarkeit auftauchten, war die Zeit reif für ein schärferes Nachdenken über Weindestillate, für's Organisieren von Destillationstechniken und das Gründen von Handelshäusern.

Die Zeit war überreif, genauer gesagt. 1636 hatte die erste Weinbauern-Revolte gezeigt, daß eine staatlich verordnete Steuerlast den Weinbau erschlagen hatte: neben die Kosten für Weinbergarbeiten im engeren Sinne und für Ankauf von Weinfässern und Unterhaltung von Weinkellern waren so hohe im fernen Paris verordnete Zwangsabgaben gekommen, daß der andernorts so geschätzte Wein nicht mehr mit Gewinn zu verkaufen war – also gab's nur zwei Lösungen: Weinessig daraus machen oder Branntwein. Ein reiner Notbehelf also steht an der Wiege eines Produkts, das als Luxuserzeugnis gilt: die Paradoxie des Cognac. Und die großen Handelshäuser am Ufer der Charente haben es nicht nur verstanden, einen kleinen Mythos zu schaffen, der in New York zu Hause ist wie in Tokio, sondern auch, die Notlage der Weinbauern und kleinen Weinbürger so auszunutzen, daß die überreifen Verhältnisse in reif überlegtes Verhalten umschlugen: 1643 notiert man die Gründung des ersten Cognac-Handelshauses, 1715 bis 1765 wurden Martell, Rémy Martin und Hennessy gegründet; zwischen 1750 und 1800 verdoppelte sich der Cognac-Export von 50 000 Hektolitern auf 100 000, um am Vorabend der existenzvernichtenden Phylloxera-Krise ein Export-Kapital von sage und schreibe 480 000 Hektolitern zu betragen.

»Übrig bleibt nur das große Kapital in den Eichen-Fässern von Cognac...« Das hat Farbe und Feuer, Bouquet und Aroma, Körper und Kleid, aber es hat auch die unangenehme Eigenschaft, Abhängigkeit und unsichere Existenzen zu schaffen: unser Patron, Bürgermeister im Ort St. Eugène und Mitherausgeber und Leitartikler der Zeitschrift ›Le Pays du Cognac‹, lebt von Verträgen mit Remy Martin; in seinen ›chais‹, seinen Weinkellern lagern reichlich viele Fässer der Firma; wenn der Wein geerntet ist und ganz durchdestilliert, bietet er keine eigene Marke an, sondern liefert das Endprodukt an das große Handelshaus. Und er leidet darunter, daß die kleinen Produzenten mit ihrer Eigenproduktion keine Chance haben auf einem Markt, dessen Strukturformel von Politikern in Paris und von Juristen in Brüssel geprägt worden ist: danach gilt für den Cognac nicht, was für Butter, Milch, Wein und andere Landwirtschaftsprodukte gilt, daß nämlich, um die Preise stabil zu halten und keine Überproduktion zuzulassen, Mengenabsprachen getroffen werden für die ›campagne‹, die jährliche Produktion. Winzer-Revolten, Phylloxera-Krise: Geschichtsbewußtsein, soziales Verhalten. Aber nein: man ist zu asozialem Verhalten gezwungen, zum Produzieren auf Deibel komm raus, weil Juristen in Brüssel begrifflich festgelegt haben, daß der Cognac ein Industrieprodukt ist und kein landwirtschaftliches, weil die Politik, die in Paris gemacht wird und nicht am Ort des Geschehens, dem zu folgen hat, der Verträge von Rom wegen; Mitterrand hin, Giscard her.

Ich höre den ›coup de coeur‹, den Polit Seufzer des Patron, der gleichzeitig Präsident des Verbands der Cognac-Produzenten ist und dem Theorie und Praxis eines wilden Wirtschafts-Liberalismus so fremd sind wie der aktuelle monarchische Sozialismus, der zum Weltwirtschaftsgipfel ins Schloß von Versailles lädt. Wir essen still vor uns hin ein im Meersalzmantel gebackenes Hähnchen (eine gute Stunde bei mittlerer Hitze im Bratofen, vollständig eingegraben in grobkörniges Salz), und wir genießen die weißen Kirschen in Cognac, die den Gaumen hinuntergehen wie – Erdöl? Ein Industrieprodukt?

Was ist das für ein Begriffeklopfen in der juristischen Ferne, das Begriffe beherrscht wie Menschen? Was ist das für eine politische Ökonomie in Paris, die nur den abstrakten ›Homo oeconomicus‹ kennt und nicht die konkreten Menschen, die jeden Sommer Zweige hochstecken müssen und Drähte neu ziehen, die im Winter den Rohbrand erhitzen und abkühlen lassen und nachts um drei und morgens um sechs mit der Nase prüfen, wie es um das Herzstück des Cognac bestellt ist bei der ›bonne chauffe‹, wann der Vorlauf raus muß und wann der Nachlauf? Was ist das für eine Gattung von ›homo sapiens‹, die die wichtigsten Entscheidungen sinn-los trifft, weil sie ersichtlich nicht alle Sinne beisammen hat? ›Homo sapiens‹, meint das nicht Menschen, die fühlen, riechen, schmecken, berühren, anfassen und so be-greifen?

Ich erzähle die Geschichte von den Medizinsoziologieprofessoren, unter die ich geriet bei einem Ferienaufenthalt in den Bergen, wie sie fachsimpelten über eine empirische Krankenuntersuchung und Daten von hochschwangeren Frauen; wie eine der Ehefrauen zu fragen wagte, warum sie als krank gälte, wenn sie ein Kind zur Welt brächte – und wie sie dann abgekanzelt wurde mit Blicken. Der Patron fühlt sich verstanden, und Jean Bouché berichtet von einer Unterredung in Cognac mit jenem Großpolitiker, der aus dem benachbarten Jarnac stammt und jetzt Staatspräsident ist und im Elysee-Palast residiert und dem Cognac einen Besuch abstattet. Da geht es nicht um das Schloß, in dem François Ier zur Welt kam und auch nicht um die schnuckligen romanischen Dorfkirchen, vor denen ›Le Pays du Cognac‹ strotzt und wimmelt, sondern um die Krise beim Luxusprodukt Cognac seit 1973: Absatzrückgang bei gleichzeitig wachsenden Ernteerträgen; Lagerungs-Probleme bei unverkauftem Cognac. François Mitterand, der zwischen den Weinbergen und Kleinbürgern am Ufer der Charente aufgewachsen ist und Bouquet und Aroma zu unterscheiden weiß, macht natürlich Zusagen: man werde das Kind schon schaukeln, den Manchester-Liberalismus in die Schranken weisen, politischen Beistand liefern beim Prozeß in Brüssel. Natürlich ist dann, als der Prozeß in Brüssel in Sachen Cognac und Verträge von Rom stattfindet, Paris nicht vertreten…

Die Effekte solchen Verhaltens liegen auf der Hand: genauso ist das 1636 gegangen, als ferne Diktate eben nicht nur eine Wirtschaft zerstörten, sondern auch eine Gesellschaft – nicht die große Gesellschaft der großen Häuser, sondern die kleine der kleinen Produzenten. Wie hieß es noch bei Jaurès? Freiheit der Arbeit sichern…

Aber kritisieren wir nicht zu hart den großen François und seine Sprüche – lassen wir wenigstens den Schriftsteller gelten. Und leisten wir einem kleinen François Gesellschaft, dem jüngsten Sohn von Jean Bouché, der jetzt dran ist mit Brennen, der jetzt drei Wochen lang in dem gemeinschaftlichen Destillierhaus pennt und arbeitet; er erhitzt den Kupferkessel über der Feuerstelle mit den Hektolitern von Wein drin, entzieht ihm den Geist und läßt mich den Rohbrand riechen, überwacht die Temperaturen von Feuer und Flüssigkeit, den Vorschriftenkatalog von Remy Martin in der Hand und die vom Vater erlernten Techniken im Kopf; er legt sich neben dem Alambic schlafen und steht nachts um drei wieder auf, um nach der ›pipe‹ zu sehen, dem Kühlwasserzylinder, und morgens um sechs geht's dann los mit der ›bonne chauffe‹, dem Hauptbrand, und wenn dann die Zeit da ist und die Temperaturen stimmen und der Geruch in der Nase vertraut ist, dann kommt der Moment, wo der Elefant das Wasser läßt, der Augenblick, in dem die Augen hellwach und die Nase ganz da und die Hände sehr fix sein müssen: nach Stunden des Wartens kommt es auf Sekunden an, in denen sich entscheidet, ob Hunderte von Litern im Eimer sind oder ins Eichenfaß mit dem Gerbstoff und den Alkoholverdunstungsporen können.

Es ist leicht, Cognac zu brennen – jeder kann's, der einen Vater hat, der das kann.

Angoulême, Aubeterre

Angoulême ist die Hauptstadt des *Angoumois*, des Départements *Charente*: die Festungsmauern der alten Zitadelle über der Charente kann man noch sehen, auch noch Reste der untergegangenen Papier- und Filzindustrie. Womit die Stadt heute wirbt: ›Internationale Hauptstadt‹ der ›bandes dessinées‹zu sein, zu gut deutsch: einer Marktlükke in Sachen Kommix (bzw. Comics); hier findet alljährlich in der letzten Januar-Woche ein Kommix-Festival statt, und auch das nationale Kommix-Museum soll hier und nicht in Paris eingerichtet werden – konkret ein Stück Dezentralisierungspolitik des sozialistischen Kulturministers Jack Lang. Bis dahin müssen Kommix-Freunde aus aller Welt, die nicht Ende Januar nach Angoulême kommen können, sich mit einem Besuch im Städtischen Museum zufriedengeben, in dem eigens ein Kommix-Raum eingerichtet worden ist. Der Besuch ist eines Comics würdig: du bezahlst dein Eintrittsgeld und fragst »Wo?«, bekommst eine lieblose Antwort (die beiden Herren und eine Dame lesen Zeitung und lösen Kreuzworträtsel); du findest im ersten Stock einen mickrigen Raum, am Eingang den Hinweis: ›Knopf drücken, dann kommt ein Kommentar‹, aber der Kommentar kommt nicht, wenn du den Knopf drückst; du kehrst zurück zum Kleeblatt am Eingang, fragst, was los ist. Nix ist los, ist die Antwort, los ist nur, daß die Anlage nicht funktioniert, sagt der eine, und der andere ergänzt: selbst wenn sie funktionieren würde, würde man nur Musik hören und keinen Kommentar. Du möchtest dann also dein Geld zurück haben, ein Wunsch, der sachtes Grinsen auslöst; du – Besucher von weit her – drohst dann mit einer Beschwerde im Rathaus: plötzlich wird die Dame munter, steht auf, geht nach oben, setzt die Mechanik in Gang, und auf Knopfdruck folgt der versprochene Kommentar. Plötzlich geht alles – die Herrschaften waren zu faul gewesen, den Hintern vom Stuhl zu lösen, und fleißig beim Lügen, daß sich die Balken bogen.

In staatlichen oder städtischen Museen, an lustlos verwalteten

Mittelalterlicher Comic: Rolandslied-Darstellung in der Kathedrale von Angoulême, 12. Jh.

Aubeterre, Dorfplatz mit Trarieux-Denkmal und Schloß

Orten, kann man in der Tat oft erleben, daß nix stimmt, was gesagt wird, daß getäuscht wird, daß Ausstellungsstücke fehlen, die angekündigt sind. ›Tant pis‹ ist die Devise: kann man halt nix machen.

Kann man halt nix machen: empfehlen wir halt Angoulême nicht zum Besuch, nicht die romanische Kathedrale, an deren Fassade eine echte Rolandslied-Fassung aus dem 12. Jahrhundert (ein Comic von damals) von falschen Kreuzrittern ›erschlagen‹ wird, die eine Restaurierung im vorigen Jahrhundert gewaltsam drangeklatscht hat; nicht das städtische Museum dahinter mit einem Kommix-Kommentar, den es a) derzeit nicht gibt und b) derzeit nur als Musik gibt und c) derzeit zwar doch gibt als Kommentar, der aber wenig austrägt (beispielsweise zu den wechselseitigen Befruchtungen zwischen Caniff-Comics und Hollywood-Filmen); nicht das alljährliche Kommix-Festival, das sich im 14. Jahr seines Erscheinens auf dem Niveau einer reinen Kommerz-Messe eingependelt hat.

Empfehlen wir statt der Hauptstadt in der Mitte ein Dorf am Rande des Départements: Keine Verrupfe ohne bekömmlichen Gegenvorschlag. Kommst du aus Richtung Périgord von Ribérac ins Département Charente, heißt der erste Ort *Aubeterre-sur-Dronne*. Du machst eine Pause auf der Brücke über die Dronne, die hier die Grenze bildet, genießt dein Picknick mit Pilzpastete, schaust dir den Ort mit den weißen Häusern über den weißen Felsen an: weiße Erde sahen die Römer, nannten die ›Alba Terra‹, woraus Aubeterre wurde; Amphitheater-Lage mit seitlichen Befestigungs-Anlagen; in der Mitte, terrassenförmig im Halbkreis, Kalksteinbauten mit Holzbalustraden und rötlichen Rundziegeldächern. Rechts eine feste Burg, links eine befestigte Klosteranlage, mittendrin im Ort ein rechteckiger Platz mit Büsten-Denkmal des großen Sohnes: *Ludovic Trarieux*, Anwalt und Anwaltskammer-Vorsitzender in Bordeaux, Senator des Départements Gironde, Conseiller Général des Départements Charente, Ju-

261

stizminister in Paris zur Zeit der Dreyfuß-Affaire, Gründer der ›Liga zur Verteidigung der Menschen- und Bürgerrechte‹. Seitlich das Haus, in dem er geboren wurde (1840; er lebte bis 1904). Gegenüber ein Hotel mit Café, das innen so aussieht, als sei seit der Zeit der Jakobsweg-Pilger nur ein Flipper dazugekommen: am Ofen mitten im Raum dürften sich mindestens schon Trarieux und seine Liga-Freunde gewärmt haben. Apropos Jakobsweg-Pilger: die kamen von Angoulême her, stiefelten vom Dronne-Ufer langsam hoch an der ›Eglise Monolithe Saint-Jean‹ vorbei, der vielleicht schönsten in den Felsen gehöhlten Kirche, die es gibt, ließen aber die heutige Touristenattraktion damals rechts liegen, der Kirche *Saint-Jacques* im Oberdorf wegen, die ihr Etappenziel war. Von der damaligen Pilgerkirche steht heute nur noch die Fassade, gewissermaßen als Visitenkarte eines schöpferischen Jahrhunderts der Aufklärung vor den Kriegsjahrhunderten mit Hundertjährigem Krieg und Religionskriegen; sehen wir uns die näher an.

Das geht nicht ohne die Hilfe von Jean Corbin, der im Haus mit dem *Alchimisten-Turm* nebenan wohnt (der offizielle Name für ›Tour des Apôtres‹, ›Apostelturm‹ führt in die Irre; es handelt sich, wie wir noch sehen werden, eindeutig um einen Alchimisten-Turm mit Astronomie-Einrichtungen) – Historiker und freier Schriftsteller, der das Anwesen erstanden und mit viel Liebe restauriert hat. Er lebt nicht im Elfenbeinturm, sondern empfängt Besucher und fremde Gäste, zeigt das Haus und erzählt die Geschichte. Die Geschichte seiner Lektüre der Fassade von St. Jacques erzählt er so: »Drei Jahre habe ich gebraucht, um zu entziffern und zu entdecken, was da in Stein gehauen ist; ohne die Hilfe von *Baltrušaitis*,* ohne die Deutungs-Schlüssel, die seine Theorie liefert, hätte ich das nie geschafft. Und selbst als mir die Zahlensymbolik von Architektur und Skulpturen klar war, als ich die Tierkreiszeichen ordnen und die verschiedenen nichtchristlichen Gottheiten identifizieren konnte, als ich das in Stein gehauene Toleranz-Gebot gelesen und die oben links sichtbare Jakobsmuschel als falsche, als irreführende erkannt hatte, hatte ich noch immer nicht die echte Jakobsmuschel gefunden: die, die den Weg weist. Meine Frau hat sie entdeckt; wenn man vor den Kapitellen links vom Eingangsportal steht, sich bückt, in die Hocke geht und die Kapitelle von unten ansieht, kann man die echte Jakobsmuschel sehen, die mit den neun Rillen.« Und dann erzählt er, wie die Pilgerweg-Kultur damals aussah, daß der Templer-Orden eine Art Wege-Polizei war, die ihre Hände im Spiel hatte beim Aufstellen falscher Wegweiser, um die den Pilgerströmen vorauseilenden Wegelagerer und Banden in falsche Himmelsrichtungen zu schicken; folgt man der mittleren Rille der echten, der

---

* Jurgis Baltrušaitis ist Kunsthistoriker und insb. einer der bedeutendsten lebenden Mittelalterforscher und -kenner. Seine neueren Werke sind alle in Frankreich erschienen, wo er – fast hundertjährig – lebt und auch noch arbeitet. »Das phantastische Mittelalter« erschien 1985 in deutscher Übersetzung (Ullstein/Propyläen) und im anabas-Verlag erschien 1986 eines seiner Hauptwerke: »DER SPIEGEL. Entdeckungen , Täuschungen, Phantasien«, reich bebilderte Darstellung zu Kultur- und Technikgeschichte des Spiegels.

unsichtbaren, die nur von den damals Eingeweihten zu finden war, hat man – das kann man mit einem Kompaß untermauern – genau die Richtung von Santiago di Compostella. Folgt ein markanter Satz, der sich auch in seiner Monographie über diese Kirche findet: »Nichts an diesem Kirchenbau ist zufällig; alles ist gewollt.«

In seiner Schrift kann man die Zahlensymbolik von Architektur und Skulpturen studieren; in seinem besucheroffenen Alchimisten-Turm mit dem herrlichen Panoramablick auf Aubeterre kann man auf einer Kassette den 100 Jahre alten Baltrusaitis sagen hören, daß die romanische Skulptur ›horreur du vide‹ hat, einen ›Horror vor der Leere‹: obwohl immer und überall untergeordnet unter die Gesetze der Architektur, füllt sie die angebotenen Räume so, daß sie mehr als nur untergeordnete Aufmerksamkeit schafft. Ein eindrucksvolles Beispiel für dieses ästhetische Gesetz der Romanik liefert die Fassade der Jakobs-Kirche in Aubeterre; sie liefert sie in allen Bereichen.

Beschränken wir uns hier auf den unteren Bereich, auf die linke Seite. Wie in allen romanischen Kirchen der alten Provinz *Saintonge* sind die drei Ebenen ›irdischer Bereich‹ (Erdgeschoß) – ›kirchlicher Bereich‹ (1. Stock mit den kirchlichen Botschaften herrschender Theologie) – ›kosmischer Bereich‹ (2. Stock) deutlich getrennt, deutlich voneinander abgestuft; die beiden oben sichtbaren Menschenköpfe tragen keine menschlichen Züge, sondern drücken symbolische Verkörperungen von Unkenntnis (nördlich: Blindheit neben der falschen Jakobsmuschel) und Kenntnis (südlich) kosmischer Gesetze, astronomischer Konstellationen und anderer Himmelskörperlichkeiten aus. Unten also, im irdischen Bereich, haben wir zunächst das Eingangsportal, von einem mehrflügeligen, maurisch anmutenden Rundbogen überhöht, der wie immer die Jakobspilger-Kirche anzeigt; links und rechts vor dem Tor zum Versammlungsraum stehen die symbolischen Bäume, die Säulen mit Basis und Kapitell; in einem Kapitell linker Hand, in einer Baumkrone also, ist ein irdischer Wegweiser nach Santiago di Compostela versteckt. Nach der Flora, nach Akanthus- und anderen Blättern kommt ein Stück Fauna, ein Pferd, dessen Hals von einem Pfeil durchbohrt ist: Hinweis auf Pferdefleischessen? Nein, erklärt Jean Corbin, dieses Kapitell muß in Verbindung mit einem anderen gesehen werden, ist Teil eines ›binôme‹, einer binomischen Größe: der Bogenschütze links außen am linken Rundbogen und der Pfeil mit Pferd rechts außen gehören thematisch zusammen; daß sie soweit auseinander dargestellt sind, soll die Entfernung ausdrücken, die der Mensch seit dem aufrechten Gang zurückgelegt hat, seit dem Handgebrauch, seit der Benutzung von Bogen und Pfeil: der Mensch ist nicht mehr Tier, ist alles andere als Tier geworden, auch wenn er hier noch halb als Tier, als Vierbeiner zu sehen ist. Die Tier-Spur verschwindet dann ganz in den Gottheits-Darstellungen nebenan von Indra und Wishnu, Krishna und Buddha, die – mit aller Deutlichkeit sei's gesagt – nicht oben in einer zweiten Welt oder im dritten Stock vorkommen, sondern im Erdgeschoß, im ›irdischen‹ Bereich! Jean Corbin erklärt das so: man muß die Geschichte eines expandierenden Islam im Hintergrund sehen, der im Osten auf Hinduismus und Buddhismus stößt und beispielsweise in Indien viele Kulturdenkmäler zerstört, aber auch eine Menge Kulturgüter mitbringt, vor allem östli-

Bogenschütze, vierbeinig   *Wildpferd mit Pfeil im Hals*

Wechselseitige Verschlingung (oben), Wishnu (unten)

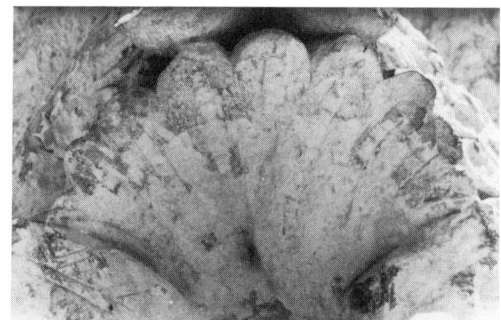

*Pilgerkirche St. Jac-
ques, Aubeterre
Echte   Jakobsmu-
schel (9 Rillen)*

*Falsche   Jakobmu-
schel (7 Rillen)
Westfasade der Kir-
che (unten)*

ches Wissen mittransportiert bei seiner Ausbreitung nach Westen: mathematisches Wissen, medizinisches und astronomisches Wissen; die Namen *Averroes* und *Avicenna*, die Jean Corbin nennt (und die im ›Prinzp Hoffnung‹ von Bloch als wichtige ›linke‹ Philosophen vorkommen), mögen für viele arabische Gelehrte stehen, die abendländisches Wissen befruchtet haben. Ihnen hat hier im horizontal zu lesenden Tierkreiszeichen-Comic (ein seltener Fall!) unser Steinbildhauer, von dem wir nichts wissen (war er Araber?), mit dem im Zeichen des Steinbocks abgebildeten Alchimisten ein Denkmal gesetzt: im Druidenkessel vor dem Alchimisten-Kamin braut er seinen Elixier für ein langes Leben, unmittelbar nach der Wintersonnenwende; wenn die jährliche Landarbeit aufgehört hat und die letzte Ernte lange eingefahren ist, wenn ein Zyklus der Natur zuende gegangen ist und die Tage am kürzesten sind und die Nächte am längsten, wenn Geduld, Vorsicht und Fleiß bei der Arbeit mit geistiger Konzentration sich verbinden, verwirklicht der Alchimist seinen Elixier, wie der Kellermeister seinen Cognac hier destilliert, zur gleichen Zeit, unter gleichen Bedingungen. »Die Alchimie ist kein Zauberspiel, keine Trickserei«, präzisiert unser Historiker in einer Rundfunksendung; »sie ist genaueste Kenntnis der Materie in ihren verschiedensten Formen«. Und genaueste Kenntnis des Brennvorgangs ist vonnöten, soll der Brand gelingen; genaueste Kenntnis der Zahlensymbolik der drei Rillen auf dem Kessel ist vonnöten, soll das Deuten gelingen: wenn die Ziffer ›1‹ für den Menschen allgemein als aufrecht gehendes Tier steht und die Ziffer ›2‹ das Gegensatz-Paar männlich-weiblich meint, drückt die Ziffer ›3‹, Summe der ersten ungeraden und der ersten geraden Zahl, die erste kosmische Ordnung aus; fügen wir hier hinzu, zum Verständnis der neun Rillen der echten Jakobsmuschel, daß ›3 x 3‹ die Krönung übermenschlicher Anstrengungen symbolisiert, das durch Erde- und Himmel- und Hölle-gegangen-Sein, das Angekommen-Sein in einer neuen Schöpfung: wer das hinter sich hat, ist ein anderer geworden.

Zurück zum Druiden-Kessel, zum Alchimisten, vereinigt in einem Bild im ›irdischen‹ Bereich einer romanischen Kirche. Daß hier ›drei‹ Kulturkreise zusammenkommen, ist kein Zufall, ist auch mehr als leere Konstruktionsmechanik im Kopf des Künstlers – es entspricht nach symbolistischer Theorie einer unwiderlegbaren kosmischen Ordnung, die auf Erden erfahrbar ist. Mit Baltrusaitis' Interpretationsschlüsseln im allgemeinen und Jean Corbins dreijähriger Fassadenlektüre im besonderen kann man dann zu der Vermutung kommen, hier werde das okzitanische Pluralismus-Konzept der organisierten Toleranz plastisch sichtbar; mit Indra und Wishnu, Krishna und Buddha und hettitischem Doppelkopfadler dazwischen, mit Alchimist, Druidenkessel und Platon-Motiv (fantastische Tiere balgen sich um eine kleine Kugel, die allerdings nicht – damals unbekannt – Erd-›Ball‹ sein kann, sondern Sphären-Kugel des Universums ist), das Ganze an einer christlichen Kirche, in gleicher Höhe wie das Neue Testament (Matthäus 7, Vers 6 ist dargestellt): wenn das nicht friedliches Nebeneinander und organisierte Toleranz ist.

1562 wurde diese Kirche zerstört, im Namen des einen Gottes, der die vielen Götter verjagt hat. Es waren Protestanten und fanatische

Der Alchimistenturm von Jean Corbin in
Aubeterre und Darstellung des Alchimisten
an der Pilgerkirche St. Jacques in Aubeterre

Katholiken-Hasser, die sie und viele andere zerstörten, nachdem sie Schreckliches durchgemacht hatten im Namen des einen Gottes, der die vielen Götter verjagt hat. Von den Zerstörungen ausgespart blieb lediglich – Zufall? – dieses unvergleichliche Toleranz-Monument, diese Fassade.

Nein, jetzt nicht mehr die anderen Tierkreiszeichen-Bilder erläutern, die sechs verbliebenen, teilweise aus dem rechten Teil herübergeretteten. Beim Alchimisten bleiben, sich den echten Alchimisten-Kamin ansehen im Haus mit dem Alchimisten-Turm. Der steht genau auf der Greenwich-Linie, auf Meridian 0; seine Architektur erlaubt, durch ein faustgroßes Sonnenwend-Loch zwischen Turm und Erker sowohl die Sommer- wie auch die Wintersonnenwende zu sehen, zu fotografieren; im Raum mit dem Alchimisten-Kamin (ein Kamin ohne Tiefe) hängen die Fotos, die Jean Corbin immer wieder macht von beiden Ereignissen. Er erzählt, warum dieser Turm fünf Seiten hat, von denen nur vier zu sehen sind, warum die falschen Perspektiven so gut eingebaut sind, daß man sie nicht wahrnehmen kann, und er zeigt, wo die Richtungslinien zu bestimmten Sternbildern verlaufen; kostenlos und freundlich erklärt er den ganzen Symbolismus des Baus. Ein Beispiel: die rechteckigen Öffnungen im Turm – Tür und Fenster darüber – symbolisieren Vater und Tochter; größere Fenster über dem Brunnen und kleineres Fenster darüber symbolisieren Mutter und Sohn; daß das oberste Fenster leicht seitlich versetzt ist, symbolisiert den Aufbruch des Sohnes zu neuen Ufern, in Richtung Süden, zu neuen Kenntnissen. Dann erzählt er Geschichten von Benediktiner-Versuchen mit Antimon und andere Alchimisten-Geschichten, von der Paracelsus-Erkenntnis, daß alles Gift ist und gar nichts Gift ist, daß die Wahrheit in der Dosis liegt, vom ›Gold von Mannheim‹ und von der menschlichen Eigenart, sich nicht nur im Verhältnis zu anderen Menschen zu identifizieren, sondern auch im Verhältnis zur Materie. Vieles ist neu; manches bleibt rätselhaft; der Besucher ist fasziniert.

Dann kommt die Rede erneut auf die Wintersonnenwende, auf die Geburt dessen, der in unseren Breitengraden Christus genannt wird und dessen Geburtstag am 25. Dezember gefeiert wird, genau wie der von Mithra, der in einer anderen Region zur gleichen Zeit gefeiert wird, auch nach der Wintersonnenwende, wenn die zunehmende Sonneneinstrahlung der Erde wieder neues Leben einhaucht. Über Mithra, in einer Höhle geboren, kommt die Rede auf Felsenhöhlen als religiöse Räume, auf Lascaux und die Höhle von Aubeterre, der lange bevor sie zu einer troglodytischen christlichen Kirche ausgebaut wurde (im 10. Jahrhundert zunächst, dann noch einmal im 12. Jh.), religiöse Kultstätte war, nach Jean Corbin mit Bestimmtheit 3000 Jahre lang schon. Das führt dann unmittelbar in die Ur-Geschichte: vor gut 20 Millionen Jahren, als die Gletscher des Massif Central allmählich auftauten, ergoß sich das heute niedliche Flüßchen Dronne mit unvorstellbaren Wassermassen durch's Tal und hobelte am Kalksteinmassiv zur Rechten so lange herum, bis die heutige Amphitheater-Lage Aubeterres herausgearbeitet war; gleichzeitig schuf es im nicht homogenen Boden verschiedene Höhlen und Löcher, die magische Anziehungskraft hatten auf Unterschlupf suchende Menschen. Wie aus einem der Löcher dann allmählich die Höhlenkirche St. Jean

Aubeterre: Denkmal Ludowic Trarieux (1840–1904), geboren in Aubeterre, Gründer der Menschen- und Bürgerrechte

wurde, die vielbesuchte, erzählt eine weitere Broschüre von Jean Corbin; beim Besuch der Kirche kann man sich von einem von Ihm erarbeiteten und auf Kassette verfügbaren Text leiten und anregen lassen. Man erfährt da zum Beispiel, daß es einen unterirdischen Verbindungsgang zwischen dem Schloß, der befestigten Burg oben und der troglodytischen Kirche unten gibt – womit wir festgehalten haben, daß es in Aubeterre Höhlenkirche und Schloß gibt, Pilgerkirche und Alchimisten-Turm, Trarieux-Denkmal und Pilzen, Pastete mit Brücke über der Dronne. Und der Vollständigkeit halber sei noch erwähnt, was es nicht gibt: Industriebetriebe und Autobahnen.

CHARENTE-
MARITIME

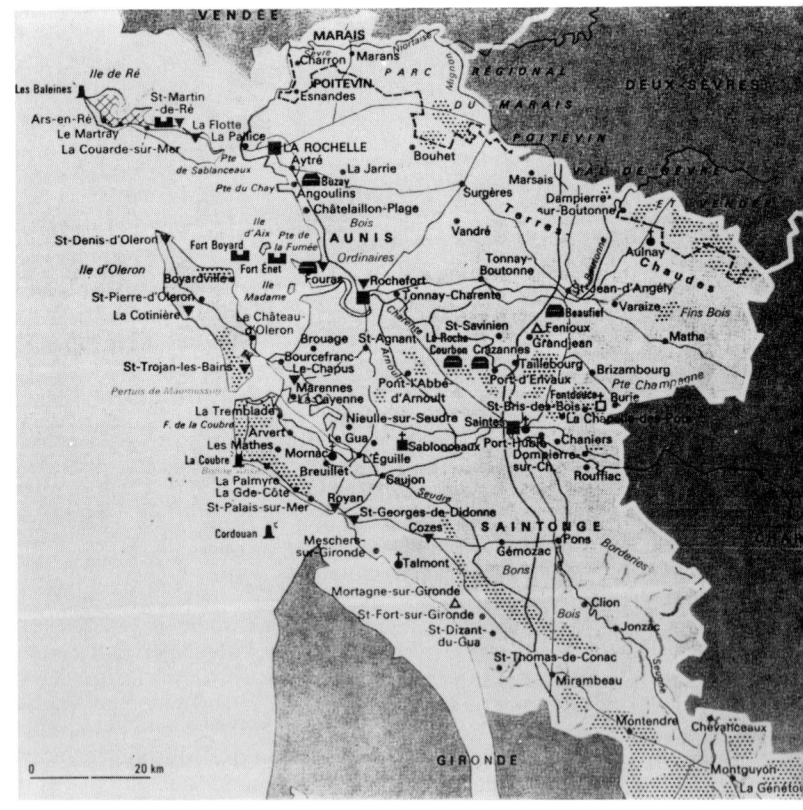

Eine kleine Hafenstadtgeschichte

Deutsche Kreuze im Westen: an der Nationalstraße 137, etwa in der Mitte zwischen *Saintes und Pons*, liegen 8 298 deutsche Soldaten begraben, zwischen Sonnenblumen-, Raps- und Weinfeldern. Die verfügbaren Dokumente besagen, daß die Toten, die hier liegen, zwischen 1939 und 1945 in den Départements Basses-Pyrénées, Cantal, Charente, Charente-Maritime, Corrèze, Creuse, Dordogne, Gers, Quironde, Haute-Vienne, Lot, Landes, Haute-Pyrénées, Tarn-et-Garonne und Lot-et-Garonne ›gefallen‹ sind, also in okzitanischen Regionen; sie erklären nicht, daß das Wort ›gefallen‹ seinen Sinn hatte im Mittelalter, in der Schlacht von Bouvines (1214) zum Beispiel: in dieser für Frankreichs Nationalgeschichte bedeutsamen Schlacht waren insgesamt 7 (sieben) Tote zu beklagen, davon fünf ohne direkte Einwirkung eines Gegners – sie waren einfach vom Pferd ›gefallen‹ und hatten den Sturz mit ihrer schweren Ritterrüstung nicht überlebt. Nein, heute ›fällt‹ keiner mehr.

Deutsche Bauten im Westen: die Atlantikküste ist übersät mit deutschen Beton-Burgen, mit Bunkern in Sichtweite und Zitadellen, die auf tausendjährige Dauer angelegt waren. Es genügt, sich die deutschen Hafenanlagen in *La Rochelle* (La Palice) anzusehen; eindrucksvoller finde ich die unterirdischen Anlagen auf der *Insel Ré*, zu denen man von dies und jenes munkelnden Inselbewohnern geführt werden kann: inmitten eines abgesperrten Wald-Gebietes liegen verstreute Betontürme und andere Bauten, darunter Schieß-Schulen aller Art; in einer größeren Senke entdeckt man das Gleis einer Schmalspurbahn, die zu allem führt, was man sich denken kann, außer zu den Badestränden, den Salzgärten und dem Vogelschutzgebiet. Erstaunlicherweise interessiert sich, erfährt man, kaum jemand für den ›Atlantikwall‹, wohl aber für die alten Forts, die Befestigungsanlagen ›des Königs‹, die den Engländern und den Protestanten von La Rochelle gleichermaßen galten; wer die Geschichte der Festung von

Salzgewinnung im Marais

St. Matin-de-Ré unter die Lupe nimmt, entdeckt dort die Spuren von Häftlingen, die dahin geschickt wurden, ›wo der Pfeffer wächst‹, nach Cayenne: dazu gehörten auch jene Mitglieder der Pariser Commune, die nicht gleich umgebracht worden waren. Vom Pfeffer zum Salz: im Dreieck der Inseln *Ré, Aix, Oléron*, wo die Sonne kräftiger zupackt als auf dem Festland, wächst das Salz. Es wächst aus dem Meer heraus, aus dem Flut-Tuch, mit dem der Oberrock des Meeres bei Flut die Niedrig-Erde bedeckt, die flachen Rückhaltebecken, die im Sommer die Sonne wärmt und zu Schwitzkästen macht, aus denen das Wasser herausgedünstet wird, bis der Schaum der Dinge zurückbleibt: das Salz. Im Hochsommer ist Hochsaison; da holen barfüßige Salz-Gärtner mit ihren Holzbrett-Schüppchen, die ›rouables‹ heißen, aus der Spucke der Natur in den künstlichen Schwitzkästen die Meeres frucht an Land, die unsere Speisen würzt; da wachsen die weißen Miniberge von frisch geerntetem Meersalz mit dem leichten Veilchengeruch. Und hat man gerochen, will man auch schmecken, die Zunge in den Berg stecken, den Kopf in den Sand, ein anderer werden.

Stoff-Wechsel. Vor 2000 Jahren war die heutige Küste des Départements nicht Küste, sondern Meer: der ›Golf

von Saintonge‹, mit ein paar Inseln darin. Aus unerfindlichen Gründen zog sich das Meer allmählich zurück,
wuchsen die Inseln und die Landbrücken dazwischen,
tauchten aus der zurückweichenden Meeresoberfläche
die ersten Natur-Salinen auf. Um die Jahrtausendwende
war erkannt, was da von der Natur gespielt wurde, und
die Küstenbewohner entwickelten ihre eigene ›Marais-
Salants‹ – Kultur, mit absichtsvoller Salzgewinnung in
künstlich angelegten Salz-Gärten, großenteils unter An-
leitung von Mönchen; ein erhaltenes Schriftstück aus
dem Jahr 1152, die ›Rôles d'Oléron‹, klärt auf über die
Schiffahrtsregelungen für Salzfrachten, die damals schon
in aller Herren Länder Europas gingen, hauptsächlich
nach Flandern, England und Deutschland. Dann versan-
deten allmählich die Häfen, was einen Niedergang der
Salzausfuhr und -erzeugung hier und einen Aufschwung
der Salzwirtschaft in Portugal zur Folge hatte, ehe im 16.
Jahrhundert künstliche Schiffahrtswege und neue Häfen
gebaut wurden; es ging wieder rapide aufwärts mit dem
weißen Gold von hier, mit dem Salz der alten Provinz
Saintonge; die neue Schiffahrt in ferne Länder brauchte
viel Salz: Kühlschränke gab es nicht, die Fahrten dauerten
lange und das Salz von Brouage zum Beispiel war von
hervorragender Qualität.

Brouage zum Beispiel. Ein kleines Dorf, heute ein gestrandeter Hafen südlich von La Rochelle, erzählt eine
große Geschichte, die eines Hafens von europäischem
Rang. 1555 als Salzhandels-Börse gegründet und mit einem ersten Festungswall umgeben, wurde in diesem
»sichersten und bequemsten Hafen Aquitaniens«, wie
alte Beschreibungen wußten, das Salz aus 8000 anliegen-
den Salzgärten umgeschlagen und aufgeladen auf Frach-
ter aus aller Welt; in den Straßen der »schönsten Hafen-
stadt Frankreichs« (Eigenwerbung von damals), die nach
sämtlichen Wohlgerüchen Europas dufteten, sprach man
Deutsch und Französisch, Englisch und Spanisch, Flä-
misch und Okzitanisch. Kein Wunder, daß Könige zu
Besuch kamen in diese von 6000 Soldaten gesicherte
Garnison und spektakuläre Seeschlachten vorgeführt
wurden zu Ehren von Charles IX oder Henri IV; kein

Wunder auch, daß bei so vielen Soldaten und Seeleuten aus aller Welt die Geburtenrate so hoch war, daß eigens ein Baby-Empfangs-Gebäude errichtet wurde für Säuglinge, denen die Väter abhandengekommen waren, ein Kinder-Hospiz mit Drehtür, das heute noch steht. Aber dieser Bau gehört schon ins 17. Jahrhundert, in die Zeit, in der die heute noch sichtbaren Mauern dieses Musterbeispiels der damaligen Militärarchitektur errichtet wurden. Wie gesagt: ein gestrandeter Hafen; ein allmählicher Prozeß der Verlandung und die politische Entscheidung Colberts, mit Rochefort im Norden einen Hafen von neuen Dimensionen und von neuer Reichweite zu bauen, haben Brouage zum ökonomischen Sterben verurteilt; die Nachtigallen und Blaukehlchen, die heute in den Büschen und Sträuchern hinter den Wachtürmen leben, singen davon ein Lied. Und zu Füßen der westlichen Festungsmauern, wo einst die Salzfrachter vor Anker gingen, kauen aufs Trockene gesetzte Milchkühe gemächlich vor sich hin und produzieren die begehrte Ersatzlösung, ›le beurre demi-sel‹, halbsalzige Butter.

Zum Verlandungsprozeß muß noch gesagt werden, daß er hier und da künstlich beschleunigt wurde. Bekannt ist, daß La Rochelle eine der Hauptstädte

Der einstige Welthafen Brouage – heute ein verlandeter Ort. Die Anlagen sind noch gut sichtbar. (s. Wanderung S. 330)

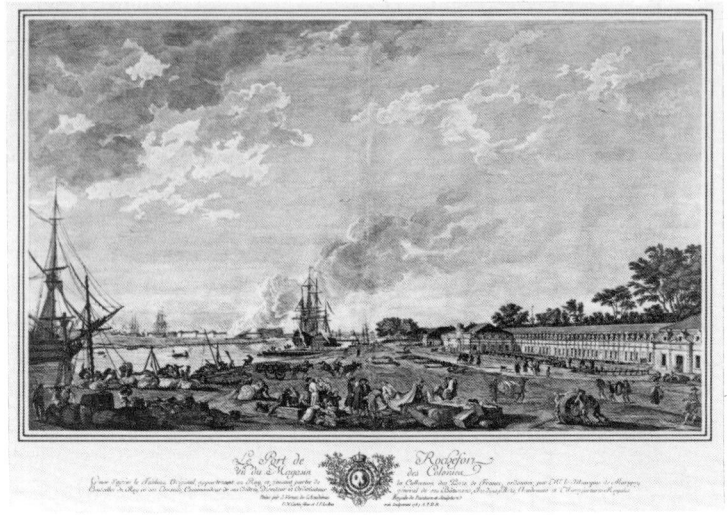

Rochefort im 18. Jh., rechts die eben erbaute ›Corderie Royale‹

Protestantismus war; weniger bekannt dagegen ist, daß die Rivalin von La Rochelle, eben Brouage, der naheliegenden Versuchung, Bastion von Katholizismus und Gegenreform zu sein, nicht widerstand; also stießen sich hier auf engstem Raum zwei Heilslektüren und Einflußsphären, zwei abgedichtete Ideologien und militärische Mächte – und immer dann, wenn die Kräfteverhältnisse es zuließen, wurden calvinistische Schlepper und anglikanische Leichter so versenkt, daß der katholische Hafen durch die mit Steinen beladenen Schiffe irreparabel verstopft war. So legt man Steine in den Weg...

Steine in den Weg legten auch die Bewohner von *Rochefort* nach der Revolution von 1789: die ›Straße des 14. Juli‹ ist mit Steinen aus Brouage gepflastert, mit den Steinen des abgerissenen Obergeschosses der ›Halle aux Vivres‹, des zu Richelieus Zeiten erbauten Proviantlagers, in dessen Obergeschoß Waffen einquartiert waren. Damit sind wir in Rochefort am Ufer der Charente und schlagen ein neues Kapitel auf; wir lassen das sterbende Brouage und die darin sterbende Marie Mancini, Mazarins Nichte und Teilzeit-Geliebte des ›Sonnenkönigs‹, ohne weiteren Kommentar hinter uns.

Rochefort, militärische Stadtplanung mit dem Charme rechter Winkel, Marine-Museum und ›Corderie Royale‹, direkt am Fluß. Der Bau, zwei Stockwerke hoch und von regelmäßigen Fensterreihen durchbrochen, wirkt nüchtern, harmonisch, vergessenswert – wenn da nicht diese unvergleichliche Länge wäre: 374 Meter, eine kaum glaubliche Silhouette. »Der Wunsch Seiner Majestät ist der, daß man aus dem Etablissement von Rochefort das größte und schönste der Welt machen möge«, hatte der Sonnenkönig seinen Superminister wissen lassen, und Colbert machte sich ans Werk: ein Arsenal war zu bauen mit Werften, Segel- und Tau-Fertigung und Hafen für 60 Schiffe; das Ganze war militärisch zu sichern. Und so sieht man denn auch an den Ufern der Charente von Rochefort bis zum Meer, 21 km Flußlänge bei 10 km Luftlinie, hier und da Forts, die bei Flut vorschnellenden feindlichen Schiffe (falls die an den militärischen Bollwerken der Inselchen Enet, Madame und Boyard vorbeigekommen wären) entsprechend Feuer gegeben hätten – bei Ebbe war Rochefort ohnehin nicht per Schiff zu erreichen. Das war sie also, die ideale strategische Lage, nach langem Suchen an der ganzen Atlantik-Küste zwischen Bayonne, Bordeaux, Nantes, Brest, Caen und Dunkerque gefunden; da sollte er also liegen, der Heimathafen der neuen Flotte, die die Weltökonomie im Auge hatte. Aber so günstig die Lage strategisch war, so ungünstig war sie ökonomisch; das halb sumpfige Ufergelände zwang dazu, einen floßähnlichen Unterbau aus Eichenbohlen unter die ›Corderie Royale‹ zu legen, insgesamt 14 000 Kubikmeter Holz, was natürlich die Baukosten für diesen Erstlingsbau so in die Höhe trieb, daß die anderen Arsenalbauten erheblich bescheidener ausfielen.

Stichwort ›bescheiden‹: nein, jetzt nicht von ›merkantilistischer Weltwirtschaft‹ reden, im Unterschied zu ›Handelskapitalismus von europäischer Reichweite‹; nicht schwafeln vom ›Herbst des Mittelalters‹ und ›Anfang der Neuzeit‹, von ›Feudal-Strukturen‹ und ›euro-christlichem Überbau‹, mit protestantischer Reform oben und katholischer Gegenreform unten. »Alle Ideen, die man aus Büchern erhält, kann man tote nennen im

Vergleich zu jenen, die man durch Anschauen bekommt«, meint der Gevatter Karl Philipp Moritz* ganz
richtig; also hingucken, anschauen.

Da gibt es die schöne Stadt *Saintes* im Hinterland;
schaut man sich die römischen Bauten des alten ›Medio-
lanum Santonum‹ an, den Germanicus-Bogen und das
Amphitheater und die dorischen Säulen, schaut man sich
die römische Stadt auf beiden Ufern der Charente an der
alten römischen Handelsstraße an, die älteste Römer-
Gründung in Gallien auf der Landverbindung zwischen
Loire und Garonne, zwischen Caesarodunum (Tours)
und Limonum (Poitiers) einerseits und Burdigala (Bordeaux) andererseits, schaut man sich also die Stein-Spuren
römischer Weltherrschaft an, so kann man schlecht
schweigen zu jener damaligen Ökonomie, die doch wohl
auch das Wörtchen ›Welt-‹ im Schilde führte. Da gibt es
die aufschlußreiche Vorgeschichte der Stadt Rochefort
vor der colbertistischen Standortwahl; schaut man die
sich näher an, entdeckt man, daß die Herren von Rochefort ihr Land, das für sie nichts abwarf, längst verlassen
hatten: das Recht der Rechtsprechung, zusammen mit
ein paar symbolischen Rechten, war das einzige Recht
der ›Feudal‹-Herren im Mittelmeer-Europa von damals,
in Süd-Italien, Spanien und Okzitanien. Und wenn in
der umfangreichen Dokumentation ›Révoltes Populaires
en Occitaine‹ berichtet wird, daß 1636 in der Provinz
Saintonge ein Steuereintreiber aus Paris umgebracht und
in so kleine Stücke geteilt wurde, daß »jeder Bauer ein
Stück von ihm an seine Tür heftete«, dann entsprach
dieser barbarische Akt durchaus einem wirklichen Kräf-
teverhältnis, in dem ›die Pariser‹sich Rechte herausnah-
men, die keine Herren je hatten, und in dem die Bauern
zeigten, wo der Hammer hing, wer den Karren zog.

Den Karren ziehen. ›Der Karren‹ heißt ein Gemälde
von *Louis Le Nain*, das im Louvre hängt: es zeigt eine
Szene aus dem Landleben in der ersten Hälfte des 16.
Jahrhunderts, mit winzigem Alltagsglück nach überstan-
denem Elend von Kriegen und Pest, mit Flötenspiel auf

---

* Deutscher Schriftsteller (1756–1793), Romane und theoretische
Schriften zu Kunst und Ästhetik.

Germanicus-Bogen in Saintes

Im Pilgerhospiz in Pons kann man übernachten

dem Getreidekarren. Der Karren gibt das geeignetste Bild der Ökonomie des 16. Jahrunderts wieder: 99 % des Wirtschaftslebens spielen sich in der Landwirtschaft ab; die Aktivität eines Hafens wie La Rochelle mit seinem beeindruckenden Handel mit Salz und Wein, Öl und Weizen, Wolle und Tuch macht nur 1 % aus, und das Bild vom Handelsschiff mit dem schwellenden Segel täuscht gewaltig über die reale Getreide-Diktatur in der Ökonomie jener Zeit; die Bauern sind trotz unverändert niedriger Erträge die Stützen der Gesellschaft des 16. Jahrhunderts, ziehen den Karren von gesellschaftlicher Produktion, Konsumption, Tausch. Das Hinterland ist das Hauptland; von flandrischer Tuchindustrie mit geschäftigen Häfen oder von Fuggerschen Landkäufern zur Steigerung der Produktivität oder von anderen liebgewordenen

Epinal-Bildern vom Anfang der Neuzeit (Leonardo, Columbus) müssen wir Abschied nehmen, schauen wir uns die Renaissance in den alten Provinzen Aunis und Saintonge an: wo die deutschen Kreuze im Westen stehen zwischen Sonnenblumen-, Raps- und Weinfeldern, zogen damals die gleichen Pflüge wie im Mittelalter die gleichen Getreidefeld-Furchen, und lediglich eine allgemeine Klimaverbesserung, verbunden mit einer besseren Organisation von Weideland und Brache, brachte ein wenig günstigere Erträge, brachte es zum Flötenspiel auf dem Getreidekarren...

Das sehen die ›Goethes‹ natürlich nicht, oder ganz anders – ihr Baedeker-Volkmann empfiehlt die Sehenswürdigkeiten von *La Rochelle*, und unsere Renaissance-Experten bewundern Bramantes rhythmische Bögen an der Rathausfassade, begeistern sich an den schwellenden Segeln der in Kalkstein gehauenen Handelsschiffe, entdeckten die hinter den arkaden-gesegneten Häuserblocks gelegenen Stadtpaläste der Gewürzmagnaten und Reeder und Ebenholzhändler, bestaunten die Gradlinigkeit der als Wasserspeier verkleideten Kanonenrohre. Sie halten sich an die Empfehlungen ihrer Kunstführer: »Wer vernünftig verfahren will, soll sich Mühe geben, einige Kenntnis von den schönen Künsten vor dem Antritt der Reise zu erwerben: sonst betrachtet er die merkwürdigsten Dinge ohne Geschmack und Empfindung... und kommt am Ende wohl gar einfältiger zurück, als er ausgereist ist.« Halten wir uns an dieses Ästhetik-Konzept von Goethescher Göttlichkeit, und empfinden wir voller Geschmack die rhythmischen Bögen und die schwellenden Segel und die »schöne Kunst«, von den schwierigen Lebensbedingungen von 99 % der Bevölkerung zu schweigen und von der schweißtreibenden Arbeit jenes Rests ebenso, der sich mit Sklavenhandel und aufgeklärten Besitzungen in den Zucker-, Kakao-, Kaffee- und Gewürzregionen der Welt goldene Nasen verdiente; und denken wir vor allemnicht nach über Kanonenrohre als Wasserspeier...

Also ich empfehle einen einfältigen Zugang zu *La Rochelle*: da gibt es das lebendige Gemälde des Alten

Hafens; da gibt es im ›Ketten‹-Turm (die Kette, mit der einst der Hafen versperrt und zugemacht wurde, sperrt heute den nächstliegenden Bürgersteig ab) eine szenische Darstellung der Stadtgeschichte vom »Carcassonne am Atlantik«, von der protestantischen Zitadelle bis zur großen Belagerung durch Richelieus Truppen; da gibt es die Musik der Spontan-Konzerte im Hafen und in den Altstadtstraßen; da gibt es bei Regen die gute Laune der arkaden-begnadeten Stadtbummel; da gibt es zu jeder Tages- und Nachtzeit leckere Fischgerichte im Gemüsebett, und wem die Preise nicht schmecken, bei denen man manchmal das Draußen-Sitzen-Können mitbezahlt, dem empfehle ich Konservengerichte, die es nur hier gibt, z. B. Kabeljau-Eier mit Crème Fraîche und Zitrone: auf geröstetem Brot oder Toast – das geht so runter! Und dann empfehle ich noch, ein befreundetes Ärzte-Paar hat's mir gezeigt, das Ärztehaus aus dem 17. Jahrhundert (Maison Venette): da stehen nicht nur die Skulpturen der Klassiker aus der Antike (Hippokrates, Galenus), sondern auch die jenes ›linken‹ arabischen Arztes und Philosophen, den Blochs ›Prinzip Hoffnung‹ rühmt: Avicenna, Ibn Sina.

La Rochelle, Hafenszenerie

Verbunkerte Geschichte

La Rochelle im Frühling 87: letzte Hand anlegen an Texte, letzte Details überprüfen im Zuge der Endredaktion. Im ›Office du Tourisme‹ Gespräch mit dem Leiter: ja, es gibt einen Stich von La Rochelle, sogar einen mit einer deutschen Inschrift; nein, Radwegekarten gibt es nicht, noch nicht, leider, trotz eines guten Radwegenetzes (Ile de Ré!); die Frage nach dem, was Sie auf der Insel gesehen haben, beantworte ich am Schluß, wenn Sie einverstanden sind.

Ich bin einverstanden, natürlich. Und dann gehen wir die rue Fleurieu hinunter, über den Marktplatz, biegen ein in die rue des Dames: gleich linke Hand eine Stahltür, wird aufgeschlossen. Jean-Luc Labour, der Leiter von ›Office du Tourisme‹ und ›Palais du Congrès‹, greift zur Taschenlampe und sagt nur:»Ich sage jetzt erst mal nichts«, führt mich durch Gänge und Räume, und ich weiß nicht, ob mein Herz anders klopft als das des Entdeckers der Höhle von Lascaux oder der Grabkammern einer Pyramide am Nil. Des Rätsels Lösung: eine unterirdische Beton-Bastion mitten in der Stadt, unter einem darüber gebauten Häuserkomplex versteckt und 40 Jahre lang darunter vergraben und vergessen.»Irgendwer bot mir eines Tages das Ganze zum Kauf an, und als ich das sah, habe ich sofort zugegriffen: alles war in dem Zustand, in dem es verlassen worden war, bis auf Lebensmittel und Wäsche, die ganz oder teilweise verschwunden waren. Natürlich war das eine ideale Voraussetzung, hier eine Art ›Museum des letzten Krieges‹ einzurichten, mit dem Schwerpunkt Alltagsleben der Stadt unter Kriegs- und Besatzungsbedingungen. Das Problem war nur: wie sage ich's meiner Frau? Ich hatte ihr nämlich gerade eine neue Küche versprochen, und was kriegt sie stattdessen? Den ›Bunker de la Kriegsmarine‹ X ... Aber sie hat's verstanden.«

Er zeigt mir die Fotos an den Wänden, die Entlüftungsschächte, die deutschen Adler an den Entlüftungsklappen. Aus einer Schublade zieht er Fotos von den militärischen Einrichtungen an der Küste, Informationen zum Atlantik-Wall: ich finde alles, was ich suche zu dem, was ich gesehen habe auf der Ile de Ré, in La Pallice am U-Boot-Hafen. Ein Aktenordner enthält Beschwerdebriefe der französischen Bevölkerung, oft in köstlichem Deutsch abgefaßt – da will beispielsweise ein eingetragener Verein »23 Fässer Rotwein, die unrechtmäßig requiriert wurden, zurückhaben«, und das bei der Feldkommandantur. In einer Kiste sind aufbewahrt Plakate der Vichy-Regierung, auf denen diese sich selber lobt; das liest sich dann – unter der Überschrift »Was der Marschall alles für die Kriegsgefangenen getan hat« – so: »II. Moralische Hilfe. 2500 tragbare Altäre, 57000 Päckchen mit Meßwein, 600000 Exemplare des Handbuchs ›Gebet des Kriegsgefangenen‹ ... «

Neben solchen ergreifend verrutschten Texten findet man dann aber auch gute Studien zu dem, was man an der Küste gesehen hat und wofür man Begriffe sucht, z.B. Paul Virilios ›Bunker Archéologie‹. Im Vorwort zu dieser einzigartigen (und vergriffenen) Foto-Dokumentation heißt es u.a.:

»Mein Ziel war zunächst ein rein archäologisches; ich wollte diese grauen Formen erschließen, damit sie mir einen Teil ihres Geheim-

Atlantikwall-Bunker bei La Rochelle

unten: Ende der Einsatzchronik des 6. Bt. der Marine-Artillerie-Abteilung auf
der Ile de Ré (1944, unveröffentlicht)

Der Sommer verging mit Bauen und Arbeiten. Natürlich wurde das Einexerzieren nicht vergessen. Und daß sie auf dem Posten war, Tag und Nacht, bewies die 6./ bald, den ersten Abschuß in der Abteilung konnte sie auf ihr Konto buchen und bei drei weiteren Abschüssen bisher ist ihre Beteiligung anerkannt worden. Alle Mühe, aller täglicher Ärger ist vergessen, wenn das Motorengeräusch niedrig fliegender Feindmaschinen näher kommt – das Rohr dreht in der Richtung der Geräusche mit, gespannt suchen viele Augenpaare mit oder ohne Glas den nächtlichen Himmel ab und – da stößt ein schwarzer Schatten aus dem nächtlichen Himmel hervor und schon jagen ihm die gefürchteten Garben unserer Leuchtspurgeschosse entgegen. Ehe er abdrehen kann, sitzen die Einschläge in Rumpf oder Leitwerk und wir hoffen, daß noch mancher, der in der Nacht und in den Wolken rasch verschwand, von unseren Treffern weidwund geschossen, fern über See den Heimweg aufgeben mußte!

Daneben sorgte man, je länger das Inseldasein dauerte, umso gründlicher für eine gute Unterkunft, wo man sich einigermaßen heimisch fühlen konnte. Zum Winter 1942 - 43 wurden Baracken aufgestellt, für viele das erste richtige Dach, das sie hier über den Kopf bekamen und die erste richtige Koje auf der Insel. Dann aber genügten die leichten Behausungen den Ansprüchen einer Feldstellung nicht mehr. OT kam, LKW's und Maschinen rollten an, Bauplätze großen Stils entstanden, um unsere kleinen Stellungen, Eisen und Beton wurden in die Erde versenkt, bis der 2. Zug in feste Bunker einziehen konnte. Der 1. Zug baute sich seine Bunker selbst unter großem Zeit- und Schweißaufwand, und noch vor dem Winter konnte er seine selbstgebauten Unterkünfte beziehen.

Die hinter uns liegende Inselzeit brachte viel Arbeit und Einsatz, aber auch viel Freude und Leid. Schmerzlich traf uns der Verlust von drei Kameraden, die in dieser Zeit durch Unglücksfälle tragisch ums Leben kamen und denen wir das letzte Geleit zum Ehrenfriedhof in La Rochelle gaben.

Wir aber bleiben in Arbeit und Einsatz auf unserem Posten. Und wo der Feind sich zeigt, zu Wasser, zu Lande oder in der Luft, da soll er uns bereit finden, – die 6. Batterie!

nisses verrieten, damit sie mir ein bißchen Antwort gäben auf jene Fragen: warum wurden diese außergewöhnlichen Konstruktionen, verglichen etwa mit den Strandvillen, nicht zur Kenntnis genommen, nicht gewürdigt? Warum verglich ich diese Militärarchitektur mit Grabkammern und Höhlen, mit Beerdigungs-Archetypen? Warum diese irrwitzige Lage im Angesicht des Ozeans, der endlosen Meeresweite? Bis dahin hatten Befestigungsanlagen ja ein genau definiertes, ein begrenztes Ziel gehabt: die Verteidigung eines Verkehrs- und Handelswegs, eines Passes, von Märkten und Tälern oder von Häfen, wie die Türme von La Rochelle belegen; es handelte sich um eine ›Wächterfunktion‹, die leicht zu begreifen war und die sich verband mit einer ›Pförtnerrolle‹. Aber da, an den kilometerlangen Stränden, die ich täglich durchstreifte, fand ich immer und immer wieder diese Beton-Baken und -Bojen oben auf den Dünen, auf den Felsen, entlang der Strände, unverschlossen und teilweise ohne Dach, mit den Öffnungen von Eingang und Schießscharten, durch die der Himmel hineinspielte – als wäre jeder dieser Bunker eine leere Arche oder sogar ein kleiner Tempel ohne Religion. Es war eben die ganze, ausnahmslos die ganze endlose Atlantik- und Nordsee-Küste, die so organisiert war, vollständig durchorganisiert mit diesen pausenlos aufeinanderfolgenden Fix- und Stützpunkten. Man konnte tage- und wochenlang am Meer entlangwandern, ohne je aufzuhören, mit diesen Beton-Altären angesichts des leeren Meereshorizonts konfrontiert zu sein. Es war die Unermeßlichkeit dieses Projekts, die die Dimensionen des gewöhnlichen Menschenverstands sprengte: hier enthüllte sich der totale Krieg in seiner mythischen Dimension.«

MUSÉE ROCHELAIS de la DERNIERE GUERRE

Bunker de la Kriegsmarine

8, rue des Dames · LA ROCHELLE

Zum schwarzen Kater

De Mai à Septembre · Ouvert du Mardi au Samedi de 10ᴴ à 18ᴴ
Pour les groupes toute l'année sur rendez-vous

Eine zwiespältige Stadt, La Rochelle: Avicenna und Sklavenhandel, protestantische Rebellen und christliche Apartheid-Fans, Hafenmusik und goldene Nasen. Gründliches Anschauen kann zum Problem werden in dieser ›3-Sterne-Stadt‹ (laut Michelin): gegen manches, was für die großen und kleinen Goethes eine Sehens-›Würdigkeit‹ bedeutet, sperrt sich ein einfältiges Empfinden für Würde; hat man erkannt, was man gesehen hat, kann einem anders werden hier und da.

Nichts für einfaltige Gemüter also, La Rochelle. Gott sei Dank kamen die mittelalterlichen Pilger auf dem Jakobsweg da nicht vorbei; sie kamen von *Tours*, wo sie sich am Grab des heiligen Martin versammelten, über *Poitiers* auf der alten Römerstraße nach *Saint-Jean-d'Angely*, wo der Kopf eines anderen Heiligen Anziehungspunkt war, um in Saintes dem Grab von Saint Eutrope in der gleichnamigen Kirche einen Besuch abzustatten. Wir sehen schon: die Städte hatten erst dann einen Namen, wenn sie Reliquien aufzuweisen hatten – und manch ein Ort am Jakobsweg (wie z. B. St.-Jean-d'Angely) legte sich rasch in der Zeit, in der ganz Europa mit Heiligen-(Legenden) überschwemmt wurde, ein gutes Stück zu; lediglich Pons weiter im Süden hatte nichts Heiliges anzubieten, dafür aber ein – gut erhaltenes – Hospiz vor den Toren der Stadt, wo man nach Einbruch der Dämmerung noch aufgenommen wurde und pennen konnte. Es geht das Gerücht, daß die Bezeichnung ›Champagne‹ für die Weinfelder aus dieser Zeit stammt: die Weinfelder auf dem fast weißen Boden erinnerten die, die aus der Champagne im Norden gekommen waren, an ihre Heimat; die heutigen Raps- und Sonnenblumenfelder zwischen Saintes und Pons gab es damals nicht: die gab es nicht einmal zu dem Zeitpunkt, als die deutschen Kreuze im Westen errichtet wurden. Soviel zum Stichwort ›Ewigkeit der Natur‹: mit atemberaubender Geschwindigkeit wird sie heute umgeprägt nach Rendite-Gesichtspunkten, und schon haben das helle Frühlingsgelb der Rapsfelder und das dunklere Sommergelb der Sonnenblumenplantagen die Loire überschritten. Aber damals, als alles ewig war, als die ewigen Touristenströme von damals zum Grab

St. Pierre in Aulnay, Saintonge

des heiligen Jakob von Compostela, des Mauren-Bezwingers und Spanien-Christianisierers taperten, als sie an den ewigen Wäldern und Weizen- und Weinfeldern vorbeiströmten zu Fuß und zu Pferde in Richtung Spanien, da brachen sie aus aus den ewigen Kreisen von immer Gleichem und ewigen Teufelskreisen von Leben und Tod, Sonne und Regen, Kriegen und Frieden, da hatten sie einen Weg, ein Ziel, neue Horizonte und neue Bilder vor Augen.

In *Pons* machten sie Pause. Es geht das Gerücht, daß sie sich beim örtlichen Fahrradverleih einen Drahtesel mieteten, um ein paar Dorfkirchen im Südosten in Augenschein zu nehmen: *Avy* mit den Greisen der Apokalypse, von denen einer auf dem Hals einer Gans spielt, *Marignac* mit den zwei Böttchern außen und dem Kuß auf dem Binnen-Fries, *Chadenac* mit dem ›sermon saintongeais‹, der didaktischen Darstellung von Tugenden und Lastern, *Echebrune* mit dem ›glouton‹, dem chinesischen Monster, *Biron* mit der edlen Einfalt und stillen Größe einer romanischen Dorfkirche, von denen es Hunderte gibt auf dem Land hier. Das Problem dabei: es gibt nicht halb so viele Cafés, um den Radwanderer-Durst zu stillen.

Drei von etwa 700 romanischen Kirchen der Saintonge: St. Pierre, Aulnay (linke Seite); Staine-Radegonde, Talmont (oben); Perignac (unten)

VENDÉE

Liebeserklärung an eine Verruchte

Ein Radwanderertraum wird wahr, kommt man vom Cognac-Land und den alten Provinzen *Saintonge* und *Aunis* und will in Richtung *Loiremündung*: »Die Bäume berühren sich über den Straßen des Wasserlabyrinthes und das Licht färbt das Gefieder der wilden Schwäne in blasses Grün. Jenseits des Erlenvorhangs steht das Vieh silbrig auf der Inselweide. Leise hört man das Wasser glucksen, manchmal auch einen Vogelschrei. Abends jedoch quaken die Frösche wie toll. Nichts Besonderes, nur ein kleines Wunder: *Le Marais Poitevin*, diese dreieckige Niederung... zwischen der Vendée im Norden, dem Aunis im Süden und dem Niortgebiet im Osten. Ursprünglich vom Meer überflutet, bildete dieser Kessel eine Bucht, *le golfe des Pictons*. Doch das Meer zog sich zurück und hinterließ ein morastiges Land.« Ich zitiere wieder aus alten Notizen, doch dieses Mal nicht aus eigenen – ich zitiere aus einem Reisebericht der Frankfurter Allgemeinen Zeitung, den ich als optimal empfinde (was ich vom ganzen Blatt angesichts gewisser schlechter Erfahrungen nicht sagen würde). Hier jedenfalls stimmen sämtliche Referenzen, die geschichtlichen wie die kulturellen.

»Schon im 11. Jahrhundert fing man an, die höher liegenden Teile des Marais zu bebauen. Zweihundert Jahre später unternahmen fünf Abteien – vor allem die *Abtei von Maillezais* – die große Sanierung und ließen zahlreiche Kanäle ziehen. Auch Franz dem Ersten sind einige Verbesserungen zu verdanken, doch erst von 1599 an wurde das Marais unter der Regierung Heinrichs IV. wirklich saniert; er ließ niederländische Ingenieure kommen, beauftragte sie mit den Arbeiten und ernannte sogar einen ›Meister der Dämme und Kanäle des Königreichs‹, dessen Aufgabe es war, über die Trockenlegung der Sümpfe Frankreichs zu wachen.« Da stimmt einfach alles, von der Rolle der Abteien bei der Trockenlegung bis zur friedlichen Landeroberungspolitik Heinrichs IV. –

auch wenn unsereiner sich wünscht, es wäre von der Arbeit der Mönche die Rede gewesen (nicht nur beim Trockenlegen, sondern auch beim Anlegen der hochgewinnträchtigen Salzteiche) oder von den Mühen der Landarbeiter in den feuchten Ebenen. – Lassen wir die folgenden Jahrhunderte hier jetzt weg, die mit Louis XIV, François II und der staatlichen Behörde, die heute wacht. »Dieses *Marais mouillé du Poitou* bildet eine Art bedingten Naturschutzgebietes, wo nicht gebaut werden darf, wo aber Fischfang, Wohnen und Viehhaltung erlaubt sind. Das biologische Gleichgewicht ist hier noch intakt.« Apropos Gleichgewicht: die Kühe, die hier die Weide wechseln, werden in flachen Barken von der einen zur anderen transportiert, und wenn man das einmal gesehen hat, kann man nur staunen, daß keine ins Wasser fällt.

Ins Wasser fallen die meisten, wenn sie von der Sprache hier sprechen. Von ›Patois‹ ist die Rede, das kein Normalfranzose versteht; als Definition fand ich ›Lokalsprache, die von einer Bevölkerung niedrigerer Zivilisation (de civilisation inférieure) gesprochen wird‹. Mir begegnete sie mit einem einzigen Satz, den ich nicht verstand und den ich zu wiederholen bat; ich hörte dann auf Französisch, was auf Deutsch meint: »Man muß aufpassen: so eine Erlenreihe ist in zwei Stunden gefällt und braucht dann wieder zweihundert Jahre.« Man muß aufpassen: hier wird noch okzitanisch gesprochen. Unser FAZ-Bericht äußert sich vorsichtig: »Die ›r‹ rollen wie Murmeln, tragen den breitmäuligen, nasalen Satz scheppernd weiter. Man spricht, wie man lebt, behäbig.« Seit Rabelais, der in *Maillezais* lebte und schrieb, wie er sprach (was heute als ›Genesis der französischen Literatur‹ gefeiert wird, was aber von der ›Lokalsprache niedrigerer Zivilisation‹ herkommt, von den hiesigen Markt-Mythen): seine glücklichste Lebenszeit vor dem Medizinstudium in Montpellier verlebte er hier bei den Mönchen im Marais poitevin, zwischen Orten, die ›Chèvrecul‹ und ›Chieurs-aux-Bois‹ heißen (zu deutsch: ›Ziegenarsch‹ und ›Waldschisser‹), bei den Kühen, deren Fladen immer wieder vorkommen, nicht nur auf den Weiden, sondern

Häuser und Landschaft der Vendée erinnern oft an die Bretagne

auch als Brennmaterial in den Bauernkaten und als eine Art Diskus beim Kuhfladenwerfen auf Dorffesten; Rabelais' immer wieder mit Genuß gebrauchter Schlüsselbegriff lautet ›embousé‹, voller Fladen, durch und durch Kuhschißgeruch. Die Versuchung ist groß, von der kleinen Stadt im Norden des Marais poitevin zu sprechen, von *Fontenay-le-Comte,* der alten Hauptstadt des *Bas-Poitou* mit den Festungsruinen und dem Renaissancebrunnen – der gehört zu Rabelais wie die Kuhfladen. Die Versuchung ist groß, von der Oberstadt jenseits des Flüßchens Vendée zu sprechen, von jenem kulturellen Zen-

Schloß Fontenay im Bas Poitou

trum des Humanismus zur Renaissancezeit: hier ist Rabelais, der seinen ›Pantagruel‹ nicht zufällig von Fontenay nach Maillezais wandern läßt, dem Lektüre-Erlebnis seines Lebens begegnet, dem ›Lob der Torheit‹ von Erasmus von Rotterdam. Die Versuchung ist groß, dem heutigen musealen Stadtkern die historische Unterstadt gegenüberzustellen, den *Viehmarkt* und die *Rue des Loges* mit den Häusern der Gerber, Leinweber, Töpfer und Messer- und Nagelschmiede. Okzitanische Unterstadt, möchte man sagen, französische Oberstadt.

Sprechen wir aber von der *Vendée*, die die Stadt teilt. Daß dieses Flüßchen im Süden des Départements ihm den Namen gegeben hat, verdankt es einem bizarren Zufall: ursprünglich hieß das nach der Revolution neugeschaffene Département ›Les Deux Lays‹, nach den beiden Flüssen, die mittendurch fließen: der große Lay und der kleine Lay; die erste freigewählte Nationalversammlung, halb Bauern, halb Bürger, benannte es so, die zweite, in der es dann keine Bauern mehr gab, hatte ästhetische Bedenken: ›Les Deux Lays‹, das klang wie ›Les Deux Laids‹, zu deutsch: Die beiden Häßlichen. Das klang nicht gut in den Ohren der neuen Besitzer von Grund und Boden, und die neue Klasse, jetzt auch an der politischen Macht, enteignete rasch den neuen Namen. So gab das Flüßchen, das im Westen Okzitanien von Frankreich trennt, jenem Département den Namen, das als einziges Provinz wurde, als die alten Provinzen zu Départements gemacht wurden.

Die Vendée wurde Provinz, als sie sich erhob gegen die Revolution, die sie geschaffen hatte. Die Vendée wurde eine eigenständige historische Person, als sie in Enttäuschung über reaktionäre Züge der »révolution bourgoise à soutien populaire« (Soboul), der »bürgerlichen Revolution mit Volksunterstützung«, wie die jakobinische Tradition der französischen Geschichtsschreibung unangefochten weiß, die Volksunterstützung verweigerte und, zu den Waffen gezwungen, zu den Waffen griff. Die Vendée wurde als Provinz zermalmt und mit Menschen und Vieh ausgelichtert, gevölkermordet in den Vendée-Kriegen, den franco-französischen ›Guerres de Vendée‹.

Es gab sechshundert- oder achthunderttausend Tote. Die wenigen Überlebenden retteten den kostbaren Nachwuchs vor den Ratten, indem sie ihn in Tüchern an verbliebenen Dachbalken aufhängten wie Würste und Schinken.

Aber die alten Notizen sprechen erst einmal von den Leuten von heute, tauchen ins Land ein: in ›Karpfen, Hechte, Aale, Zander, Brassen, Schleien und Forellen› in den Flüssen, in ›lumas‹, Schnecken auf den Wiesen und in den Liedern, in Gerichten. »Immer reichlich mit Butter gekocht, mal mit Sauerampfer, mal mit Schalotten und Rotwein geschmort, sind sie immer eine Gaumenfreude«. Die Lumas-Esser wissen davon zu erzählen: sie besingen sogar die berühmte *sauce aux lumas*, die man nicht protokollarisch im Teller stehen läßt, sondern im Gegenteil eifrig mit Brot auftunkt. Nicht auf Eleganz kommt es an, sondern auf den Genuß.

»Genußvoll ist auch die *embeurrée*, eine Mischung aus zwei Dritteln weichgekochten Weißkohls, der mit der Gabel zerdrückt und mit grobem Seesalz abgeschmeckt wird, und einem Drittel wunderbar frischer, aber ungesalzener Butter aus der Charente. Butter wird zu allem serviert, und zwar in großer Menge. Vorzüglich zum Beispiel mit den ›mojettes‹, diesen kleinen hellgrünen Bohnen aus dem Marais, die nicht nur höchst schmackhaft,

Strand bei St. Gilles,
>Côte de Lumière<

Deutsche Künstler
auf deutschem Beton:
Atlantikwallbunker
bei Bordeaux, bemalt
von Jo Klaffki

weil zart und leicht, sondern auch diskret sind; getrock-
net exportiert man sie in die Nachbargebiete in West-
frankreich. Melone und Spargel wachsen ebenfalls im
Marais, wo es niemals kalt wird, denn der Ozean ist von
hier nur 50 Kilometer entfernt, und der Golfstrom er-
wärmt die ganze Küste. Embeurrée, lumas und mojettes
sind kleine Lokalwunder, ländliche Spezialitäten, die
man vergeblich im Ritz suchen würde.« Wer einmal eins
dieser Lokalwunder genossen hat bei einem der Dorffe-
ste, wer einmal unter den Linden von *St. Georges-de-Poin-
tindoux* oder unter den Eichen von *Talmont* mojettes mit
Hammelkotelett gegessen hat, über offenem Feuer ange-
richtet und von ländlicher Tanzmusik und von Tanz
begleitet, der versteht, daß solche Geheimtips geheim
bleiben, der macht mit beim Nichtweitersagen, welche

295

Auszeichnungen dieses Land schon bekommen hat.

In Sachen Lebenskunst. Das fängt mit den Stränden an, mit der ›Côte de Lumière‹, an der sich *Aquitaine-Becken* und *Massif Armoricain* begegnen, an der sommers gelebt wird wie bei Gott in Frankreich, wie im Gleichnis vom Halljahr: erst treffen sich alle, dann wird erlassen, daß jeden Tag Sonnentag ist, dann geht's ins Wasser. Das geht weiter mit der Architektur ohne Architekten: jeder baut sich sein Haus und sein Dach überm Kopf selber, sei es das eingeschossige Niedrighaus aus Kalkstein oder Schiefer, sechs mal zwölf Meter, die aus Marscherde (mit Stroh vermischte) hochgezogene ›bourrine‹ mit dem Reetdach drauf, oder das Haus im Marais, in der Plaine, im Bocage. Das hört bei den Menschen nicht auf, die nicht nur das Haus selber bauen, was bei mitteleuropäischen Besuchern u. U. Gefühle von eigener Körperbehinderung hinterläßt; die nicht nur das Gemüse, das sie essen, selber anbauen, und die Muscheln und Austern, die sie verzehren, selber zusammensammeln (wobei sie nicht wissen, daß die Vendée-Austern, unter anderem Namen natürlich, bei römischen Kaisern auf dem Speisezettel standen); die auch und vor allem überhaupt keinen Geschäftssinn haben: kauft man Gemüse auf einem Markt, muß man damit rechnen, statt einem Kilo anderthalbe zu bekommen, wobei ein Kilo berechnet wird, plus ein Strauß Petersilie kostenlos dazu; hat man eine Fahrradreparatur und staunt über die niedrige Rechnung, kriegt man zu hören: »Ich bin jetzt dreißig, mich ändert keiner mehr.« So sind sie, die Vendéens; Namen und Anschriften sind der Redaktion bekannt.

Wo kommt das her?

»Die Menschen in der Vendée sind gründlich erdverbunden, schweigsam, nach innen gekehrt und allen Neuerungen feindlich gesonnen,« heißt es in Michel Ragons ›L'accent de ma mère‹. Was sie nicht hindert, wenn's sein muß, der Scholle den Rücken zu kehren und mit der Waffe in der Hand der Zentralgewalt in Paris die Meinung zu sagen: »Das erste Mal gegen den König, das zweite Mal gegen die Republik. Das erste Mal nannten sie sich ›parpaillots‹, das zweite Mal ›chouans‹. Man könnte meinen, es seien beide Male dieselben gewesen, aber das waren sie nicht: die ersten waren umgebracht, massakriert worden...« Die zweiten dann auch.

Ich habe nicht verstanden, daß linke Freunde, die zu Besuch kamen, sich für die Toten nicht interessierten. Von den ersten Toten, von denen sie nichts wußten, wollten sie nicht wissen; von den zweiten Toten, von denen sie wußten, hatten sie keine gute Meinung: die hatten ja für Gott und den König gekämpft, gegen die Revolution. Ausgerechnet die FAZ weiß es da besser: »Sie kämpften viel weniger für Gott und den König als gegen den Zwang zum Militärdienst, der sie gegen die Pariser Zentralgewalt aufbrachte. Jede Form von Zentralismus droht den Menschen zu ›erfassen‹, ihn zu verwalten, und das lehnten (sie) ab.«

›Ventres-à-choux‹, ›Kohlbäuche‹ werden sie genannt in Nantes und Paris, die Menschen in der Vendée, und achtzehnjährige ›Kohlbäuche‹ sind es gewesen, die im Dorf *St. Christoph-de-Ligneron* ihre Erfassungsbescheide verbrannten: der Beginn der Vendée-Kriege, des franco-französischen Völkermords. Sie wollten nicht in Vietnam oder in Afghanistan Krieg führen, würden wir heute sagen – sie wollten lieber zuhause bleiben, bei der Familie, bei der Kohlernte und bei der Freundin. In den Spuren ist etwas davon zu lesen: Man kann sich die Felder ansehen und die Kühe, den Bocage und die Fladen, die Giebelpinien, die abgebrannten Häuser und die Mühlenstümpfe, die neuen Häuser mit dem Rücken zu Straße und die Scheunen, die größer, viel größer sind als die Häuser.

La Vendée. – Die Römer waren da: im Hafen von *St. Gilles*, im Naturhafen an der *Vie-Mündung* hatte Cäsar seine Flotte gegen die Veneter bauen lassen; der Austerngeheimtip blieb, wie gesagt, nicht geheim, ging nach Rom. Die Phönizier waren da: *Sion sur l'Océan* ist eine Phöniziergründung, nach Sidon (heute im Libanon) benannt. Alle anderen waren auch da, als es um die Wurst ging, um das begehrte Meersalz: gäbe es Zeilenhonorar, würde ich sie alle aufzählen. – Und da waren auch die Araber, wurden 732 bei Poitiers geschlagen, womit wir bei den Schichten des *Poitou* wären.

Grenzland zwischen Okzitanien und Frankreich, das obere Poitou und das untere, die Vendée. Michelet sah da »la bataille du Midi et du Nord«, ›die Schlacht zwischen Süden und Norden‹, was wir uns am besten als Schlacht zwischen Öl und Butter, Knoblauch und Zwiebeln, Rugby und Fußball, Romantik und Gotik, Rundziegeln und Flachziegeln, Kuhfladen und Pferdemist vorstellen. Die maurische Außentreppe findet sich manchmal beim gallischen Doppelkamin, und wo die katholische Schicht unter der hugenottischen liegt und wo darüber, ist nicht mehr so genau auszumachen. Dann kommt die weitreichende, den ganzen mit Sozialrebellen-Revolten gesegneten Westen umfassende Bocage-Schicht mit der selbstverständlichen Nachbarschaftshilfe, die tiefe Wurzeln geschlagen hat in ihr – im übrigen ein prächtiges Rätsel; lassen wir's stehen. Grüßen wir nur noch darin den von Rabelais geliebten Kuhfladengeruch, die Sprachschicht des ›embousé‹, auf der die des ›emmerder‹ aufbaut: die beschmeißen uns ja doch nur mit Scheiße, die Städter, weiß man hier auf dem Land.

Eben dies war er auch, der Aufstand des Landes gegen den Staat: ein Aufstand gegen die neuen Herren, gegen die Städte, in denen das Besitzbürgertum zuhause war. »Die Anfangs-Revolte«, heißt es bei Ragon, »war eine tief ländliche. Der Feind des Bauern und dörflichen Handwerkers war der städtische Bürger, und der gebärdete sich republikanisch. Hätte er sich royalistisch gebärdet, hätte sich die Bauernschaft der Vendée im Namen der Republik erhoben. Der Aufmarsch der Bauern ging unmittelbar gegen die Städte, jene Städte, die sie ausquetschten (›pressuraient‹): gegen Fontenay, Luon, Cholet, Saumur, Nantes.« Also auch ein Aufstand des Landes gegen die Städte, mit der Handwerker- und Bauernparole »Lieber hammern und sicheln als jammern und picheln«, mit Sicheln als Waffen in der Hand.

Ich möchte den linken Freunden, die die März-Revolution und den Marsch auf Münster sympathisch finden, den Marsch auf Nantes zeigen – mit seinen Karnevalsumzügen, seinen basisdemokratisch gewählten Anführern, die Bauern, Schmiede und Müller waren oder Leinweber und Ausrufer wie der zwanzigjährige Heerführer *Catheli-neau*, dessen Gegenspieler in Nantes ein Marquis de Canclaux war, ein von Paris delegierter Berufsoffizier: die Regel in den Städten, nicht die Ausnahme. Ich möchte ihnen die Ambivalenz einer Revolution zeigen, die vom Adel verteidigt wurde an vorderster Front. Und Nantes war die Front damals, dort wurde vier Jahre nach der Revolution nicht nur die Stadt verteidigt gegen den Angriff breitester plebejischer Schichten, des Volks. Ich möchte ihnen die Oradours der Revolution zeigen, wo Menschen lichterloh brannten wie die Häuser, das Vieh und die Weiden, das ganze Land – was in Paris ›die große Erleuchtung‹ genannt wurde. Und zeigen möchte ich ihnen auch die kleinen Lokalwunder und die Levkojen, unter denen die darunter begrabenen ›parpaillots‹ und ›chouans‹ sowenig zu ahnen sind wie in den gängigen Geschichtsbildern.

Am Ende möchte ich ihnen einfach nur eine Kirsche zeigen: auf einem Kapitell der verschont gebliebenen romanischen Dorfkirche von *Sallertaine*.

Okzitanischer Kir(s)chenschmuck: Kirschen der Freiheit in der Dorfkirche von Sallertaine.

Nantes

kann man schlecht mögen. Wenn es eine Stadt gibt in Frankreich, in der Barock-Protz aus Sklavenhandel *(Ile Feydeau)* zusammen vorkommt mit neo-klassischen Bauten (Place Graslin, Cours Cambronne, Place Royale, Palais de Justice), in der Barock und Neoklassik eine eiskalte Vernunftehe eingegangen sind, dann in Nantes. Und das kam so: Mitte des 18. Jahrhunderts noch voller mittelalterlicher Engführungen, bekam die Stadt ab 1755 langsam, von 1780 bis 1800 zügig, ›Verschönerungen‹ verordnet, mit einem neuen Netz von größeren Plätzen und gradlinigen Straßen; *Mathurin Crucy* hieß der Städtebau-Architekt vor und nach der Revolution; seine ›Architektur der Tugend‹, nach einem langen Rom-Aufenthalt den Bauten der Antike abgewonnen, wollte an allen markanten Punkten der Stadt öffentliche Bauten errichten: von toskanischen Säulen am Ende der Ile Feydeau über Fischmarkt und Kornspeicher und Börse bis zu Justizpalast und Theater. Öffentliche Vernunft und gehobener Bürgersinn sollten darin zum Ausdruck kommen, vom Ancien Régime bis zur Restauration – von einer Unterbrechung durch die Revolution 1789 ist keinerlei architektonische Spur zu finden. Im Gegenteil: steht man auf dem *Graslin-Platz* und blickt in Richtung *Theater*, hat man linker Hand Bauten, die der gleichen Planung entstammen wie die Bauten rechter Hand; vor und nach der Revolution die gleiche Inszenierung, nach der gleichen Vernunft: ›Architektur der Tugend‹, wie aus einem Guß. Hat die Revolution von 1789 denn keine Spur hinterlassen? O ja doch: eine Blutspur ohnegleichen. *Carrier* hieß der Abgeordnete in Paris, der – mit unbegrenzten Vollmachten ausgestattet – in Nantes zur Raison brachte, was irgendwie menschelte oder sonstwie zweifelte an den Segnungen der Revolution, zweifelte nach dem Motto: wenn selbstsichere Dummheit tötet, wirken Zweifel motivierend. Die also Zweifel hatten an den Segnungen der Revolution und / oder mit der Waffe in der Hand Widerstand leisteten, wurden von jenem überdurchschnittlich monströsen Kommissar einer terroristischen Republik zur Raison gebracht, d. h. unter die Guillotine oder ins Wasser; die Endlösung des Vernunft-Annehmens sah neben einer Guillotine im Akkordeinsatz amtliche Ersäufungen in unvorstellbaren Mengen vor, zum höheren Ruhme von Freiheit und Brüderlichkeit; geköpft wurde Place du Bouffay, während das Herzogs-Schloß nebenan, an dem die Loire vorbeifloß, als Zitadelle der Revolution das Ersäufen erlebte.

Und wo bleibt das Positive?

Also, mögen kann man in Nantes das winzige *Jules-Verne-Museum* über den alten Werften, den ›Jardin des Plantes‹ am Bahnhof, die ›Crêperie Jaune‹, in der man den ›Pavé Nantais‹ kriegen kann, den ›Drehleierspieler‹ von Georges de la Tour im ›Musée des Beaux Arts‹, den nach mönchengladbacher Art konstruierten Angriffs-Fußball des FC Nantes. Mögen kann man vor allem – vielleicht muß man in einer Stadt krank geworden sein, um sie wirklich zu entdecken – den Zahnarzt mit dem ›O‹ am Anfang und Ende des Namens, der erst fragt, was man gesehen hat in der Umgebung, dann Guérande und Josselin und Rochefort-en-Terre empfiehlt, ehe er den Zahn zieht, während seine Frau den Kaffee aufsetzt: »Keiner geht gern zum

Zahnarzt«, meint sie, »da muß man schon etwas trösten.« Anregung und Trost: die Zahnarzt-Praxis als Korczak-Schule.

Bleibt noch das ganz Positive, das berühmte Toleranz-Edikt von Nantes, »ewig und unwiderruflich«, wie es im Text heißt – und bald widerrufen, zum Zweck der Protestantenverfolgungen. Dennoch markiert das Jahr 1598 einen historischen Durchbruch: zum erstenmal wird politisch geschichtsmächtig proklamiert, daß Mehrheits-Religion und Minderheits-Religion einander zu tolerieren haben, miteinander friedlich koexistieren sollen. Man hat einander zu respektieren, unter der Aufsicht eines aufgeklärten Prinzen, eines emanzipierten Staatswesens. Geht man davon aus, daß politische Glaubensgemeinschaften ›Zivilreligionen‹ (Rousseau) sind und daß beispielsweise in beiden deutschen Staaten die herrschenden Zivilreligionen noch heute mittelalterliche ›Extremisten‹-Beschlüsse praktizieren, wird einem die historische Tragweite eines solchen Toleranz-Edikts klar.

Ohne Toleranz-Edikt keine Menschenrechts-Erklärung, ohne Menschenrechts-Erklärung keine Große Französische Revolution. Die Toleranzkonzepte kamen von unten her, aus Okzitanien; die Terrorwellen kamen von oben her, aus Paris; keine Stadt offenbart die ganze Zwieschlächtigkeit der Revolution von 1789 so wie Nantes, die Stadt zwischen Nord und Süd an der Mündung des Grenzflusses Loire.

Nantes, Rue Karvégan auf der Ile Feydeau

Héloïse, Nonne und Liebende (1101–1164)

Abélard, Philosoph, Theologe, Lehrer, Liebender (1079–1142)

LOIRE-
ATLANTIQUE

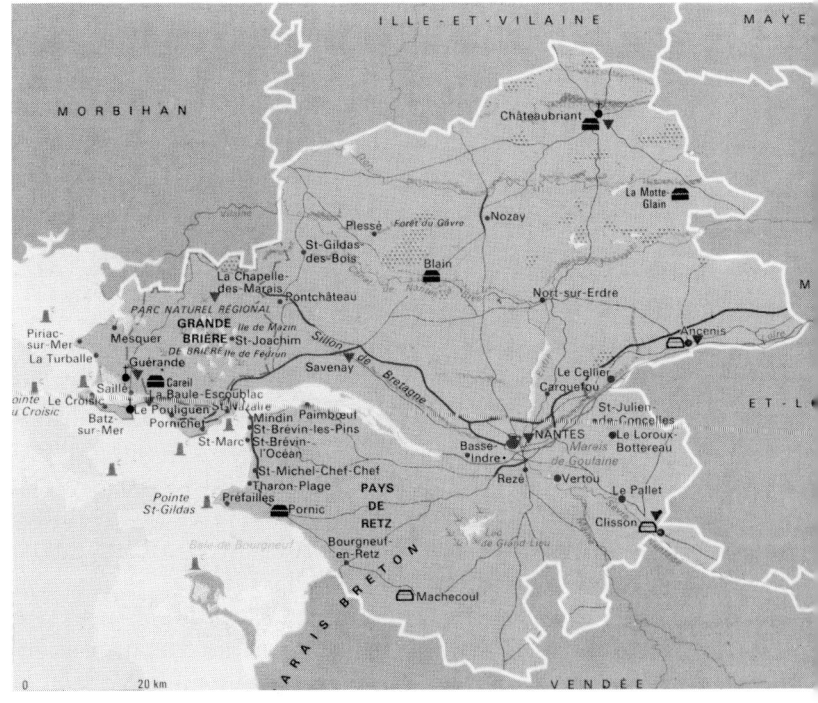

Nachwort: Eine Liebe am Rande

Steht man ganz oben auf dem *Pont de St. Nazaire,* mitten auf der s-förmig langgeschwungenen Brücke an der *Loire*-Mündung, so sieht man von der Kuppe des Radfahrer-Berges, wie zwei Welten aufeinanderstoßen: diesseits die vertrauten lateinischen Flachgiebelhäuser mit den roten Rundziegeldächern, jenseits die bretonischen Hochgiebelhäuser mit den weißgekälkten Fassaden, Doppelkaminen und Granitfassungen von Türen und Fenstern, dazu die dunklen Flachziegeldächer mit den anthrazitfarbenen Schieferplatten.

Steht man auf der nächsten Brücke landeinwärts in Nantes, streicht man da die Reklame-Attacken, die Autos und Tankschiffe, hat man in etwa das Blickfeld des kleinen Jules Verne, der von hier aus den ausfahrenden Segelschiffen nachblickte. Und man wird sagen dürfen, daß der Welt-Optimismus der ersten Abenteuer-Romane viel mit dem an die geschwellten Segel gehefteten Blick des Knaben und Jünglings zu tun hat; von diesem zu-kunftsgläubigen Weltblick mit den Dauerhinweisen auf überall sprudelnde Quellen moderner Technik heben sich scharfkantig spätere Arbeiten ab, in denen gebroche-ne Menschen vorkommen, nachdenkliche Helden (Kapi-tän Nemo, Cyrus Smith).

Südlich von Nantes, am Rand Okzitaniens, das *Pays Nantais*: Rebschnitt im Winter im Muscadet-Weinberg. Jedes Jahr neu das Schneiden im Winter, das Tief-ins-Holz-Schneiden mit dem Rebmesser und das Entfernen sämtlicher Triebe außer dem einen, der kunstvoll ver-flochten wird mit dem Draht; jedes Jahr neu das Frieren draußen und das Frieren drinnen bei milderen Wintern als den deutschen: die Häuser sind nicht gewappnet gegen Winterwetter, und Erfrieren kommt vor bei einsa-men Menschen. Winterwirklichkeit.

Südlich von Nantes, am Rand Okzitaniens, sind die alten Provinzen *Bretagne, Anjou, Poitou* so zusammenge-schmolzen, daß eine neue Region mit eigenem Volkscha-

rakter entstanden ist, fröhlicher als hier, unternehmungs-
lustiger als da, weltoffener als dort – was auf den *Muscadet* abgefärbt hat, der nicht nur Produkt ist, sondern auch
Kultur: das vergleichsweise junge Produkt, nicht so teuer
wie jene Kellererzeugnisse mit dem großen ›B‹ am Anfang, der steifen Würde und dem musealen Benehmen
beim kühlen Empfang im ›cellier‹, im gewölbten Keller,
wird im ›Laden‹ getrunken, im ›magasin‹; da steht man
unter den Eichenbalken, quatscht ›à la bonne franquette‹,
wie der Schnabel gewachsen ist, und probiert, wenn
gekauft wird. Und nicht probiert wird, wird auch nicht
verkauft: auf den Kauf kommt's nicht an, sondern auf
den ›bon acceuil‹, auf eine gute Aufnahme. Wir trinken
uns einen im Laden, Emile, Marie-Louise und ich, dann
geht's zur Weinernte in den Weinberg… und als die
Weinernte zuende ist und es ans Löhnen geht, kommt
heraus, daß Emile die Zahl der Arbeitsstunden nicht
weiß, daß er sagt, er hätte Vertrauen und würde die
Stunden nicht kontrollieren, daß der Gelegenheitsarbei-
ter aus Westfalen aus unerfindlichen Gründen die gelei-
steten Arbeitsstunden auch nicht so genau weiß. Bezahlt
wird über den Daumen mal pi, plus ein paar Flaschen,
weil's so schön war.

Immer wiedergekommen bin ich zu Emile und Marie-
Louise im Muscadet-Weinberg. *La Cornillère, la Haie-
Fouassière*: hier wächst der Muscadet de Sèvre et Maine;
wir sind hier an der nördlichen Weinbaugrenze südlich
der Loire; die Aufnahmen zeigen fröhliche Gesichter
beim durchsonnten Traubenessen und -schmeißen und
Zuckerschlecken im Weinberg, zeigen eine blumengeschmückte Tafel im Hof mit zwanzigköpfiger Gruppe in
der Oktobersonne, zeigen Bagna Cauda, Geschnetzeltes,
Obstsalat – was Bilder so festhalten; sie zeigen nicht
Knochenarbeit, nicht strömenden Regen…

Erinnerungsbilder steigen auf, zeigen den Exil-Angola-
ner, der sein Kräuselhaar kämmt, zeigen die Kambod-
schanerin, die nie beim Probieren dabei ist und einmal
erzählt, wie sie ihre kleine Schwester und sich über die
Schlachtgrenze gerettet hat, zeigen den Vater, der nie ein
Wort sagt, aber am vierten Tag mitgeht zum Schwim-

men in Nachbars Garten – keiner schaut hin, als er sein Unterhemd auszieht, und alle haben gesehen den von Folter entstellten Rücken und keiner vergißt den Anblick jenes ins Wasser gleitenden Körpers mit dem über dem Wasser aufsteigenden Lächeln; keiner vergißt es.

Das Bild vom Weinberg steigt auf, vom Besitzer, der einen ›verrückten‹ Lohn zahlt, weil er ihn nicht an den Stunden mißt, sondern an dem, was einer zum Leben braucht: Hinweis auf ein ›abenteuerliches‹ Gerechtigkeitskonzept, aber auch Beweis, wie hartnäckig man festhält an seinem affektiven Gedächtnis, an dem, was man mit der Muttermilch aufgesogen hat. Immer noch diese alten Bindungen, diese geistigen Wurzeln...

Daß Lernen wichtiger sei als Lehren (»Aie plus grand soin d'apprendre que d'enseigner«) und daß Liebe kostbarer sei als alles andere auf der Welt – das kann man bei *Abélard* finden, bei Pierre Esbaillard aus *Le Pallet*, dem Dorf im Muscadetweinberg nebenan. Es gibt dort ein kleines Museum, dessen eine Hälfte dem großen Sohn, seinem Leben und Werk gewidmet ist, dessen andere Hälfte ›la vertu du sol natal‹ (Abélard), die Tugend des heimatlichen Bodens vorstellt, mit dem Weinbau im Vordergrund. Im Hintergrund hält sich eine Frau, die auf Fragen freundlich antwortet, Bitten um Fotokopien gern entspricht, an Wochenenden regelmäßig hier auf der Matte steht und die Woche über ihres Bürgermeisteramtes waltet: Anne Roucou, Abélard-Fan und Kennerin seines Werks, die einschreiben ließ in die Gedenktafel am südlichen Ortsausgang: »En doutant, nous venons à la recherche, et en cherchant nous percevons la vérité.« Der Zweifel ist der Vater des Gedankens: übers Zweifeln kommen wir zum Suchen und übers Suchen kommen wir zum Wahrheitfinden; endlose, unabgeschlossene Suchbewegung statt dogmatischer Wahrheitsbehauptung, methodisierter Zweifel als Anfang von Wissenschaft und Ende von zweifel-loser Theologie: hier liegt das Verbrechen des zweifelnden Theologen, des Philosophen begründet; hierfür ist er verleumdet worden von Leuten wie dem Kreuzzugs-Apostel Bernard de Clairvaux als »windige Schlange«, als »Hydra«, als »Doppel-

Gesicht«; hierfür wurde er auf dem Konzil von Sens 1140 verurteilt. Das ist die eine Geschichte, die unbekannte: Okzitaniens Angstfrei-und-Rosenrot-Kultur, die von ›liura et roja‹, die über die Relaisstationen der aufkeimenden Stadtkultur des 12. Jahrhunderts und über die damit verbundene Renaissance urbaner Liberalität die alten Glaubensfragen neu stellte, mit mehr Wirklichkeitsgehalt, mit mehr frischer Luft humaner Vernunft; Abälard mit seiner vehementen Verteidigung des Zweifels war hier wohl der kühnste Neuerer.

Das ist die andere Geschichte, die scheinbar bekannte: die des an Haupt und Glied Geschlagenen, die des mit Leib und Seele Liebenden und Entmannten. *Abélard und Héloïse*, das haben wir drauf wie *Romeo und Julia* oder wie *Tristan und Isolde*, und das Grab auf dem Friedhof Père-Lachaise in Paris, dieser neugotische Tempel, den eine romantische Wahrnehmung dieser tragischen Liebesgeschichte des Mittelalters aufgedrückt hat, prägt tief unser Bild von dem Paar, von der ersten Liebe der beiden über den Absolutheits-Anspruch bis zur Treue bis in den Tod, trotz allem. Aber stimmt das Bild, das wir haben?

Abélard selbst zeichnet von Héloïse das folgende: »Mag sie von ihrer körperlichen Erscheinung her nicht die häßlichste, die letzte (›la dernière‹) gewesen sein, von ihren intellektuellen Kenntnissen her war sie sicher die erste.« Helles Köpfchen also, und Körper passabel: wenn das nicht ein männliches Doppelgemälde ist – Trennung von Leib und Geist, Gockelgebaren des Rhetors an der Schwelle zwischen scholastischem Traditionalismus und frühem Rationalismus. Keine Rede davon, daß ein Mensch ganz sein kann, was er ist, wenn er liebt und als Liebender handelt, wie schön er sein kann, wenn er ganz ist, was er ist – unser männlicher Mensch trennt, schmeichelt dem klugen Kopf und dem eigenen Selbstwertgefühl; und daneben läßt er die Hände los, dann den übrigen Körper: »Meine Hände griffen öfter nach ihrer Brust als nach unseren Büchern... In unserer Leidenschaft übten wir alle erdenklichen Liebesspiele, ließen wir nichts aus, was man sich an erotischen Raffinements vorstellen kann.« Erste Liebe, erfüllte; Abteilung männlich.

Welches Bild zeichnet die Frau?

So hell konnte das ›finstere‹ Mittelalter sein, daß eine betagte Äbtissin mit dem Namen Héloïse die folgenden Sätze zu schreiben vermochte: »Diese Liebe mit Leib und Seele, dieses Austauschen zweierlei Haut und zweierlei Phantasie, das wir gemeinsam so tief erlebt und genossen haben, das war für mich dermaßen köstlich und kostbar, daß ich's nicht schaffe, daran anders als gern zurückzudenken; von Vergessen kann nicht im geringsten die Rede sein. Wie ich mich auch drehe und wende, immer wieder steigen dieselben Erinnerungsbilder auf und wekken mit Macht neue Wünsche und Sehnsüchte; nicht einmal den Schlaf sparen sie aus mit den Bildern einer Liebe, wie sie geleibt und gelebt hat bei uns und nun für immer vorbei ist. Und sogar während der Messe, mitten in der reinsten Feierlichkeit der Messe, wenn gebetet wird und tiefste Andacht herrscht, kommen sie wieder, diese Bilder unseres ausgelassenen Liebeslebens, und mein armseliges Herz ist mehr mit unserem fröhlichen Umschlungensein beschäftigt als mit Beten. Heulen und Zähneklappen müßten über mich kommen aus Scham über die Fehltritte, die ich beging – und ich ertappe mich dabei, daß ich mich sehne nach jenen, die ich nicht beging…« Voilà Héloïse.

Das verraten wir jetzt doch, daß dieses Konzept von Liebe mit Umarmungen und Umbeinungen, Freiheit und Gleichheit aus dem Okzitanischen kommt, von der Dreiheit ›Libertat, Paratge, Amor‹; das Wort ›Amour‹, das wir Deutschen gern für das französischste aller französischen Worte halten, gibt's in Frankreich erst seit dem 11. Jahrhundert. Abélard pflückt sie, die Kirschen in Nachbars Garten; von daher seine ergreifend verrutschte Rhetorik der Liebe. Héloïse lebt sie, die Dreiheit: von daher ihr Liebeslied.

Dann schreibt sie noch: »In meinem ganzen Leben, bis heute, hatte ich – Gott weiß es – immer mehr Angst, Dir wehzutun als ihn zu verletzen.« Abélard liest ihn, diesen schweren Satz, versteht ihn als negativ strukturierten, in dem er eine Rolle spielt – und hört nicht die leisen Töne, die positiven. Er hört nicht, wie sie sagen: laß uns zusam-

Romanische Kapelle bei Le Pallet, in der Abélard vermutlich gelehrt hat

menbleiben, nichts ist verloren.

Abélard hört nicht, wie Héloïse anknüpft an den Wunsch von Isolde, die Tristan vorschlägt, seine Weiblichkeit durchzuleben; Abélard hört nicht den Wunsch Héloïses nach Bisexualität: für ihn gibt es keine eigene Weiblichkeit, die ihm bliebe nach der Kastration, und keine Männlichkeit bei der Frau, die mit ihm alt werden möchte. Abèlards Koordinaten haben ihren Dreh- und Angelpunkt im Begriff der ›Passion‹, der psychophysischen Leidenschaft, die vorbei ist, aus und vorbei für ihn, nach dem Motto: Liebe ist Leiblichkeit, ist körperliche Vereinigung beider Geschlechter – alles andere sind Ersatzhandlungen, impotente Ergüsse schöner Seelen. Daß ›Passion‹, Leidenschaft, ein männlich verengter Begriff ist, der mit Leiden zu tun hat und mit Arbeiten, ahnt er nicht einmal – hier setzt sich in ihm vermännlichte Gesellschaft ein Stück weiter durch als bei Tristan, der noch träumen kann von Nicht-›Passion‹, von heiterem Aufgehobensein in Liebe, die nicht Arbeit ist, nicht Leiden und nicht Krankheit.

Abélard hört nicht, hört nicht zu. Sie hören nicht zu, die Männer, oder zuwenig, auch wenn sie noch so sehr lieben: so ungefähr läßt sich das Buch einer Frau über Frauen in Frankreich zusammenfassen: Michèle Sarde, ›Regard sur les Francaises‹. Immer wieder diese »merkwürdigen Fußnoten oder Extrakapitel zum Thema Frauen«, klagt sie, oder diese »komische Idee des Ewig-Weiblichen..., ohne Entwicklung, ohne Vergangenheit,

309

Geschichte« – als ob die okzitanische Frau des 12. Jahrhunderts mit ihren gelebten Gleichheits- und Freiheitsrechten die gleiche wäre wie die französische Ehefrau des 19. Jahrhunderts, von der der berühmte ›Code Civil‹ wußte, daß sie rechtlos zu sein hatte wie ›Minderjährige‹ und ›Geistig Debile‹: »Les personnes privées de droits juridiques sont les mineurs, les femmes mariées et les débiles mentaux.«

Man sieht, wie das ›finstere‹ Mittelalter doch besser zuhören konnte als die ›aufgekärte‹ Neuzeit. Und es stimmt wohl, daß ein Abélard seiner Héloïse zugeneigt, zugewandt war wie selten einer. Und wenn er ein bedeutender Mensch war, dann war er's durch das, was Héloïse ihm bedeutete – ›bedeuten‹ hat zwei Bedeutungen.– Zweite Geburt, neues Leben, schöpferisch: »Achte mehr darauf, daß du lernst, als daß du lehrst...«, das hat Abélard von dem weiblichen Menschen, der an seiner Seite lebte, angstfreier als er, mit der Fähigkeit, nicht zu verletzen. Daran hat er zu lernen versucht, an diesem Menschen: an einer Bindungskiste ohne Bedingung, an einem vertragslosen, freien Lieben, der schwersten Arbeit, die nicht produktiv ist, sondern schöpferisch.

»Lern lange und langsam, lehre spät und auch nur, was du glaubst, auch wirklich vertreten zu können«, schreibt Abélard gegen die Schulen des Mittelalters. »Achte mehr darauf, daß du lernst...«, hat er mit Héloïse gelernt und gelebt, gegen das herrschende Wertesystem, gegen die Struktur einer Gesellschaft, der er zwar seine soziale Rolle und Größe verdankt, dies aber um den Preis von affektivem Hunger und sexuellem Darben: erfülltes Liebesleben mit Sinnlichkeit, die Sinn stiftet, ist nicht drin, ist strukturell ausgeschlossen für Lehrer wie ihn. Dagegen löckt er, dagegen hält er gelebten Zweifel, und mit seiner Verteidigung des Zweifels und seinem Gedanken, daß Lernen wichtiger sei als Lehren, wird er, wie wir heute wissen, zum geistesgeschichtlichen Vorläufer von Erasmus und Rabelais, einer Renaissance also, die bekanntlich die Kopfgeburten mittelalterlicher Scholastik und die Konstruktionsmechaniken ihrer Erziehungsideale erfolgreich unterlief. Er hat bezahlt dafür, daß die Zeit seines kleinen Lebens nicht übereinstimmte mit der ihn umgebenden Weltzeit.

Im dritten Jahr Weinernte verzichte ich wieder auf die schlechten Erfahrungen im Beaujolais, auf die Grapsch-Akkorde mit ›Chef-de-Files‹, Vorarbeitern und Knüppel-arbeit, komme zum zweiten Mal zu dem Humanisten im Weinberg und seiner Frau – was sage ich: Marie-Louise ist diesmal ›Patron‹, Emile der Mann an ihrer Seite, wer hätte das nicht gedacht? Sie pflücken beide, und keiner spielt Vorarbeiter, und wenn sie mal beide nicht da sind, wegen Kunden, Küche und Kindern, dann wird nicht getrickst, sondern ruhig weitergemacht mit Trauben-pflücken, im eigenen Arbeitsrhythmus.

Sie haben vier Kinder; den jüngsten Sohn, der nicht mithilft, kann man sagen hören, er hätte gehört, wichtiger als gute Arbeit sei eine schöne Kindheit – dann grinst er sich einen. Der älteste Sohn hört das und schmunzelt; er, dem das Essen der Schwester, der ältesten Tochter sichtlich schmeckt, findet heute gute Arbeit wichtiger, schafft entsprechend – während die jüngste Tochter beim Schmunzeln des Bruders die Tafel verläßt und die Guitar-re holt. Sie singt das Lied des Mädchens, das davonhüpft im Hopserlauf, nachdem es nach seinem Weg gefragt hat.

Der Autor (Dritter v. r.) im Muscadet-Weinberg

ANHANG

An den Ufern des Gardon, von Ners nach Dions

1. Von *Ners*, nahe der *N 106*, die Alès mit Nîmes verbindet, fahren Sie auf die *D 18* bis *Brignon*.
2. Von Brignon aus geht man zu Fuß an die Ufer des Gardon. Flußaufwärts von der Brücke über den Gardon kann man einen weiten Sand- und Kieselstrand überschauen. Er zeugt von dem unregelmäßigen Verlauf des Flusses.
3. Wieder inBrignon, kehren Sie bei *Plagnol* auf die *N 106* zurück und fahren dann in Richtung *Nîmes* bis *La Calmette*.
4. In La Calmette nehmen Sie die *D 22* in Richtung *Dions*.
5. Etwa 1 km nach Dions, gleich nachdem Sie den Gardon überquert haben, nehmen Sie den ersten Weg auf der linken Seite, nach 500 m entdeckt man einen Küstenwald, der sich auf eine Länge von ca. 1 km erstreckt.

Anmerkung: Empfohlene Karte: I.G.N. Anduze.

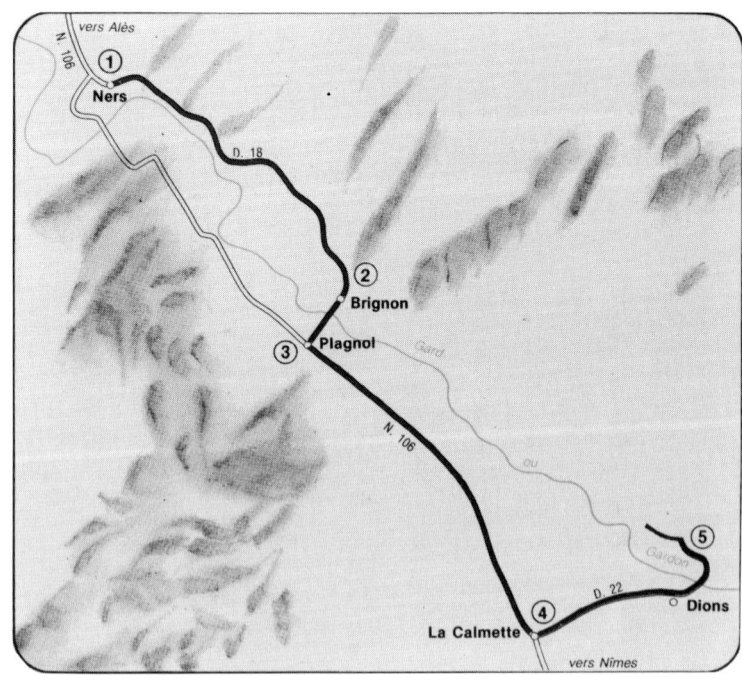

Auf den Spuren der Vorgeschichte: Höhlen in den Causses des Lot

1. Etwa 4 km nördlich von *Gourdon*, nicht weit von der Grenze zum Departement Dordogne, liegen die *Grottes de Cougnac*. Sie wurde 1952 entdeckt. Die Höhle besteht aus zwei Teilen und ist fast 600 m lang. Für den Besucher sind zwei Aspekte von besonderem Interesse: die Gewölbe und der Boden sind mit zahlreichen Stalaktiten und Stalagmiten verziert, in die sehr schöne, meist in Rottönen gehaltene Malereien eingefügt sind. Sie wurden von den Menschen des Magdaléniens geschaffen (Stufe der jüngeren Altsteinzeit vor 15 000–10 000 Jahren, nach dem Fundort La Madeleine benannt). Zu sehen sind: Steinböcke, Hirsche, Mammuts und auch Menschen, von Wurfspeeren durchbohrt. Auf dem Boden hat man Feuersteine, Knochen- und Farbreste gefunden.

2. Zurück nach Gourdon auf der *D.704*, dann die *D.673* nach Payrac nehmen; hier rechts ab auf der D.673 in Richtung *Grotte de Lacave* (gut ausgeschildert). Die Höhle wurde 1903 durch puren Zufall von der Mannschaft des Armand Viré entdeckt. Von der *Grotte de Jonclas* ausgehend bohrten die Forscher einen Tunnel,

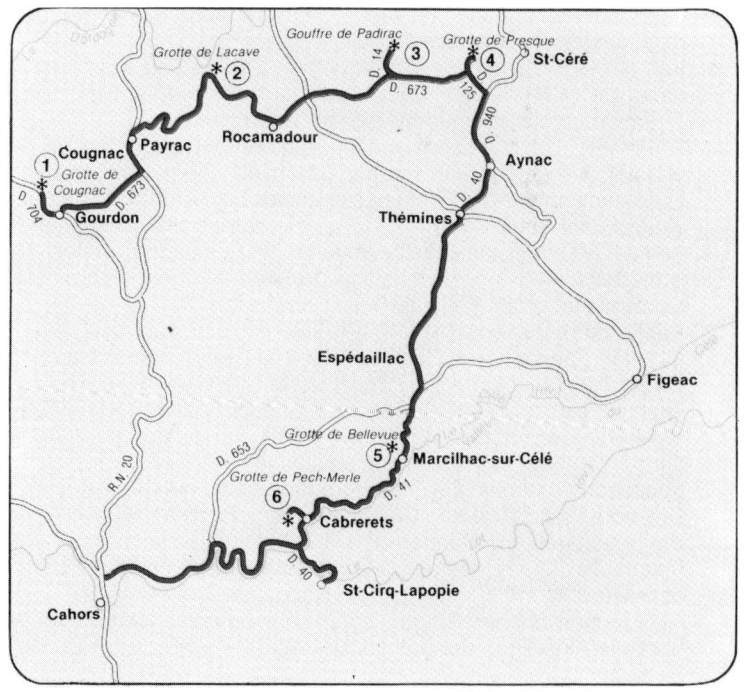

um die Karsthöhle Saint-Sol für die Öffentlichkeit zugänglich zu machen. Die heute ausgebauten Gänge wurden durch Zufall geschnitten... Die Aufräumarbeiten förderten eine Fülle prähistorischen Materials des Solutréen (Stufe der jüngeren Altsteinzeit, vor 18 000 Jahren) zu Tage, das in einem kleinen Museum ausgestellt wird. In die Höhle gelangt man mit einem elektrischen Zug und dann mit einem Aufzug. Dem Besucher erschließen sich in Folge 13 Säle mit herrlichen Stalaktiten an den Gewölbedecken, die sich in zahlreichen Wasserflächen spiegeln.

3. Man erreicht *Rocamadour*, einen Ort, den man unbedingt sehen sollte, und fährt auf der *D.673* in Richtung *Gouffre de Padirac*. (1883 von E. A. Martel entdeckt und seit 1898 für das Publikum geöffnet.) Sein enormer Eingangsschacht (100 m Umfang) führt in 75 m Tiefe zu einem unterirdischen Fluß, der von den Besuchern auf einer Länge von 560 m befahren werden kann. Es ist eine der eindrucksvollsten und vollständigsten Höhlen Frankreichs. Einige Säle erreichen 90 m Höhe. Die Gewölbe und die Wände sind mit sehr bedeutenden Tropfsteingebilden bedeckt. Derzeit sind im Gouffre de Padirac etwa 20 km unterirdische Gänge freigelegt. Sie ist heute die meist besuchte Höhle Frankreichs.

4. Zurück auf die *D.673* in Richtung *Saint-Céré*. Die *Grotte de Presque* liegt direkt an dieser Straße. Diese Höhle wurde 1825 beim Bau der Straße von Cahors nach Clermont-Ferrand entdeckt. Auf einem verhältnismäßig kurzen Rundgang ist der Besucher vom Zusammenspiel von zierlichen kleinen Säulengruppen mit kräftigen Pfeilern beeindruckt.

5. Von der Höhle zurückgekehrt, nehmen Sie die *D.125* nach links, dann die *D.340* bis *Aynac*, wo man auf der *D.40* abbiegt nach *Thémines* (vollständiges Versickern des Flusses *Ouysse* in der Dorfmitte). Dann weiter nach *Espédaillac* auf dem Causse de Gramat, bis nach *Marcilhac-sur-Célé*. Die *Grotte von Bellevue* findet man an der das Dorf überragenden Felswand. Diese Höhle wurde 1964 entdeckt und 1966 für die Öffentlichkeit zugänglich gemacht. Die Grotte (mit bescheidenen Ausmaßen) bietet verschiedenartige und reichhaltige Versteinerungen: Stalaktiten, Stalagmiten, große Kalkspat/Kalzit-Kaskaden.
Die Farben variieren von reinem Weiß bis zu einem dunklen Rot.

6. Man fährt zurück zum Dorf, das Tal des Célé hinunter bis nach *Cabrerets*. Die *Grotte von Pech-Merle*, die etwa 1 km westlich liegt, gilt als Tempel hervorragender altsteinzeitlicher Kunst. Diese außergewöhnliche Höhle, die 1920 von einem 14-jährigen Jungen entdeckt wurde, ist mit unzähligen, herrlichen Tropfsteingebilden in unterschiedlichsten Formen geschmückt.
Die vorgeschichtlichen Kunstwerke von Pech-Merle mit ihren Steinritzungen, Formungen und vor allem die Felsmalereien von Mammuts, Bisons, Pferden, Menschenhänden sind von einzigartiger Qualität und künstlerischem Rang.
Am Eingang gibt ein Museum einen recht umfassenden Überblick über die Aktivitäten der prähistorischen Menschen.

Zwischen Causse und Garrigue:
Auf der Suche nach den Schätzen des
Parc national des Cévennes – Rundreise

1. Ausgangspunkt: *Meyrueis*. Man nimmt die *D 986* nach Süden und biegt gleich hinter dem Ortsausgang nach links ab zum *Château de Roquedols*, das aus dem Jahr 1300 stammt. Hier ist ein Informationszentrum des Nationalparks eingerichtet worden; das Office national des Forêts hat einen botanischen Lehrpfad geschaffen, der vom Besucherparkplatz ausgeht. (Dauer des Rundgangs mindestens 20 Min.). Von dort zurück nach Meyrueis, um dort auf der *D 996* bis *Les Vanels* und dann auf der *D 907* in Richtung *Florac* zu fahren.

2. In *Salgas* kann man, je nachdem wieviel Zeit zur Verfügung steht, weiter nach Florac fahren oder auf die D 49 rechts abbiegen, dann die D 9 Richtung *Can de l'Hospitalet*, ein Kalkplateau, aus dem ein kompakter Dolomit herausragt.
   An der Oberfläche des Vorgebirges, das das Dorf *Saint-Laurent-de-Trèves* beherrscht, kann man die Spuren besichtigen, die vor 190 Millionen Jahren ein Dinosaurier hinterlassen hat.

3. Von hier geht es weiter auf der *D 983;* dann wieder auf der *D 907* nach *Florac*. In dem Schloß aus dem 17. Jh. befindet sich der Sitz des *Parc national des Cévennes* mit einem Informationszentrum, in dem wechselnde Ausstellungen stattfinden und wo man sich Material für weitere Rundreisemöglichkeiten beschaffen kann.

4. *Pierre-Plate* ist ein Ort, dem ein prächtiger Dolmen seinen Namen gegeben hat. Die Straße führt direkt daran vorbei. (Man sollte ihn sich anschauen).

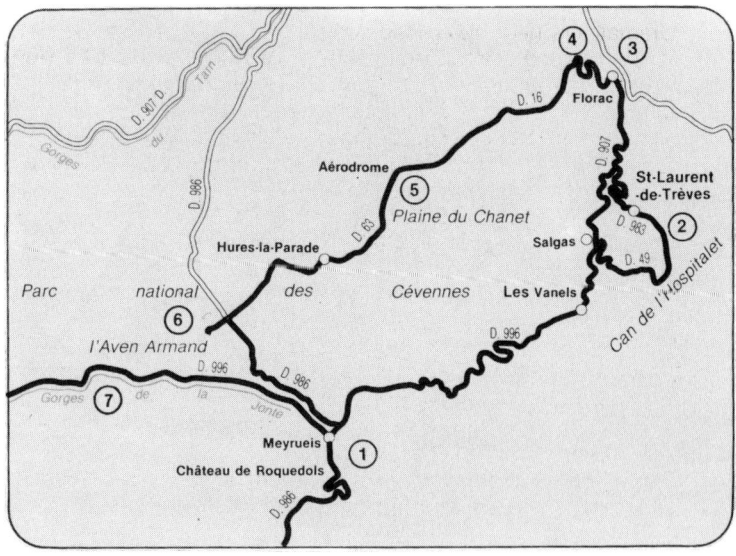

5. Weiter auf der *D 16* bis *La Plaine du Chanet*, einer der landwirtschaftlich genutzten Sektoren des Kalkplateaus, aus dem sich zwei Menhire erheben. Es ist auch eine der letzten Bastionen der Zwergtrappe in Frankreich.
6. Von da nimmt man die *D 63* bis *l'Aven Armand*, ein prächtiges Kalkplateau, wo man die *Grotte von Dargilan* besichtigen kann, die 1897 von Martel und Armand entdeckt wurde. Am Rande der Straße ist ein weiterer Dolmen zu sehen (Dolmen von MonnLong).
7. Benutzen Sie die *D 986* in Richtung *Meyrueis*, dann die *D 996*, die den *Gorges de la Jonte* folgt, ein herrliches Tal, umschlossen von Kalkplateaus; diese Landschaft wurde ausgesucht zur Auswilderung der Gänsegeier. Früher konnte man hier im Restaurant von Julien Costecalde essen, der auch die Geier fütterte; er ist jetzt im Ruhestand; das Tal ist übersät mit Restaurants, in denen das Verhältnis Preis : Qualität oft nicht übereinstimmt.

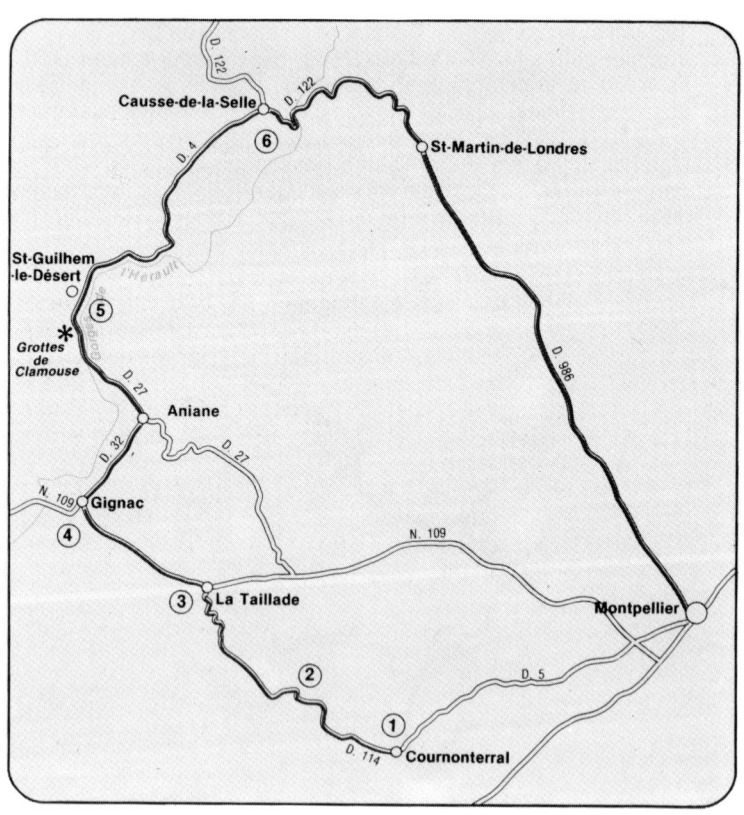

Von Montpellier nach Montpellier über Saint-Guilhem-le-Désert

1. Ab *Montpellier* nimmt man die D 5 nach *Cournonterral* und durchquert ein klassisches Weinbaugebiet. 6 km hinter Cournanterral auf der *D 114* in Richtung *La Taillade*, in einer Kurve, mündet ein kleiner Feldweg auf der linken Seite ein. Er kennzeichnet den Anfang eines kleinen Tales, das am Nordhang ziemlich schattig und mit Steineichen bewachsen ist, deren Blätter den Boden vor Trockenheit schützen.
   Zwischen den Bäumen erschweren Lianen wie z. B. die Sarsaparille das Weiterkommen. Am Südhang, der etwas sonniger ist, wachsen Knäuelgras, Mastixstrauch und Thymian. In der warmen Jahreszeit findet man hier Zikaden, Gottesanbeterinnen und auch Nattern.
2. Fährt man weiter in Richtung *Château-Bas* kommt man zu der Kreuzung, von der aus man zu einem Hain von Steineichen geführt wird, der typisch sein könnte für die Wälder der Vorgeschichte in dieser Region.
3. 1 km weiter wird die Straße durch einen Hochwald mit verschiedenen Eichenarten begrenzt.
4. An der Kreuzung von *La Taillade* nimmt man die *N 109* in Richtung der ehemals befestigten Stadt *Gignac*, aus dem 13. Jh. Vom Hauptturm hat man eine herrliche Aussicht auf das Tal.
   Weiter auf der *D 32* nach *Aniane*, dann auf der *D 27* nach *Saint-Guilhem-le-Désert*. Die Straße führt nahe an den *Grottes de Clamouse* vorbei, bemerkenswert wegen ihrer Kalksteinausblühungen, die auf das wieder zu Tage getretene Sickerwasser aus dem Kalkplateau von Larzac zurückzuführen sind.
5. Die romanische Kirche von *Saint-Guilhem-le-Désert* beherbergt – so sagt man jedenfalls – ein Fragment des originalen Kreuzes Christi. Auch wenn das nicht stimmen sollte, die Gegend lohnt es, hier einmal anzuhalten. Dann fährt man weiter auf der *D 4* nach *Causse-de-la-Selle*. Auf den Hügeln, entlang der Straße, kann man manchmal mit etwas Glück ein Mufflon ›de Corse‹ beobachten. Diese Tiere wurden in den sechziger Jahren in diese Gegend gebracht.
6. In *Causse-de-la-Selle* nimmt man die *D 122* nach *Saint-Martin-de-Londres*. Man überquert die *Gorges de l'Hérault*, die in den Kalk geschnitten und typisch für diese Region sind.
   Die D 986 führt dann nach Montpellier zurück.

(Karte s. linke Seite)

Von Lamalou-les-Bains zu den Gorges d'Héric

1. Verlassen Sie *Lamalou-les Bains* auf der *D 180* in Richtung *Col des Princes*, dann *Col de Madale;* zwischen den beiden führt ein Pfad zum *Forêt des Écrivains Combattants*, der leider zu einem großen Teil mit exotischen Bäumen wieder aufgeforstet wurde. Dennoch ist es ganz interessant, die Anpassung dieser Gehölze an unser Klima zu verfolgen.

2. Auf der D.180 geht es nun weiter. Man fährt über den Col des Avels, und nimmt dann die kleine Straße, die zum Weiler *La Fage* führt; von dort führt ein Pfad zum Forêt de Cadiol, der auf einem sehr steilen Südhang liegt, und in dem vor allem Insektenforscher interessante Beobachtungen machen können.

3. Weiter geht es auf der *D 180*. Hinter dem *Col de l'Ourtigas* (in dessen Nähe befindet sich eine befestigte römische Siedlung) kann man auf der linken Seite das Hochtal des *Vialais* sehen, das in den *Gorges d'Héric* endet. Man besichtigt es am besten, indem man dem Pfad vom Paß her folgt, der das Naturschutzgebiet *Caroux* durchquert. Hier darf nicht gejagt werden.

4. Rechts hinter dem Paß, in der Nähe des Pla des Brus, liegt der *Forêt du Pas de la Lauze*, ein sehr schöner Buchenhain, dem sich nach oben hin eine Erika-Heide anschließt.
   Auf derselben Straße findet man auf der linken Seite (bevor die D 53 kreuzt) den *Bois de Betirac*. Hier kann man mit ein wenig Glück Mufflons beobachten.

5. Dann fährt man auf der D 53 nach *Salvergues*. 3 km hinter der Kreuzung führt links ein Waldweg mitten in den *Fôret Crouzet*, der – obwohl nicht als staatliches Naturschutzgebiet klassifiziert – von einiger Bedeutung ist.

6. Von dort trifft die Straße, an einer sehr schönen Strecke entlang, wieder auf die D 14 (am *Col de Font-froide*). Man folgt der D.14 nach Südost, bis sie auf die *D.908* stößt, die man in Richtung Lamalou fährt. Auf der Höhe von *Mons* kann man die Hauptstraße

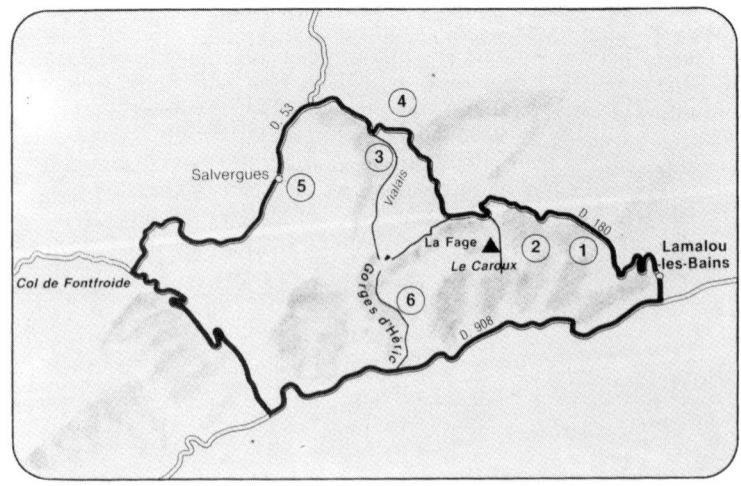

verlassen und rechts abbiegen, gleich nachdem man die Bahnlinie überquert hat, dann nach links, bevor man dieselbe Bahnlinie wieder überquert; die Straße führt zum Anfang des Pfades, der die Gorges d'Héric entlang geht. Zu dieser Schlucht kann man auch gelangen, wenn man sein Fahrzeug am Pas de la Lauze abstellt, oder von *Douch* aus, einem Weiler(dorf), hinter dem *Col des Avels*, den man über ein Sträßchen von der *D 180* aus erreicht.

Anmerkung:
Empfohlene Karte: Michelin Nr. 83

La Clape – Rundfahrt

1. Alter Marktflecken von *Gruissan*, Heimat der Fischer und Salzarbeiter; auf der Bergspitze der Halbinsel reihen sich die Häuser mit den von Sonne und Wind verwitterten Dächern dicht aneinander, gekrönt von dem Barbarossa-Turm (13. Jh.).
2. Die Rundfahrt beginnt am neuen Ortsteil von Gruissan, dem Ferienort mit den Häusern mit offenen Rundbogenterrassen, die sich zum neuen Jachthafen hin erstrecken.
   Im Norden die Straße in Richtung *Narbonne* nehmen und 1 km nach dem Kalvarienberg, gegenüber dem Casino Phoebus über die ›route bleue‹ weiter geradeaus.
3. Stellen Sie das Auto auf dem Parkplatz ab und klettern Sie den steinigen Weg zu dem von Ginster, Pinien und Zypressen umgebenen ›cimetière marin‹ (Friedhof) hinauf; von Zeit zu Zeit sieht man beim Aufstieg die zahlreichen sich staffelnden Stelen (Grabplatten) der auf See umgekommenen Menschen.
4. Auf dem Gipfel des Hügels *Chapelle Notre-Dame des Auzils* (die sich hier befindenden Votivbilder sind sehenswert). Die unter dem Gebäude liegende Grotte war früher Zufluchtsstätte eines Eremiten; von der Kapelle aus sehr schöne Aussicht auf die Landschaft um Gruissan, das Meer und La Clape. Steigen Sie ostwärts in Richtung Meer ab, nehmen Sie links die geteerte Straße, die bald das ausgetrocknete Flußbett des *Rec d'Argent* überquert.
5. Auf der Höhe einer Ruine nehmen Sie links einen Weg, der den *Col de Vente-Farine* überquert. Dieser Name ruft uralte Praktiken des Auskörnens von Getreide in Erinnerung.
6. Auf der linken Seite des Weges steht ein Gebäude aus Glas und Beton: ›La Vigie‹. Es ist eine Bergwacht-Station. Hier wacht ein Posten über die Brandgefahr, die er gegebenenfalls telefonisch meldet. Gleichzeitig fährt ständig eine Autopatrouille die Waldwege ab.
7. *Le Pech Redon* (214 m); Sicht auf Narbonne, das Meer, ›les garrigues‹ (immergrüne Strauchheide) und auf das sich ringsherum ausbreitende verarmte Land, das durch intensive Bewirtschaf-

tung mit der ›Färberröte‹ (zur Gewinnung des krapplackroten Farbstoffs) völlig ausgelaugt wurde.

8. *Gouffre de l'Hospitalet.*

9. *Trou des Millières.*

10. Gewundener, kurvenreicher Parcours durch *La Prade*, Einpferch-Zone der Schafe im Winter.

11. *Gouffre de l'Oeil-Doux*, in 70 m Höhe und 2 km von der Küste entfernt, die große Naturkuriosität von La Clape in einer der letzten Kalkfurchen des Karstmassivs. Die schroffen Wände dieses seltsamen Trichters mit einem Durchmesser von ca. 100 m, zeugen von einer einsturzähnlichen Absenkung, die mit einer unterirdischen Quelle in Zusammenhang steht; das Grün des Wassers ist das eines sehr tiefen Salzsees; die Ergiebigkeit des unterirdischen Flusses, dessen Wasser unter dem tauben Schlot verläuft, ist offenbar nicht ausreichend, um das einströmende Meerwasser zurückzudrängen.

12. Dieses Gebiet (380 ha), wird in Richtung Küste durch den *Etang de Pissevache* verlängert und lehnt sich an die Wand des Massivs von *La Clape* an. Vor einigen Jahren wurde es Opfer eines Großbrandes. Die Wiederaufforstung wurde durch das Office national des forets durchgeführt, bevor das Conservatoire de l'espace littoral es erworben und genutzt hat.

13. u. 14. Über einen steil hinunterführenden Weg durch die ›garrigue‹ erreicht man *Saint-Pierre-sur-Mer* und gelangt weiter nach *Narbonne-Plage*. Bevor man den Ort verläßt, nimmt man die *D 168* nach rechts.

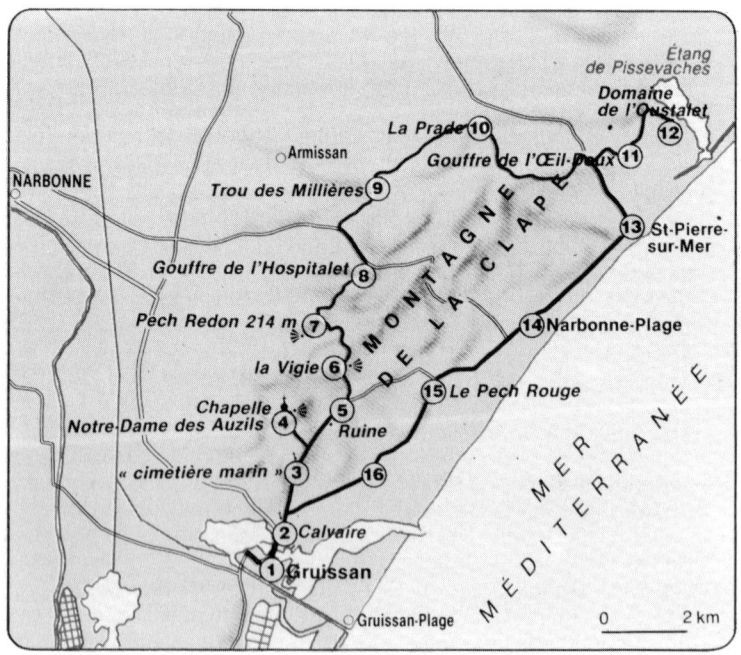

15. In *Le Pech Rouge*, nehmen Sie die Straße nach links
16. Schöne Aussicht auf den *Etang Littoral de Mateille;* ein Stück weiter findet man das tiefgelegene Tal des *Rec d'Argent*, das touristisch erschlossen wird. Von hier erreichen die Autofahrer leicht wieder ihren Parkplatz.

Anmerkungen für den Wanderer:
Diese Tagestour kann man gut zwischen Oktober und Mai unternehmen. Wichtig ist hierbei schönes Wetter, denn bei fehlendem Ostwind régnet es. Ab Juni kann diese Tour nur streckenweise durchgeführt werden. (Vorzugsweise vormittags)

Aspe-Tal: von Oloron zum Paß Col du Somport

1. In *Asasp-Arros* (8 km südlich von *Oloran*, über die *N 134*), wendet man sich nach links; von der Brücke über den Wildbach schöne Sicht; am rechten Ufer erreicht man über Lurbe-Saint-Christau das Bad Saint-Christau (Park von 60 ha), dessen Wasser Hautflechte heilen soll; seit der galloromanischen Epoche bekannt, wurde es häufig von Pilgern von Compostella aufgesucht; 2 km von Asasp flußaufwärts trifft man auf das erste Kraftwerk; weiter dahinter verengt sich das Tal.
2. *Défilé d'Escot* (Engpaß), von dem Wildbach in die Kalkfelsen geschnitten; am rechten Ufer auf einer Terrasse liegt das kleine Dorf Escot in einer malerischen Landschaft. 3 km talaufwärts in einer Flußschleife liegt der alte Wallfahrtsort *Sarrance* mit seiner sehenswerten Kirche.
   Die Königin von Navarra, Marguerite d'Angoulême, hat hier Teile ihres *Heptaméron* (›Sieben Tage‹) verfaßt.
   Erneut verengt sich das Tal; von einem herausgehobenen Punkt der Straße aus hat man eine Gesamtaussicht auf das Bassin de Bedous, auch ›des Sept-Villages‹ genannt, und auf die vulkanischen Schlote aus Eruptionsgestein.
   Im Hintergrund rechts bilden die Gipfel des *Cirque de Lescun* den Abschluß.
3. Bedous: Im Fremdenverkehrsamt erhält man kostenloses Informationsmaterial über Wanderwege des Aspe-Tals, im Osten auf dem Berg: *Cascade du Gabarret* und alte maisons béarnaises des Dorfes *Aydius;* auf dem gegenüberliegenden Ufer des Wildbaches findet man schwammartige Versteinerungen (Roche-qui-pleure), die aus dem Bach stammen.
4. Man überquert im Westen den Wildbach (Aussichtspunkt von der Brücke der *D 237*) Richtung *Osse-en-Aspe* und gelangt nach *Lées-Athas*, einem früheren Umschlaghafen für Flößholz, das in den Wäldern von Issaux im Westen geschlagen wurde. Die Reiterherberge von l'Estanguet ist es wert, einen gastronomischen Umweg zu machen.

5. *Trou-des-Fées;* am Ausgang des Engpasses liegt am rechten Ufer ein Kraftwerk; talabwärts findet man am rechten Ufer in einer kleinen Ebene eingebettet Accous. Es war der wichtigste Ort des Tales; Heimat des Barden Cyprien d'Esporrins (18. Jh.), dessen Pastoraldichtungen noch heute gerne von Sängern des Landes übernommen werden.
6. *Pont de Lescun:* man fährt rechts auf der sehr steilen Straße (fast 500 m Höhenunterschied auf weniger als 6 km)
7. *Lescun,* in 900 m Höhe, ein Dorf das auf üppigen Weiden Wache hält, Vorposten der wilden Natur-Zitadelle, ganz gespickt mit Bergzinnen und Felstürmen.
   Lassen Sie das Auto im Dorf stehen. Vom G. R. 10 im Nordwesten haben Sie einen Ausblick auf den Pic d'Anie, den mit 2504 m höchsten Gipfel der Westpyrenäen, sowie auf den *Cirque d'Ansabère,* wo der Gave de Lescun entspringt.
8. Etwas weiter – an der Hütte von *Labérouat* vorbei – führt der Weg am Fuß der *Orgues de Camplong* entlang.
9. Kleiner Rundgang (2–3 Stunden zu Fuß), am *Gave de Lescun* entlang, über die Brücken von *Lauga, Masousa* und auf dem Rückweg über die von *Moulin,* nahe bei Lescun.
10. Im Süden überquert der G. R. 10 den *Ruisseau de Labadie* und steigt steil zum *Col de Barrancq* (1 600 m) an, bevor er ins Aspe-Tal hinabführt.
11. In *Borce* hält man sich links zur *N 134* hin, bis Etsaut (ehemaliger Flößerhafen), dann geht es 2 km talaufwärts zur *Pont de Cébers,* dann geht man links den Hirtenpfad entlang.
12. An den *Gorges du Pont-de-l'Enfer* mit der ›Höllenbrücke‹ (Blick auf das Fort du Portalet) vorbei, folgt der G. R. 10 dem ehemaligen *Chemin de la Mâture* (ein ziemlich schwindelerregender Weg), der im 18. Jh. angelegt wurde, um zu den Bäumen des *Forêt du Pacq* zu gelangen, die für die Marine vorgesehen waren. Das Holz wurde über Etsaut bis nach Bayonne geflößt.
13. Das Kraftwerk von Baralet überragend, liegt das *Fort du Portalet,* ein ehemaliges kleines Fort, das den Zugang zum Tal kontrollierte; ein 40 m über dem Bach angelegter Rundweg: Alfred de Vigny lag hier in Garnison; die Angeklagten des Riom-Prozesses (1942) wie auch später Marschall Pétain waren hier interniert; (keine Besichtigung).
    1 km talaufwärts liegt *Urdos:* Wanderwege auf der rechten Uferseite.
14. Spiralförmig verlaufender Eisenbahntunnel und *Viadukt von Arnousse.*
15. Die *Forges d'Abel* wurden früher durch Wasserfälle betrieben – wie heute das Kraftwerk auf der linken Uferseite; oberhalb führen mehrere Wanderwege durch den Bois d'Espélunguère.
16. *Eingang zum Nationalpark:* nachdem man den Buchenwald durchquert hat, erreicht man das Weideland; jenseits der Haarnadelkurve, die der Fußweg des *Cirque d'Aspe* beschreibt (Dolomitenlandschaft mit schroffen Felswänden, die durch frühere Gletscher geformt wurden), gelangt man zur Panoramalandschaft Peyrenaire; genau im Süden kann man den Einschnitt des Pas d'Aspe sehen. (1 870 m)

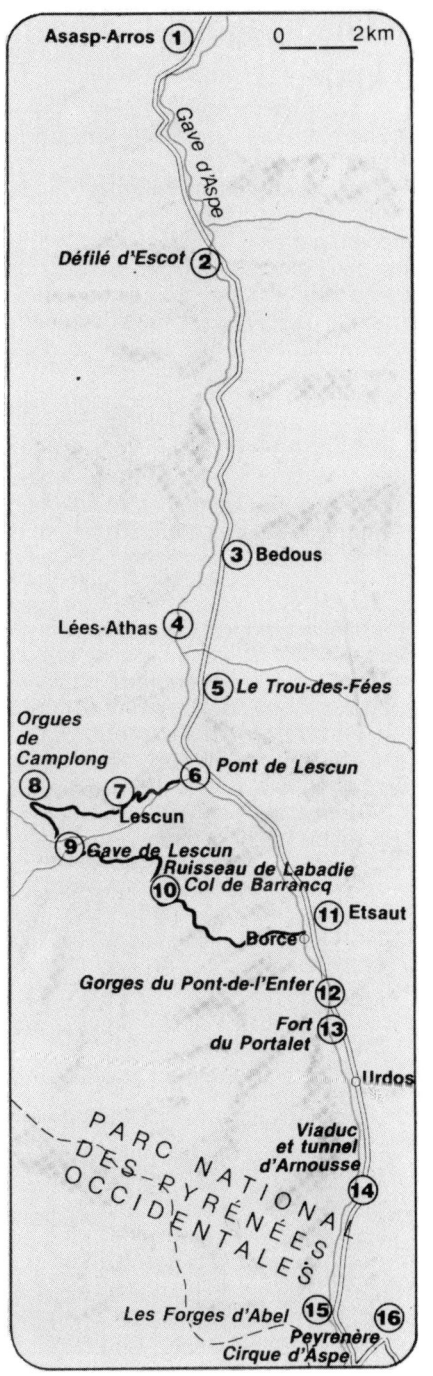

Asasp-Arros ①

Gave d'Aspe

Défilé d'Escot ②

③ Bedous

Lées-Athas ④

⑤ *Le Trou-des-Fées*

*Orgues
de
Camplong*
⑧   ⑦   ⑥ Pont de Lescun
      Lescun

⑨ *Gave de Lescun*
   Ruisseau de Labadie
⑩ *Col de Barrancq*
            ⑪ Etsaut
      Borce

Gorges du Pont-de-l'Enfer ⑫

*Fort
du Portalet* ⑬

○ Urdos

*Viaduc
et tunnel
d'Arnousse*
⑭

PARC NATIONAL
DES PYRÉNÉES
OCCIDENTALES

Les Forges d'Abel ⑮   ⑯
         Peyrenère
      Cirque d'Aspe

Zu Fuß von Champagnac-la-Rivière nach Pensol (20 km)

1. Der G.R. 4 überquert die *Tardoire*, einen sehr fischreichen Fluß,
   führt den Abhang des
   rechten Ufers hoch, wo sich als Folge der Aufgabe von Landwirtschaft das Unterholz verdichtet und der Weg oft durch abgestor-
   bene Bäume versperrt ist.
2. Le Chatenet; nach einem Kilometer rechts, *Cussac:* mittelalterliche Kirche und sehr schönes Schloß aus dem 15. Jahrhundert;
   im Norden, an der Tardoire, berühmter Wasserfall La Monnerie.
3. In Höhe einer Hütte der ›feuillardiers‹ im rechten Winkel nach
   links in Richtung Wald abbiegen.
4. *Brie:* Maison forte aus dem 15. Jahrhundert; Führungen an Sonn-
   und Feiertagen von April bis September: Salons mit Mobiliar aus
   der Zeit Ludwigs XVI.; Zugang zur Spitze des Turms über eine
   Wendeltreppe.
5. *Le Puyconnieux* (496 m): weite Sicht auf die hügelige Landschaft
   von Châlus; in der Nähe des Marktplatzes führt ein Weg zu den
   archäologischen Ausgrabungsstätten *Les Couvents* (gallo-roma-
   nisch).

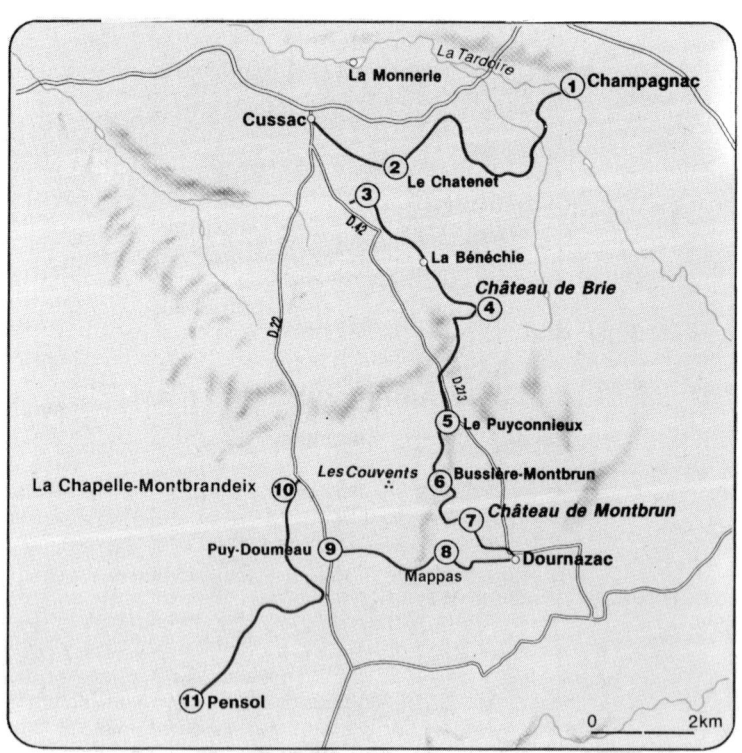

Etwas weiter auf der linken Seite führt ein Weg in Richtung Pierre-Blanche zu zwei ›feuillardiers‹-Hütten; kurz vor *La Bussière-Montbrun* führt die *D.64* nach *La Chapelle-Montbrandeix* zu einer weiteren Hütte.

6. Im Südwesten von La Bussière bedeckt ein Wald die Hänge des *Puy-Aubert* (Panorama auf die Berge von Chàlus. Hierher kommen die ›feuillardiers‹, um sich mit Holz zu versorgen.

7. *Château de Montbrun:* der viereckige Schloßturm (12. Jh.) 8 Stockwerke hoch, umsäumt mit Pechnasen, spiegelt sich in einer Wasserfläche: es erhebt sich eine mächtige Festung, die von Richard Löwenherz belagert wurde; Führungen im Schloß während des ganzen Jahres, hier sind erstaunliche Statuetten in natürlicher Größe zu bewundern.

   1 km südlich, *Dournazac:* verzierte Kapitelle der romanischen Kirche.

8. *Mappas:* kleines Dorf, fast völlig entvölkert.

9. *Puy-Doumeau,* in einem kleinen Tal des Bandiat: hier lohnt ein Blick auf ein Bürgerhaus mit einem Turm.

10. Etwa 1 km abseits des G.R. 4, *La Chapelle-Montbrandeix,* die ›kleine Hauptstadt‹ im Land der ›feuillardiers‹; im Bürgermeisteramt erhält man Informationsmaterial und Vorschläge für Wanderwege.

11. *Pensol:* Ende der Etappe, Nachtquartier.

Anmerkungen für den Wanderer:
– topografischer Führer G.R. 4 Limoges-Angoulême
– Karte I.G.N. 41, 1 : 100 000, Blatt 1 und 2
– Kompaß und Schlangenserum mitnehmen!

Von Agen nach Agen

Laichplätze von Fischen sind naturgemäß keine spektakulären Gebiete. Dennoch ist das Ablaichen der Alsen im Naturschutzgebiet von Agen ein erstaunliches Schauspiel. Diese geräuschvolle und auffällige Fortpflanzungsart der Alsen findet im Frühjahr nachts statt. Sie ist aber von den Witterungsverhältnissen abhängig. Hierüber sollte man sich bei den Fischern flußabwärts informieren.

1. Das Naturschutzgebiet befindet sich in *Agen,* gleich an der Steinbrücke beginnend, die die *Garonne* in Richtung *Le Passage* überquert (flußaufwärts).
   Steigt man die Uferböschung hinab, kann man, wenn man viel Geduld aufbringt, den Laichakt beobachten. Er äußert sich durch starkes Brodeln und Aufwallen des Wassers, das die ausgewachsenen Fische im sehr flachen Wasser dadurch hervorrufen, daß sie auf dem Kies entlangstreichen.

2. Eine Entdeckungsfahrt nach den Schätzen der Natur des Lot-et-Garonne zieht sich durch den *Forêt domaniale des Campet.* Ab Agen nimmt man die *N 113* bis *Port-Sainte-Marie,* von dort die *D 930* nach *Lavardac,* dann nach *Barbaste* die *D 655,* in Richtung *Fargues-sur-Ourbise;* an der Kreuzung von *Placiot* befindet man

sich mitten im Forêt de Campet, der sehr reich an Tieren ist (Vögel, Rehe und Wildschweine); die Bäume verdanken es der besonders interessierten Leitung des Office national de Forêt des Campet, daß sie so prächtig gedeihen.

Achtung: einige Bereiche wurden geschlossen, um die jungen Pflanzen zu schützen; ansonsten ist das Spazierengehen im Wald erlaubt.

3. Wieder auf der *D 655* in Richtung *Fargues-sur-Ourbise*. Dort findet man ein Biotop, das durch Verordnung geschützt ist. Dieses Gebiet dient dem Schutz von zahlreichen Vögeln, insbesondere der Wiesenweihe.

4. Von Fargues-sur-Ourbise nimmt man die *D 124*, dann die *D 120* auf den nächsten 18 km bis zu dem Ort *Montjoie*. Unmittelbar bevor die *D 234* kreuzt, führt links ein Weg zum Naturschutzgebiet Létang de la *Mazière*. Es ist ein toter Arm der Garonne, der durch Anschwemmungen und durch die Verlagerung des Flußbettes abgetrennt wurde, zu einer Zeit, als der Flußlauf noch nicht reguliert worden war.

Im Naturschutzgebiet sind Beobachtungsstationen eingerichtet worden. Stille ist hier selbstverständlich. Von der Verwaltung werden Führungen durchgeführt. Wenn Sie daran interessiert sind, wenden Sie sich an die *Société pour l'étude, la protection et l'aménagement de la nature dans le Lot et Garonne* (SEPAN-LOG), M. Alain Dal Molin, Telefon: 53-79-65-95.

5. Um nach Agen zurückzukommen, nimmt man in *Tonneins* die *N 113* nach rechts.

Anmerkung:
Beschaffen Sie sich die Karte I. G. N. Nr. 56 Maßstab 1 : 100 000 / Marmande-Agen.

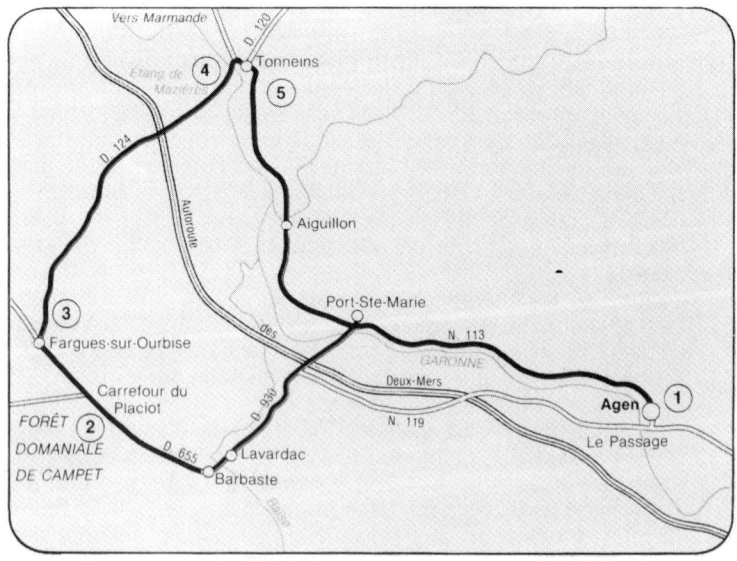

Rund um das Bassin d'Arcachon

1. *Arcachon:* von den Landebrücken aus schöne Sicht auf das Bassin; etwas zurückgesetzt das Museum und Aquarium, 1865 gegründet (2, rue du Professeur-Jolyet). Geöffnet von April bis Oktober: Meerestierkunde und Vogelkunde, Vorgeschichte und Archäologie, Austernzucht und Fischfang: 500 Tiere, 114 Arten, davon 53 Fischarten, 60 Arten wirbellose Tiere, eine Art Wirbeltiere. Das Aquarium zählt ungefähr 60 000 Besucher jährlich.
2. *Ile aux Oiseaux* (2,3 qkm, bei Ebbe jedoch ein Vielfaches davon)
3. (auch 14 und 15) Austernbänke von *Cap Ferret* (organisierte Ausflüge mit dem Boot); sie erstrecken sich zwischen *La Vigne* und *Claouey* in einer Größe von 1 800 ha (¹/₁₅ der Gesamtfläche des Bassins).
4. Eisenbahnlinie von Cap Ferret 2 km durch die Dünen vom Bassin zum Atlantik (fährt nur im Sommer).
5. *Leuchtturm von Cap Ferret* (52 m hoch, 258 Stufen): Panorama; die Südspitze (für Besucher zugänglich) ist geschützt; sie wurde vom Conservatoire de l'espace littoral erworben.

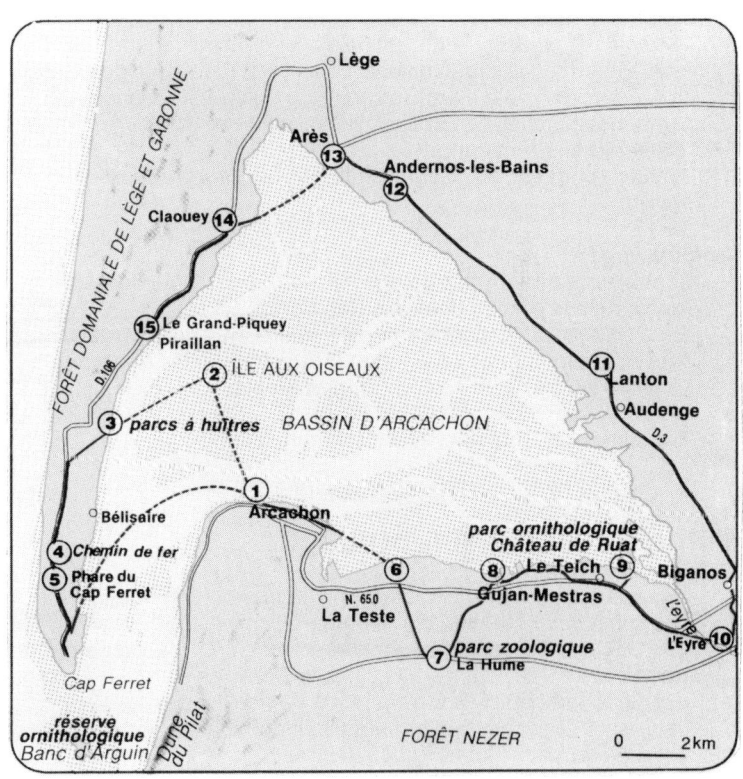

6. Kleiner Austernhafen von *La Teste*.
7. Vogelschutzgebiet von *La Hume* (Stelzvögel dieses Gebietes).
8. *Gujan-Mestras*, das bedeutendste Austernzentrum des *Bassin d'Arcachon;* im Juli und im August gibt es in Gujan ein ›village d'artisans‹ (Handwerkerdorf).
9. *Le Teich:* ein Park von 120 ha Fläche, 1972 entstanden für das Studium und für die Beobachtung von Vögeln, die Erhaltung bedrohter Arten und die Wiederansiedlung fast verschwundener Arten im Eyre-Delta; in dieser Landschaft von Wasser und Schlick leben 280 Arten wildlebender Vögel; vier Sektoren, durch die ein kleiner und ein großer Pfad führt; am Ufer des Bassins versammeln sich bei ansteigendem Wasser zahlreiche Regenpfeifer (limicoles); ein Teil des Gebietes ist nicht zugänglich; Besichtigungen täglich, im Winter von 10 bis 18 Uhr, im Sommer von 10 bis 19 Uhr, Juli und August bis 20 Uhr.
   Es werden auch Wanderungen durch dieses Gebiet organisiert.
10. Das Flußbett der *Eyre* verläuft in einem früheren Golf, der sich bis Mios erstreckte, und wurde durch die Anschwemmungen der *Eyre* aufgefüllt; sehr fischreicher Fluß. Exkursion mit dem Boot ins Innere des Waldes ist unbedingt zu empfehlen.
11. *Audenge*, *Lanton*, *Le Teich* betreiben Fischzucht in den Salzgärten; in Lanton ausgedehntes Gebiet von Lehm-Sand-Schwemmland (›crassats‹).
12. *Andernos-les-Bains*, Austernhafen und Erholungsort inmitten von Kiefern; gallo-romanische Überreste; Blick auf das Bassin von der Hafenmole beim Casino.
13. *Arès:* botanisches Naturschutzgebiet Le banc d'Arguin.
14. *Claouey:* Austernzentrum
15. Wassersportzentren (Segelschulen) von *Grand-Piquey* und *Piraillan*.

Anmerkungen:
– Bootsverbindungen zur Ile aux Oiseaux und nach Bélisaire von Arcachon aus (einige über das Cap Ferret);
– Spaziergänge und Fahrten an der Küste entlang, mit dem Auto oder mit dem Fahrrad (zu mieten in Arcachon oder Andernos);
– Möglichkeit, mit dem Motorboot den Flußlauf der Eyre hinauf zu fahren;
– Fotoamateure: Teleobjektiv mitnehmen (Vögel!).

Von Rochefort nach Brouage

1. Verlassen Sie *Rochefort* auf der *D 733* in Richtung Royan. Unmittelbar nach der Brücke, die über die *Charente* führt, nehmen Sie die *D 238* nach rechts in Richtung *Soubise*. Von diesem Dorf fahren Sie weiter auf der *D 125* nach *Port-des-Barques*. Entlang der Straße hat man oft Gelegenheit, Weihen und – zur wärmeren Jahreszeit – den Schwarzen Milan zu beobachten. Bei *Fontpourry* links weiter nach *Saint-Froult*.

2. Gegenüber der Kirche von Saint-Froult fahren Sie rechts ab zum Strand. Im Winter kann man zahlreiche Wasservögel auf dem Meer beobachten und während des ganzen Jahres: Regenpfeifer (limicoles) und Bachstelzen. Kehren Sie zurück nach Saint-Froult und nehmen Sie die erste Straße nach rechts zur *Ferme de Plaisance.*

3. Wenn die Straße sich nach links wendet, kann man erneut zum Strand gelangen. Hier jagt manchmal im Winter der Merlin. Im Frühjahr kann man die typische Flora der Dünen bewundern, vor allem die Strandnelken.

4. Weiter auf der Straße in Richtung *Havre de Brouage*, an Büschen und Gehölz entlang, das zahlreichen Sperlingsvögeln, der Nachtigall und vor allem dem Blaukehlchen Schutz bietet.

5. Am Havre de Brouage ist die Straße versperrt, aber man kann zu Fuß am Kanal entlang gehen.
Im Frühjahr bieten Tamarisken und Weißdornhecken zahlreichen Zugvögeln, wie zum Beispiel Steinschmätzern, die Gelegenheit, sich auszuruhen.

6. Der Weg endet an den Muschelbänken, die im Naturschutzgebiet von *Moëze* liegen, dessen Zugang überwacht wird. In diesem Gebiet finden viele Entenarten Schutz, und auch Graugänse, die hier regelmäßig überwintern. Von hier kehren Sie auf demselben Weg zurück, nehmen Ihr Fahrzeug wieder und fahren bis zur ersten Kreuzung. Dort biegen Sie nach rechts auf die *D 3* ab.

7. Folgen Sie der D 3 bis Brouage, einem sehr hübschen Dorf, das von Befestigungsanlagen umgeben ist, die unter Ludwig XIII. erbaut wurden.

Anmerkungen:
Führungen im Naturschutzgebiet werden von der Ligue française pour la protection des oiseaux organisiert. (Adresse: La Corderie Royale, B.P. 263, 17305 Rochefort Cedex).

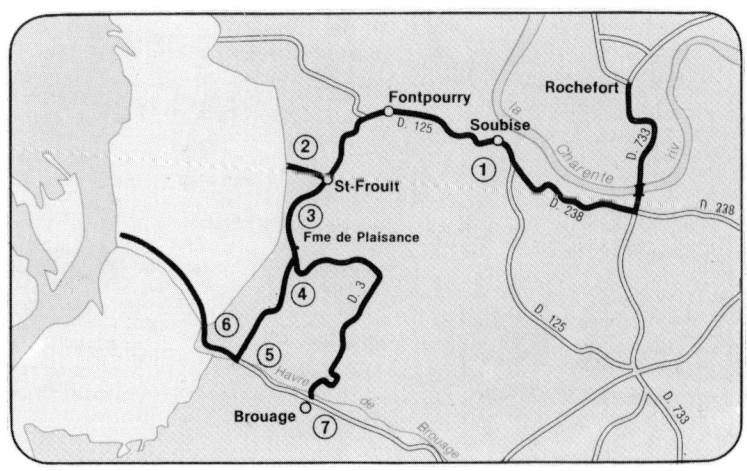

Vier Routen für Fußgänger und Radwanderer auf der Ile de Ré

1. Rundgang: Von der *Pointe du Fier* zur großen Hafenmole, vorbei an *Trousse-Chemise* und *La Patache*.
   Zugangsbeschränkungen: keine, möglichst keine Hunde mitnehmen
   Saison: von Oktober bis April
   Günstige Voraussetzungen: bei Ebbe und 2 Stunden um den Höchststand der Flut herum; vorzugsweise vormittags an der Pointe du Fier und La Patache, um die günstigen Lichtverhältnisse auszunutzen.
   Interessante Vögel: Pfeifente, Krickente, Brandente von Belon, Austernfischer, Pfuhlschnepfe, Großer Brachvogel

2. Rundgang: Die Radstrecke vom alten Hafen nach *La Petite Grève*
   Zugangsbeschränkung: auf dem Radweg keine; der Zugang zum Naturschutzgebiet *Lileau des Niges* ist streng reglementiert.
   Saison: April bis Juli
   Günstige Voraussetzungen: vorzugsweise vormittags oder am späten Nachmittag, Zeiten, zu denen die Vögel am aktivsten sind.
   Interessante Vögel: Stelzvogel, Säbelschnäbler, Kiebitz, Blaukelchen, Schafstelze, Brandente, Rohrweihe

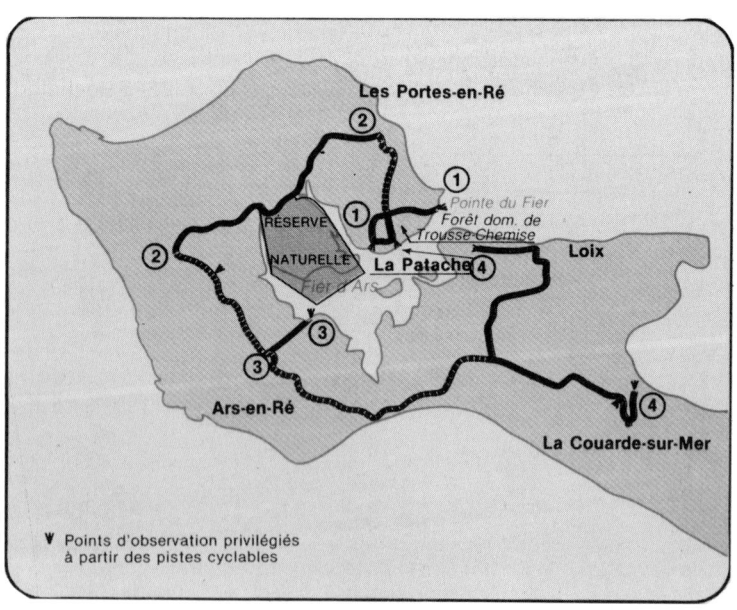

3. Rundgang: Vom Hafen *Ars* zur Hafenmole *Fier*
Zugangsbeschränkungen: keine
Saison: Oktober bis April
Günstige Voraussetzungen: bei zurückweichendem Wasser, um
die Vögel bei der Nahrungsaufnahme zu beobachten; bei steigen-
dem Wasser, um das spektakuläre Auffliegen der Wildgänse und
der kleinen Stelzvögel auf den Sandbänken zu bewundern.
Interessante Vögel: Silberreiher, Löffelreiher, Regenpfeifer, Brach-
vögel, verschiedene Strandläufer, Rotschenkel, Lachmöve

4. Rundgang: Von *Gaudins* nach *La Passe* über *Préau*.
Zugangsbeschränkungen: keine – achten Sie darauf, die Vögel,
die sich auf den Sandbänken versammelt haben, nicht zu stören.
Saison: Oktober bis April
Günstige Voraussetzungen: 2 Stunden vor der Flut; es ist eine der
geeignetsten Landschaften, um das Verhalten der Vögel und ihre
Aktivitäten und Bewegungen zwischen dem Küstenstrich und den
Sandbänken zu beobachten.
Interessante Vögel: Strandläufer, Steinwälzer, Großer Seeregen-
pfeifer, Austernfischer, Möven

Anmerkungen: Die Reiserouten, die wir Ihnen vorgeschlagen haben,
sind mit dem Auto befahrbar, aber wir raten Ihnen, wenn Sie auf der
Insel verweilen wollen, sich ihr Fahrrad zu nehmen, um diese Land-
schaft voll zu genießen. Sie werden hier die meisten der genannten
Vogelarten entdecken. Mit einem einfachen Fernglas ausgestattet,
können Sie auf Ihrer Tour sehen, wie die Vögel in ihrer natürlichen
Umgebung leben.
Die 4 Rundgänge sind durch Verkehrswege miteinander verbunden,
was Ihnen erlaubt, eine längere Tour zu machen.
Für alle Auskünfte wenden Sie sich an: La Ligue française pour la
protection des oiseaux, La Corderie Royale, B.P. 263, 17305 Rochefort
Cedex.

Durch die Polderwiesen von
L'Aiguillon-sur-Mer bis Marans

1. Vom Austern- und Muschelhafen *L'Aiguillon-sur-Mer* führt ein
Weg von 10 km Länge teils im Schutz des Deichs zur *Pointe de
L'Aiguillon*: etwas zurückgesetzt entfalten sich die ›Mizottes‹,
salzhaltige Wiesen des Polder, auf denen Schafe gehalten werden.
2. *Saint-Michel-en-l'Herm:* Ende des 7. Jh. schickte der Bischof
von Poitiers die Mönche hierher ›in die Wüste‹ (in eremo). Man
kann noch die Ruinen der Abtei aus dem 11. Jh. besichtigen,
ebenso den Kapitel-Saal.

3. Nach knapp 2 km erreicht man auf der rechten Seite der Straße *La Butte de coquilles d'huitres*, dessen Ursprung noch ungeklärt ist. Dieser Haufen von Austernschalen türmte sich früher zu einem Berg von 400 000 m³ auf. Er wird heute von einer Düngemittelfabrik ausgebeutet und ist in seiner ursprünglichen Form kaum noch erkennbar.

4. *Triaize:* Von diesem Dorf aus gelangt man direkt nach *Chaillé* über eine Straße, die das Netz der Entwässerungskanäle im Polder überquert, deren Wasser vom Kanal de Luon abgeleitet wird. *Champagne-les-Marais* und *Ste.-Radegonde-des-Noyers* sind, wie Triaize, Landgüter mit suggestiven Namen, auf Kalkhügeln gelegen und durch Erdwälle miteinander verbunden.

5. *Saint-Denis-du-Payré:* vor dem Marktplatz links liegt ein Vogel-Naturschutzpark, 1976 entstanden, zahlreiche Zugvögel besuchen seine Tümpel und Weiher (ein Gebiet von 207 ha) – Führungen täglich vom 1. Juni bis 15. September, sowie sonntagsnachmittags außerhalb der Saison.

Das Gebiet umfaßt 3 Bereiche: Informationszentrum, Promenadenzone und eine Zone ohne öffentlichen Zugang (Beobachtungen sind von Hochsitzen aus möglich).

6. Zwischen Saint-Denis-du Payré und *Grues* ragen die Glockentürme mittelalterlicher Kirchen empor, erbaut auf Erhebungen im sumpfigen Gelände, das in Polderwiesen umgewandelt wurde.i0

7. *Lucon:* sehenswert der Jardin Dumaine, der Kreuzgang der Kathedrale und der Jardin de l'Evêché, ebenso der ehemalige Hafen (im Sommer Touren auf den Kanälen des Marais de la Vacherie).

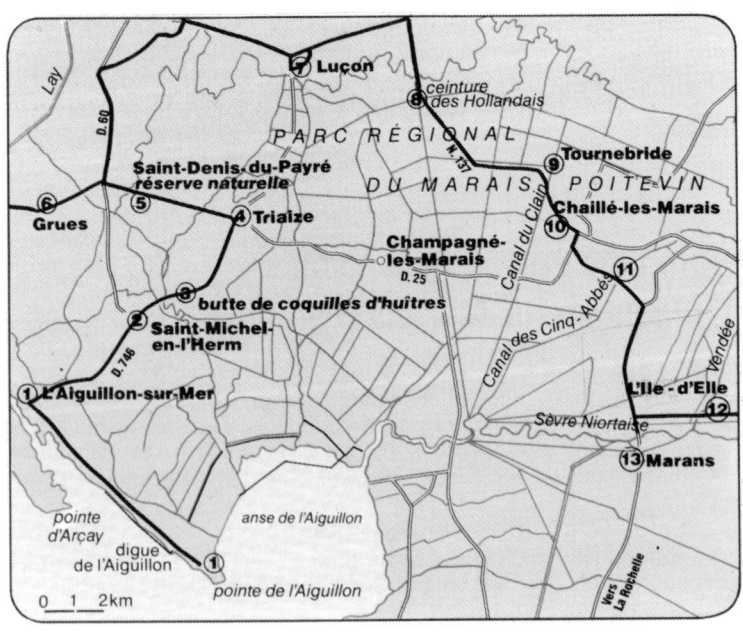

8. und 9. Die Straße von La Rochelle durchquert das die Rechtecke der Polder umgebende schachbrettartige Kanalnetz. Man überquert langsam den Kanal *Ceinture des Hollandais* und den *Canal du Clain*.
10. *Chaillé-les-Marais* überragt von der Klippe (18 m) einen Teil des früheren Küstenverlaufs.
11. Südlich von *Aisne* überquert die Straße den historischen *Canal des Cinq-Abbés*.
12. Links, dem *Canal des Boches* folgend, der aus der Sèvre Niortaise abgeleitet wird, der Kalkhügel von *L'Ile-d'Elle* (29 m): Im Norden Blick auf einen Teil des Sumpfgebietes, in dem es zahlreiche Fischotter in den Kanälen gibt.
13. *Marans*, ehemaliger Kornmarkt, dessen Hafen mit der trichterförmigen Mündung der Sèvre und La Rochelle durch Kanäle verbunden ist; sehenswert das kleine Museum im Rathaus; nicht weit davon die Werkstatt eines Korbmachers, der noch heute aus Schilfrohr Fischreusen für die Aufzucht von Schalentieren herstellt.

Lac de Grand-Lieu südlich von Nantes

Eine breite Barriere von Weiden und Schilfrohr am Ufer des Sees verhindert, daß der Besucher sich eine Vorstellung von der Oberflächengestalt des Sees machen kann.

In der Tat lassen die besonders gefährlichen schwimmenden Wälder den Zugang und die Sicht auf neun Zehntel des Gebietes nicht zu. Im übrigen verbieten die privatrechtlichen Bestimmungen das Betreten dieses Gebietes durch die Öffentlichkeit.
1. Dennoch erlauben zwei Punkte den Blick auf den See: der erste ist der Hafen von *Passay* an der Ostseite. Es ist das traditionelle Dorf der Berufsfischer des Sees. Hier liegen die typischen flachen Boote, mit denen Aalfang betrieben wird. Zweimal im Jahr, am 15. August und am darauffolgenden Sonntag, werden anläßlich des Fischerfestes Besichtigungsfahrten in Booten durchgeführt.
2. Der zweite Zugang, noch interessanter, um das natürliche Milieu zu entdecken, ist am Nordostufer Les Jardières oder Pierre Aiguë (Gemeinde *Saint-Aignan-Grand-Lieu*). Ein für Autor befahrbarer Weg erlaubt es, von der *D 85* aus bis an den Rand des Gewässers zu gelangen. Von dort aus kann man einen großen Teil des Sees und seiner typischen Vegetation entdecken: die Kastanien, deren schwarze, stachelige Früchte auf dem Boden und dem Grund des Sees verstreut liegen; die Binsen, die Rohrkolben, die Seerosen... Jedes Jahr werden Anfang Juli im Rahmen eines Festes der Kriegsveteranen Bootsfahrten organisiert.
3. Es ist auch möglich, den See aus der Ferne zu sehen, von einigen Erhebungen aus.

So kann man von der *D 61* aus, zwischen *Saint-Lumine-de-Coutais* und La Haye, den See in seiner ganzen Größe überschauen.

4. Von der Westseite, entlang der D 64, bei *l'Effeterie* kann man den See und sogar das Dorf Passay auf der gegenüberliegenden Uferseite sehen.

5. Die Beobachtungen von Tieren ist höchst problematisch, denn sie sind recht scheu und können sich leicht in der üppigen Vegetation des Sees verbergen. Außerdem beeindruckt Größe und Ausmaß der Landschaft und deren Intensität, die einer spektakulären Vorstellung, die man sich vielleicht davon macht, widerspricht.

   Man muß geduldig sein und beobachten können. Der günstigste Ort hierfür ist zweifellos Pierre Aiguë.

6. Wenn jedoch die Wiesen – besonders im Frühling – noch teilweise überschwemmt sind, kann man zahlreiche Arten (Reiher) beobachten, besonders auf den großen *Prairies des Saint-Lumine*, die vom ›Grand Port‹ aus zugänglich sind. Von hier aus kann man das Kommen und Gehen der Reiher beobachten; die Vögel gehen nämlich – wie die Mehrzahl der Enten des Sees – zu den Marais de Machecoul und Bourgneuf, die ca. 30 km im Südwesten des Sees liegen, auf Nahrungssuche.

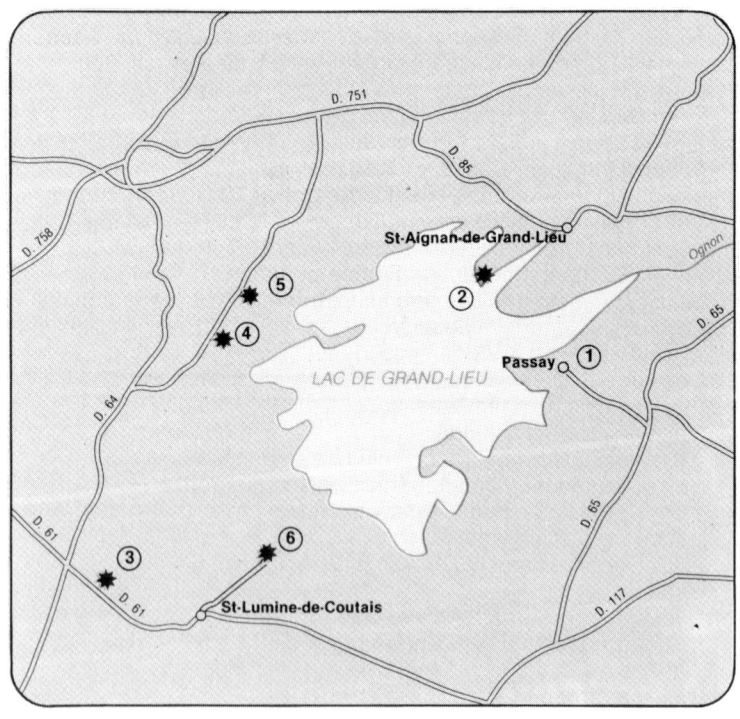

Literatur-Anregungen

Bei einem Buch wie dem vorliegenden wäre eine Literatur-Liste, die auf Vollständigkeit angelegt ist und Wissenschaftlichkeit vortäuscht, eher absurd: sein Leser ist nicht der mit enzyklopädischem Wissen ausgestattete Groß-Reisende nach Goethe-Art, sondern jemand, der Mut und Lust hat, sich in anderen Kontexten zu erfahren, den eingefuchsten Erfahrungsapparat zu verändern, ein bißchen ein anderer zu werden. Diesem Leser empfehle ich z. B.

– Alphonse Daudet, Die Ziege des Herrn Seguin, in: ders., Briefe aus meiner Mühle;

diese kleine (philosophische) Erzählung voller Genauigkeit zu Flora und Fauna der unteren Cevennen-Täler trägt meines Erachtens mehr in Sachen Ökologie jener Region aus, als eine umfängliche Literatur-Liste dies vermag, vom Lese-Genuß ganz abgesehen. Nach der Lektüre hat man Lust, sich auf den Weg der Ziege zu machen; dazu gibt es in jedem ›Syndicat d'Initiative‹ und ›Maison de la Presse‹ der Region Wander-Vorschläge mit Karten-Material und erläuternden Texten; ich empfehle

– Le Sentier du Tour des Cévennes (G. R. 67), topo-Guide, Paris o. J.

Diese Broschüre hilft bestens, a) den eigenen Körper zu bewegen auf den Wegen der Schafe zu den Sommergebirgsweiden und b) zu verstehen, was die Augen unterwegs sehen: ›mas‹ und ›faïsse‹, Kastanienwald und Schafsammelstelle, Spuren von Alltagskultur und Geschichte. Und wer dann noch wissen möchte, wie Daudets »Herr Seguin« gelebt hat, der besorge sich die Zeitschriften

– Cévennes et Causses bzw.
– Connaissance du Pays d'Oc,

die beide unglaublich liebevoll gemacht sind und die es außerhalb der Regionen, die sie betreffen, nicht gibt. Man muß also vor Ort suchen und fragen, über die Dörfer gehen, und wenn man dann noch Fragen hat, gehe man in eins der kleinen Museen, beispielsweise ins ›Museum der unteren Cevennen-Täler‹ in St. Jean-du-Gard oder ins ›Museum der Seidenraupenzucht‹ in St. Hippolyte-du-Fort, wo man bestimmt die Literatur findet, die man sucht. Abgeraten wird einem da oft von der Lektüre eines Klassikers der Cevennen-Literatur, vom Reise-Bericht von Robert Louis Stevenson, der das Land mit einem Esel durchstreift hat (die ›Cévénols‹ fühlen sich schlimm karikiert); zugeraten wird manchmal die Lektüre von

– Pierre Rhabi, Du Sahara aux Cévennes, La Villedieu 1983;

immer und überall wird empfohlen der Romancier des Landes, der die große Revolte, den Aufstand des Landes gegen den Staat verewigt hat:

– Jean-Pierre Chabrol, Les Fous de Dieu, Paris 1961.

Nach diesem Beispiel kann man in allen Regionen, die im vorliegenden Buch vorkommen, vorgehen: über die Dörfer gehen, ökologische Wanderungen machen (siehe Vorschläge), an Ort und Stelle Literatur-Anregungen einholen. Und wenn man dann die Entdeckung macht, daß ein unbekannter Autor – wie z. B. der oben erwähnte Pierre Rhabi, der als algerischer Bauer einen aufgegebenen Hof in der Nähe von Thines bewirtschaftet und eher zufällig einen Erfahrungsbericht voller Sinnlichkeit und poetischer Kraft veröffentlicht hat – einem mehr zu sagen hat als mancher preisgekrönte Schriftsteller, dann kann man wohl nicht meckern. Im übrigen kann man sich auch noch im vorliegenden Buch mit den überall verstreuten Sonderangeboten in Sachen Rabelais, Montaigne, Montesquieu u. a. Lektüre-Tips holen und die zugehörige Region neu sehen.

Schließlich empfehle ich noch drei Bücher deutscher Autoren:

– Kurt Tucholsky, Ein Pyrenäen-Buch (rororo 474), Hamburg 1957 –
Okzitanien kommt zwar nur am Rande und sehr mit deutscher Brille gesehen vor (vgl. Detail-Kritiken im Buch, Kap. ›Tarn‹); der Reisebericht insgesamt ist aber so witzig und kurzweilig geschrieben, daß das Lektüre-Vergnügen umschlägt in die Lust, sich auf den Weg zu machen;

– Lothar Baier, Die große Ketzerei (wat 108), Berlin 1984
dieser historische Bericht über Verfolgung und Ausrottung der Katharer ist das mit Abstand Beste, was mir zu diesem Thema unter die Augen gekommen ist, französische Arbeiten eingeschlossen; gewisse sprachkritische (z. B. J. Garrison und andere okzitanische Historiker bestreiten, daß es je einen Feudalismus gegeben hat in Okzitanien) können nicht den hervorragenden Gesamteindruck dieser allgemeinverständlichen Darstellung schmälern;

– Manfred Turban, Das institutionelle Profil der französischen Volkswirtschaft, in: ders., Die wirtschaftspolitischen Vorstellungen der Französischen Kommunistischen Partei in den Siebziger Jahren, Berlin 1983 –
wer verstehen will, auf welche Strukturen und Inhalte nationaler Wirtschaft regionale Winzer-, Bauern- und Arbeiter-Bewegungen heute treffen, welchen Produktions- und Reproduktionszwängen die französische Volkswirtschaft ausgesetzt ist und warum bestimmte Wahlversprechen von 1981 demagogisch waren, der kann an der (anstrengenden) Lektüre dieser fundierten ökonomiekritischen Arbeit nicht vorbei.

Bildnachweis

Archiv Anabas Günter Kämpf/Vilma Link:
Seite 10, 19, 22, 26, 27, 28, 51, 59, 67, 69, 71, 104, 107, 108, 109, 110, 111, 114, 117, 119, 229 und Umschlagseite.

Alle übrigen Abbildungen:
Archiv Hans Roth und Unterlagen verschiedener Fremdenverkehrsorganisationen

Bildseiten zu den Kapitelanfängen

Register